健康教育

教学参考书（全一册）

（第2版）

主编　王应雄

小　学

重庆大学出版社

内容提要

本参考书根据教育部《中小学生健康教育指导纲要》的要求，紧扣重庆市小学《健康教育》教材的内容，重点突出，条理清晰，信息量较大，符合健康教育教学的基本规律。

本参考书分6个年级，每年级14课，每课内容包括：教学目的、教学内容与分析、教学过程参考、相关知识链接。本书对健康教育课的教学进行了设计，提供了参考模板，扩充了知识量。可以作为小学健康教育的教师参考书，也可为校医、保健教师和学校健康教育工作者提供参考。

图书在版编目(CIP)数据

健康教育教学参考书：全一册 / 王应雄主编. -- 2版. -- 重庆：重庆大学出版社，2019.8(2025.7重印)

ISBN 978-7-5624-5614-8

Ⅰ. ①健… Ⅱ. ①王… Ⅲ. ①健康教育—小学—教学参考资料 Ⅳ. ①G479

中国版本图书馆CIP数据核字(2019)第151828号

健康教育教学参考书

(全一册)(第2版)

主　　编：王应雄

策划编辑：李长惠　王　勇

责任编辑：李长惠　王　婷　王　勇　　版式设计：王　婷

肖顺杰　林青山　王海琼

何　明　刘颖果　陈一柳

责任校对：王　倩　　责任印制：赵　晟

*

重庆大学出版社出版发行

社址：重庆市沙坪坝区大学城西路21号

邮编：401331

电话：(023)88617190　88617185(中小学)

传真：(023)88617186　88617166

网址：http://www.cqup.com.cn

邮箱：fxk@cqup.com.cn(营销中心)

全国新华书店经销

重庆正文印务有限公司印刷

*

开本：787mm×1092mm　1/16　印张：19.5　字数：427千

2010年12月第1版　2019年8月第2版　2025年7月第7次印刷(总第13次印刷)

ISBN 978-7-5624-5614-8　定价：45.00元

前　言

学校健康教育是素质教育的有机组成部分，是培养学生良好卫生行为习惯和健康生活方式的有效途径，也是建设“健康校园”的重要内容。2009年，根据教育部颁发的《中小学生健康教育指导纲要》，在重庆市教委的领导下，我们编写出版了一套重庆市小学健康教育课本。为了增强健康教育课的实效性，帮助健康教育任课教师组织好健康教育的课程教学，不断提高教学质量，我们组织相关作者编写了这本小学健康教育教学参考书。

本参考书与重庆市小学健康教育课本(1—6年级)配套，内容包括每一课的教学目的、教学内容与分析、教学过程参考、相关知识链接4个部分。其中教学内容与分析包括教学内容解读、相关知识点、教学重点和难点等板块；教学过程参考包括课程讲授过程建议、课堂小结建议、教学评价建议等内容；相关知识链接则注重扩充教师在医学等健康教育方面的知识量。本参考书秉承新一轮课程改革的精髓，注重强调学生在教学活动中的主体地位，提供了多种参与式教学方法及教学活动建议，指导学生在实践中学习。

重庆市小学健康教育课本的编者以及重庆医科大学的有关专家承担了本书的编写工作，在编写过程中，重庆大学出版社投入了大量人力、物力，我们对此一并表示衷心的感谢。由于我们经验不足，水平有限，敬请广大师生和专家批评指正。

编　者

目　录

一年级

二年级

三年级

四年级

五年级

六年级

一年级

第1课 我上学了

【教学目的】

帮助学生尽快实现从幼儿到小学生的角色转换，培养学生喜欢上学的情感和作为小学生的自豪感，并能在集体中与小朋友友好相处。

【教学内容与分析】

1.教学内容解读

进入小学学习，是儿童生活的一个重要转折。幼儿时期以游戏为主要活动，而进入小学则以学习为主要活动。因此，必须让学生尽快适应这种变化，喜欢丰富多彩的校园生活，会使用礼貌用语，适应集体生活，能够在集体中与小朋友友好相处。课文分为“图片引入”“健康指南针”“健康加油站”和“健康碰碰车”4个部分。

“图片引入”：这幅图画的是学校欢迎新同学的情景。学校门口挂着“欢迎新同学”的横幅，校园内升起的国旗飘扬，有老师站在校门口向进学校的小朋友问好，小朋友也主动向老师问好，体现出师生之间和谐、友好的情谊。图的远处，有小朋友在玩跷跷板，有小朋友在谈心。这些画面内容都会激发学生对学校生活的向往。

“健康指南针”：包括“校园生活丰富多彩”和“自己的事情自己做”两部分。“校园生活丰富多彩”主要通过4幅插图呈现：第1幅图画的是小朋友在教室里学习；第2幅图画的是两个小朋友在操场上跑步；第3幅图画的是两个小朋友在劳动；第4幅图画的是小朋友在玩耍。“自己的事情自己做”通过两幅插图呈现：第1幅图画的是小朋友自己收拾整理书包；第2幅图画的是一个小女孩自己去上学，不要妈妈送。这部分内容旨在告诉学生：我们已经长大了，是一个小学生了，激发作为小学生的自豪感。

“健康加油站”：通过介绍常用的礼貌用语，使学生学会使用礼貌用语，提高素质，并能在集体生活中愉快地生活。

"健康碰碰车":请与同学一块儿分享自己第一天上学的所见所闻。

2.相关知识点

(1)帮助学生尽快实现从幼儿到小学生的角色转换,培养学生喜欢上学的情感和作为小学生的自豪感。

(2)学会在集体生活中使用礼貌用语,与小朋友友好相处。

3.教学重点

本课的教学重点应该放在"健康指南针"和"健康加油站",使学生感受学校生活的乐趣,并且学会在集体生活中礼貌用语的使用。

4.教学难点

集体生活中与人友好相处,感受学生生活的乐趣,将礼貌用语运用于生活中。

教学过程参考

1.课程讲授过程建议

活动设置1

上课时,播放《上学歌》,让学生一起唱歌、表演,营造一种轻松愉快的学习氛围。然后,教师问:从今天开始,同学们就是一年级的学生了,你们心里高兴吗?你们知道我们每天在学校里都要做些什么吗?(进入"健康指南针"的学习。)也可以从课本(重庆大学出版社出版的《重庆市小学健康教育》)上的图片入手,请学生看图,说一说图上都画了些什么,读一读横幅上写的"欢迎新同学",激发他们作为小学生的自豪感。

活动设置2

分成小组,合作学习。请学生看图,看看在学校里,小朋友们都在做些什么?除了这些,还会干什么?在学生交流的基础上,教师进行总结:学校生活是丰富多彩的。

活动设置3

许多学生在入学前就已经掌握了一些常用的礼貌用语,因此,可采取创设情境,让学生进行表演,或教师提出问题,学生根据问题选择恰当的礼貌用语等活动。

教学方法建议

由于教学对象是刚刚入学的孩子,他们能集中注意力的时间较短,因此,本课的教学要求不宜过高，可以通过看图说一说，动手做一做，创设情景练一练的方式，直观形象地让学生感到学校生活的丰富多彩，掌握在集体生活中与人相处的方法。

2.课堂小结建议

本课通过教学过程的实施，直观形象地让学生感到了学校生活的丰富多彩，掌握了在集体生活中与人相处的方法。其中必须让学生树立的观点是：①作为一个小学生而自豪。②知道在集体生活中，应该使用礼貌用语。③小朋友之间要团结友爱、友好相处。

3.教学评价建议

本课的教学目的是帮助学生尽快实现从幼儿到小学生的角色转换，培养学生喜欢上学的情感和作为小学生的自豪感，并能在集体生活中与小朋友友好相处。可以通过创设情境的方式，考察学生是否会使用正确的礼貌用语，还可以举行整理书包等自理能力方面的竞赛，促进学生自理能力的提高。

相关知识链接

小学生入学教育

小学生入学教育至关重要，而如何引导其尽快完成从嬉戏的幼儿到以学习为主的小学生的角色转变是关键问题。

因此，教师应引导学生发现小学生生活充满无限乐趣，感受生活的丰富多彩，并帮助他们通过学习、运动、劳动和集体活动，尽快适应小学健康、安全的生活，能够快乐、积极地面对生活。刚进入小学的小学生有以下特点：

(1)小学生是天真烂漫的，思想中有对美的追求的原始冲动。小学生从认识自己的校园，熟悉自己的校园中，感受到校园的美丽，就能激发爱校的感情，从而积极地加入到建设美丽校园的行动行列中来。

(2)小学生进入小学校园就进入了以学习为主的学习期，在未来的日子里学习文化将成为他们的主要任务。从进校开始就要注意培养孩子对学习的兴趣，只有对学习感兴趣了，才能把学习搞好。然而孩子都有爱玩的天性，如何处理学习和玩耍的关系是关键问题。

(3)小学生的思想正处在变动期，容易开心，也容易伤心难过。应让小学生充分感受到学习的快乐、运动的快乐、劳动的快乐、集体活动的快乐、小学生活的快乐，从而更加积极地去学习和生活。

(4)小学生参加劳动不仅可以锻炼他们的独立生活能力，使他们掌握基本的生活技能，还可以培养他们互相协作、与人团结和帮助他人的精神。小学生还要参加体育运动和娱乐活动，这些活动不仅可以使小学生的身体健康和心理健康得到加强，更重要的是这些活动对开发儿童智力、激活儿童的多向思维都是非常有帮助的。

(5)小学生在校园接受基础健康教育，在学习中学到一些健康知识，养成良好的卫生习惯是必需的。例如：要让他们明白不可以乱丢垃圾，不可以随地吐痰，要勤洗手，要注意保持校园卫生，并且要注意校内安全。另外，小学生的心理健康卫生问题也不容忽视，因为他们思想单纯，没有定式，所以非常容易出现偏差，如说脏话、妒忌同学、不积极帮助有困难的同学等，要从纠正这些偏差方面着手，让小学生养成良好的卫生习惯，让校园成为小学生健康成长的加油站。

(6)小学生要成为德智体美劳全面发展的社会主义建设者和接班人，就必须从小懂得文明礼貌，具备良好的道德素质。最基本的就要从“教师，您好”开始，让学生尽快认识自己的新教师，认识教师的办公室，学会有困难找教师，从而激发热爱教师的情感。小学生还要学会使用“你好”“对不起”“谢谢”“没关系”“再见”等礼貌用语，使同学之间的关系更加和谐。

小学生要了解学校生活一天中基本的日程安排，同时要学会合理安排自己的日程，要正确认识到自身角色的转变，尽快适应小学生活，树立良好的精神面貌，做一名优秀的小学生。

第2课 正确刷牙好处多

【教学目的】

使学生知道刷牙与身体健康的关系，掌握正确的刷牙方法，培养他们自觉爱护牙齿，养成刷牙的好习惯。

【教学内容与分析】

1.教学内容解读

牙齿的好坏，是健康的标志之一。而坚持早晚刷牙、饭后漱口，能保持口腔清洁，减少食物残渣和细菌在牙齿上附着，同时改善牙龈的血液循环，从而起到预防龋齿和牙周疾病的作用。对于一年级学生而言，掌握正确的刷牙方法尤为重要。

本课以小学生喜欢的动物形象入手，以小动物的口吻将保护牙齿的方法呈现出来，再通过儿歌的形式向小学生介绍正确的刷牙方法：用适合学生口腔大小的保健牙刷，将牙刷浸透，挤上牙膏；然后顺着牙面上牙往下刷，下牙往上刷，牙里面也照此方法刷，咬合面来回拖动刷；最后含水漱数次，每次刷牙时间不少于2分钟。

为了培养学生自觉爱护牙齿，正确刷牙的好习惯，课本最后还设置一个“护牙冠军”的评比表。

2.相关知识点

(1)了解刷牙与身体健康的关系，掌握正确的刷牙方法。

(2)培养学生自觉爱护牙齿，早晚刷牙的好习惯。

3.教学重点

帮助小学生掌握正确的刷牙方法，培养他们自觉爱护牙齿，养成刷牙的好习惯。

4.教学难点

掌握正确的刷牙方法。

教学过程参考

1.课程讲授过程建议

1)引入

先请学生猜谜语:“健康卫士穿白衣,上下两排真整齐。口中饭菜它磨碎,早晚用刷把澡洗。”在学生猜出谜底“牙齿”后,再出示课本中的图片,重点观察小白兔白白的牙齿是什么样的。然后,以“摘苹果”的游戏形式,把“护牙秘诀”写在苹果上,请学生来猜,猜对了,就把这个写有护牙秘诀的苹果奖励给他,以激发学生学习的兴趣。在讲解刷牙方法时,教师可以利用牙齿模具为学生边讲解、边演示,然后让学生边唱《刷牙歌》边用小牙刷练习,增强学生的参与性。

2)让学生参与体验

本课的重点是掌握正确的刷牙方法,培养学生自觉爱护牙齿,正确刷牙的好习惯。因此,可以在教学中多安排体验活动。比如,在教学刷牙方法时,可以让学生边诵读儿歌,边用手练习刷牙的方向。在掌握了刷牙方法之后,可以把学生带到室外,让学生拿出准备的牙刷、牙膏和杯子等刷牙工具,进行刷牙练习。此时,教师可以进行巡视,以了解学生是否真正掌握了正确的刷牙方法。

3)教学方法建议

为了让学生更好地掌握正确的刷牙方法,在教学中可以用猜谜语、摘苹果、动作表演、背儿歌等多种形式,反复强调正确的刷牙方法,以达到巩固的目的。

2.课堂小结建议

通过教学过程的实施,向学生传播了正确刷牙的相关知识,其中必须让学生明白:正确的刷牙方法有益于牙齿的健康;刷牙效果的好坏以口腔和牙面不滞留食物残渣为准。

3.教学评价建议

通过学生们练习刷牙,在一周以后检查学生记录的“护牙冠军”评比表,检查学生们是否真正掌握正确的刷牙方法。对姿势正确、坚持刷牙的孩子,教师要用一定的方式进行鼓励,以培养他们自觉爱护牙齿,养成刷牙的好习惯。

相关知识链接

1.牙齿的结构

牙齿由牙釉质、牙本质、牙骨质和牙髓4个部分组成。

牙釉质是人体中最硬的组织，覆盖在牙冠表面，呈乳白色、略透明，质坚硬，能耐受强大的嚼力。

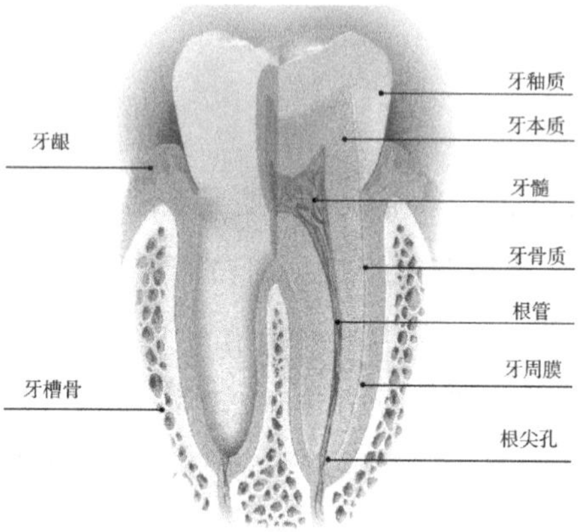

牙本质是构成牙齿的主体部分。牙本质钙化程度和硬度比牙釉质稍低，色淡黄，不透明。

牙骨质是包绕在牙根表面的一薄层骨样组织。

牙髓组织位于牙齿内部的牙髓腔内。牙髓腔的外形与牙体形态大致相似，牙冠部髓腔较大，称髓室；牙根部髓腔较细小，称根管；根尖部有小孔，称根尖孔。牙髓组织主要包含神经、血管、淋巴和结缔组织，还有排列在牙髓外周的造牙本质细胞，其作用是造牙本质。当牙冠某一部位有龋或其他病损时，可在相应的髓腔内壁形成一层牙本质，称为修复性牙本质，以补偿该部的牙冠厚度，即为牙髓的保护性反应。

2.牙齿和健康的关系

如果刷牙方式不正确，没有良好的刷牙习惯，那么牙齿健康就得不到保障。不仅口腔长期得不到清洁，牙垢堆积，口臭难闻，还会引起龋齿、牙龈红肿、牙龈出血，甚至造成牙周流脓、牙齿松动脱落等牙齿疾病。有的孩子刷牙像拉锯一样来回横刷，不但牙缝内刷不干净，而且长期下去还会使牙龈受损，甚至萎缩，并在牙颈部磨出一道深沟，会引起牙齿疼痛，甚至还会造成牙齿折断。而患了牙病不仅要饱受牙疼之苦，还可能会因为牙疼影响了咀嚼功能而引起肠胃等疾病。

3.如何保证牙齿健康

保持牙齿健康除了不吃过硬的食物，少吃对牙齿有刺激性的食物，保持良好的饮食习惯外，最重要就是用正确的方式刷牙，并保持良好的刷牙习惯。

小学生正处在乳牙和恒牙的替换期，正确的刷牙方法非常重要。乳牙的健康有利于恒牙的正常萌出。如果做不好，将来的恒牙可能会扭曲、歪斜，甚至牙根不牢。所以应该帮助学生从小学会正确的刷牙方法，并鼓励其持之以恒。

4.正确的刷牙方法

最好是每日三餐和早晚都要刷牙，如果觉得太麻烦，饭后可用漱口来代替，但必须保证早晚各刷牙一次。特别要强调的是晚上刷牙，因为晚饭后，牙面和牙缝中都会残留大量的食物残渣，加之夜间人的唾液分泌减少，细菌就会在口腔内大量繁殖，久而久之就会引起龋齿和牙周疾病，危害健康。

刷牙最好用温水。牙刷要符合牙弓形态和牙齿大小，才能清除牙齿各个角落的食物残渣；要用光滑、富有弹性的磨毛或球化毛的尼龙丝牙刷，毛束排数不超过3排。选购牙刷时要看它的制作工艺，是不是正规厂家的产品。小学生要用儿童专用牙刷，不要用毛太硬的牙刷。

刷牙时要从切牙开始向两边刷，要横刷和上下竖刷相结合，刷牙要仔细认真，一般不应少于3分钟。刷上牙时要由上向下刷，刷下牙时要由下向上刷，刷牙齿咬合面的时候可上下来回刷。刷牙时要由前向后、由外向里刷。最后含水漱口数次，同时将牙具清洁干净。

5.刷牙的技术要点

(1)辨认菌斑的附着部位：这是取得刷牙效果非常重要的环节。

(2)刷毛紧贴牙面：口腔的解剖结构复杂，凹凸不平的区域较多，尤其是牙齿的邻接面和最后部磨牙的远中面，是最易堆积菌斑的部位。对其磨牙远中面刷洗时，从一个方向或从不同的方向、角度，尽量把刷毛伸进并与牙面紧贴，才可能对它做清洁。

(3)牙刷头的动作：牙刷头的基本动作有纵向、横向、旋转和颤动4种，以完成刷牙过程。

(4)注意刷牙的顺序：刷上牙时要由上向下刷，刷下牙时要由下向上刷，刷牙齿咬合面的时候可上下来回刷。刷牙时要由前向后，由外向里刷。注意不要将顺序颠倒。

第3课 勤洗小小手

【教学目的】

让学生养成饭前便后洗手的好习惯,学会正确的洗手和擦手方法。

【教学内容与分析】

1.教学内容解读

手是除了飞沫之外,最可能传播病菌的媒介。洗手,是预防病菌进入人体的最有效的方法。因此,学生应该养成勤洗手的习惯,掌握正确的洗手、擦手方法,保证双手清洁卫生非常重要。

2.相关知识点

(1)手在不知不觉中会染上许多病菌和虫卵,尤其是指甲缝里就更多了。
(2)正确的洗手方法和擦手方法。

3.教学重点和难点

正确的洗手方法和擦手方法。

教学过程参考

1.课程讲授过程建议

活动设置1:激趣导入

听儿歌《洗手歌》或讲故事《小馒头变样了》《猪小弟》,通过儿歌的刺激、故事的寓意,帮助学生认识洗手的重要性,意识到手脏了就应该洗手。

活动设置2:了解洗手与身体健康的关系

(1)教师提问:脏脏的小手,对你的身体健康有什么危害呢?

(2)教师归纳小结:手是传播疾病的一个主要媒介之一,手在不知不觉中会染上许多病菌和虫卵,尤其指甲缝里就更多了。人的一只手上可附着40多万个细菌,这些细菌往往是引起疾病的主要致病菌,如果洗不干净,就会引起疾病。为了预防疾病,一定要勤于洗手。

活动设置3:学习正确的洗手方法

教师讲要领,做示范。(洗手时可建议学生数数或念儿歌,既保证了洗手的充足时间,又注重了学科之间的渗透,与数学、语文知识的融合。)

正确的洗手方法应该是手指向下,双手下垂,让水顺手指冲下。之所以用这样的姿势洗手,主要原因是下垂的手臂能让水流顺势流下,让污垢随着水流冲走,而又不会弄到手臂上。

要达到良好的洗手效果,就必须掌握洗手的姿势,标准洗手有"七步骤":

第一步(内):洗手掌 流水湿润双手,涂抹洗手液(或肥皂),掌心相对,手指并拢相互揉搓;

第二步(外):洗背侧指缝 手心对手背沿指缝相互揉搓,双手交换进行;

第三步(夹):洗掌侧指缝 掌心相对,双手交叉沿指缝相互揉搓;

第四步(弓):洗指背 弯曲各手指关节,半握拳把指背放在另一手掌心旋转揉搓,双手交换进行;

第五步(大):洗拇指 一手握另一手大拇指旋转揉搓,双手交换进行;

第六步(立):洗指尖 弯曲各手指关节,把指尖合拢在另一手掌心旋转揉搓,双手交换进行;

第七步(腕):洗手腕、手臂 揉搓手腕、手臂,双手交换进行。

洗手全过程要认真揉搓双手每步15秒以上。

活动设置4:学习正确的擦手方法

一定要用干净的个人专用毛巾、手巾或一次性纸巾擦干双手,并勤换毛巾。若是用脏毛巾、脏手巾,或是衣襟擦手,可能会造成"二次污染"。如果缺乏毛巾、手巾或纸巾,没有干手器,自动"风干"也不错。

注:用儿童化的语言传授正确的洗手方法和擦手方法,创设多种有趣的活动,让学生在游戏中学会洗手,把洗手当作愉快的事情。

2.课堂小结建议

(1)你学会洗手的方法了吗?我们一起边念儿歌,边练习洗手吧!

(2)我们要养成饭前便后洗手的好习惯。

3.教学评价建议

(1)同桌互相演示洗手、擦手的方法,并互相评一评。

(2)请你做个"小小监督员",看看你的小伙伴或者家人的洗手、擦手方法正确吗。

相关知识链接

世界洗手日

联合国儿童基金会认为，用水和肥皂洗手是一个非常普通的举动，却能为儿童的健康、成长和发育带来不同寻常的结果。全球平均每天约有5 000名5岁以下儿童死于与腹泻相关的疾病，而只要养成饭前便后用肥皂洗手的习惯，这些儿童中的一半就会得救。鉴于洗手对儿童健康的重要性，2008年10月15日被联合国儿童基金会确定为第一个世界洗手日。联合国儿童基金会指出，用肥皂洗手，尤其是在饭前和便后，是抗击腹泻和肺炎最有效和成本最低廉的方式。

第4课 天天吃早餐

【教学目的】

使学生了解吃早餐对身体健康的重要意义,并养成每天按时吃早餐的好习惯。

【教学内容与分析】

1.教学内容解读

很多学生认为:早餐可吃可不吃。不吃早餐是小学生的一种常见坏习惯,会严重影响学生的身体发育。通过本课的学习,让学生明白吃早餐的重要性,并养成吃早餐的良好习惯,早餐不仅要天天吃,而且还要讲营养,科学搭配,按时吃。

2.相关知识点

(1)为了有充沛的精力迎接一天的学习与活动,吃好每日第一餐非常重要。
(2)不吃好早餐对学生的危害。
(3)应该从小养成天天吃早餐的好习惯,既要吃饱,又要吃得有营养。

3.教学重点和难点

了解不吃早餐对人体的伤害,养成吃早餐的好习惯。

教学过程参考

1.课堂讲授过程建议

活动设置1:播放录音或视频,导入课题

早上,小明起床一看8:00了,急忙穿上衣服,背起书包就往学校跑去。妈妈怎么叫,小明也不答应，妈妈看着桌上的早餐，无奈地叹了口气。

思考：小明到了学校，可能会发生什么事情？让学生充分发表意见。这部分内容主要是让学生初步感知不吃早餐可能会导致的不良后果。

教师：不吃早餐就上学，到了第三、第四节课时，肚子就会饿得咕咕叫，上课没精神，听课也会开小差等，所以，我们每个小朋友都要天天吃早餐。

活动设置 2：看图说话

教师出示图片，看看 4 个小朋友分别吃的早餐，每人早餐搭配不一样：第 1 幅图是牛奶、菜包子、蛋糕、苹果；第 2 幅图是牛奶、花卷、香蕉、火腿肠；第 3 幅图是米粥、鸡蛋、馒头、梨；第 4 幅图是酸奶、肉包子、苹果。让学生明白早餐的搭配有很多种，懂得如何搭配才最合理，才更有营养，才有利于生长发育。然后让学生说一说自己的早餐吃的是什么，让学生充分发表意见，教师从中可以了解学生的早餐情况。最后教师小结：吃早餐要有营养，要按时有规律，要科学搭配，才能身体棒！

活动设置 3：不吃早餐的危害

很多学生早上起来不吃早餐，或者家长拿钱给学生，让学生自己随便处理，造成学生早餐质量差。除课本中的例子外，教师还可适当补充一些与学生生活实际紧密相关的实例，增强真实感，让学生明白不吃早餐会患胃病、影响生长发育、引起低血糖、影响智力等，以震撼学生心灵。

活动设置 4：小组交流讨论

请学生结合自身实际说说，自己早餐吃什么？有没有不吃早餐就上学的情况？如果有，今后该如何改正？可以让学生充分发表意见，教师要适时地加以指点和鼓励。通过学生的自述，更让学生真切感受到不吃早餐的危害，促使学生养成天天吃早餐的良好习惯。

2.课堂小结建议

(1)通过本节课的学习，你学会了什么？

(2)天天吃早餐，营养又健康。科学又营养，身体强又壮。好习惯大家赞，人人夸。

3.教学评价建议

可采用课本中“健康碰碰车”的内容进行教学评价。让学生根据一周吃早餐的情况，对自己做一个正确评价。如果天天吃早餐，说明该生有良好的习惯，教师应对其进行表扬；如果没有坚持天天吃早餐，那要让学生思考，为什么没吃？是自己的原因还是其他原因？教师加以指导，同时也可让学生适当地说说早餐有哪些种类，是不是科学又营养等。

相关知识链接

1.早餐食物的种类与早餐质量

早餐的食物应种类多样，搭配合理。可以根据食物种类的多少，快速评价早餐的营养是否充足。如果早餐包含了谷薯类、动物性食品（肉类、蛋类）、奶类、蔬菜水果 4 类食物，则为营养充足的早餐；如果只包括其中3类，则为营养较为充足的早餐；如果只包括其中两种或只有一种，则为营养不充足的早餐。所以，早餐应包括以下几类食物：粮谷类可选用馒头、面包、麦片、面条、粥；奶类可选择牛奶或酸奶；动物性食品可选择鸡蛋；新鲜的蔬菜或水果可选择应季较易制备的品种，如黄瓜、西红柿、生菜、苹果、香蕉、梨等。

2.早、中、晚三餐的合理安排

合理安排一日三餐的时间及食量，进餐定时定量，对养成良好饮食习惯很重要。早餐提供的能量应占全天总能量的25%~30%，午餐应占30%~40%，晚餐应占30%~40%，可根据实际情况进行适当调整。一般情况下，早餐安排在6:30—8:30、午餐在11:30—13:30、晚餐在18:00—20:00进行为宜。早餐要天天吃并保证其营养充足，午餐要吃好，晚餐要适量。不暴饮暴食，不经常在外就餐，尽可能与家人共同进餐，并营造轻松愉快的就餐氛围。零食作为一日三餐之外的营养补充，可以合理选用，但来自零食的能量应计入全天能量摄入之中。

第5课 交通安全要注意

【教学目的】

使学生懂得为什么要注意交通安全,养成遵守交通规则的好习惯。

【教学内容与分析】

1.教学内容解读

交通安全是学校关注学生安全的重点工作之一,学生每天上学、放学都要过马路,掌握交通安全常识对小学生来说显得异常重要。本课从识别交通标志,介绍过马路时要注意哪些事项,乘车时要注意哪些事项,帮助学生掌握简单的交通安全常识,使学生增强安全意识,处处防范,做一个懂规则、守规则的好学生。

2.相关知识点

(1)为什么要注意交通安全?
(2)走路时有哪些注意事项?
(3)乘车时有哪些注意事项?

3.教学重点

过马路和乘车时要注意安全。

4.教学难点

怎样遵守交通规则。

教学过程参考

1.课堂讲授过程建议

活动设置 1

播放一段视频录像。镜头 1:在某学校的校门口,刚放学,明明和东东欢快地回家去。马路上车来车往,明明不顾一辆汽车正开过来,直接奔向马路。镜头2:一辆公交车停在路边,欢欢和很多旅客一起挤着上车。镜头3:一小学生正在翻越公路边的栏杆。思考:这几位小朋友的做法对吗?为什么?

教师:同学们,大家都对刚才这几位小朋友的做法表示不赞同,那么,我们在过马路或乘车时要注意哪些交通安全呢?揭示课题,并板书。

活动设置2

出示交通安全图(可用挂图,条件允许时可用视频),让学生认识交通安全标志,以便在生活中遇到这些标志时,能够自觉遵守,不乱闯红灯。

活动设置3

结合课本中的例子,分组进行讨论交流:过马路时要注意哪些事项?抽学生汇报,教师根据学生汇报情况进行归纳总结,如:①走人行道,没有人行道时要靠路边行走;②做到一慢、二看、三通过;③走天桥或人行横道;④不在马路边追逐、玩耍、打闹、踢足球等;⑤不追车、不爬车、不吊车、不翻越栏杆等;⑥主动避让机动车辆……

教师:我们知道了过马路时的注意事项,那么我们平时走亲访友乘车乘船时又要注意什么呢?

活动设置4:情景设置

某公交车到站,售票员:"旅客们,某某车站到了,要下车的旅客,请拿好行李,依次下车。"丽丽从座位上一跃而起,冲向车门。

教师:丽丽这样乘车,对吗?为什么?(请学生发表自己的意见)

教师:我们在乘车时该注意哪些事项呢?(学生讨论交流)

抽学生汇报后,教师归纳总结:①排队上车,不抢先;②先下后上,按照次序,车停稳后再上下车;③在车上要拉住扶手,车子开动时,头、手不要伸出窗外;④车内不大声喧哗,不乱扔果皮纸屑;⑤看见老人或孕妇主动让座……

活动设置5

请学生举出身边不遵守交通规则造成危害的例子,主要目的是让学生明白遵守交通安全的重要性,自觉养成遵守交通规则的好习惯。

2.课堂小结建议

(1)学了本课,你想对那些不遵守交通规则的人说点什么?

(2)通过本节课的学习,你又懂得了什么?

(3)生命只有一次,每个人都要珍惜。安全掌握在自己手中,所以我们大家要养成自觉遵守交通规则的好习惯。懂得安全常识,我们就能快快乐乐、健健康康地成长。

(4)开展"小手牵大手"活动,对不遵守交通规则的成年人说"不"。

3.教学评价建议

本课的教学评价可采用课本"健康碰碰车"中的内容,让学生对照自己的行为,看看哪些做到了，哪些没做到。对没有做到的，特别要指出今后该如何做到。教学时，教师可根据当地情况作适当补充。

相关知识链接

行人应遵守的交通规则

根据2017年10月7日修订的《中华人民共和国道路交通安全法实施条例》第四节“行人和乘车人通行规定”，要求行人应该遵守以下交通规则。

第七十四条　行人不得有下列行为：

(一)在道路上使用滑板、旱冰鞋等滑行工具；

(二)在车行道内坐卧、停留、嬉闹；

(三)追车、抛物击车等妨碍道路交通安全的行为。

第七十五条　行人横过机动车道，应当从行人过街设施通过；没有行人过街设施的，应当从人行横道通过；没有人行横道的，应当观察来往车辆的情况，确认安全后直行通过，不得在车辆临近时突然加速横穿或者中途倒退、折返。

第七十六条　行人列队在道路上通行，每横列不得超过2人，但在已经实行交通管制的路段不受限制。

第七十七条　乘坐机动车应当遵守下列规定：

(一)不得在机动车道上拦乘机动车；

(二)在机动车道上不得从机动车左侧上下车；

(三)开关车门不得妨碍其他车辆和行人通行；

(四)机动车行驶中，不得干扰驾驶，不得将身体任何部分伸出车外，不得跳车；

(五)乘坐两轮摩托车应当正向骑坐。

第6课
挺起你的脊梁

【教学目的】

使学生认识了解脊柱，养成良好的坐、立、行姿势，以预防脊柱异常弯曲。

【教学内容与分析】

1.教学内容解读

通过让学生动手摸和借助图画认识了解脊柱，从而知道健美的体形要靠正确的坐、立、行姿势才能形成，学会判断正确与错误的姿势。

“健康指南针”是课文的重要部分，主要包含以下内容：认识了解脊柱的4个生理弯曲及其作用，了解脊柱异常弯曲的表现，坐、立、行的正确姿势。

“健康加油站”主要是让学生知道预防脊柱弯曲的正确做法，即课桌椅高低合适、读书写字注意姿势和光线、定期进行体格检查等。

“健康面面观”是让学生学会判断正确与错误的姿势，知道侧身写字、站立姿势不正确都易导致脊柱异常弯曲，是不正确的姿势。

“健康碰碰车”主要是检验学生对知识的掌握和运用情况，通过分组比赛，激发学生学习的积极性，在比赛中养成良好的坐、立、行的好习惯。

2.相关知识点

(1)认识、了解脊柱。

(2)培养学生养成良好的坐、立、行姿势。

(3)知道预防脊柱弯曲的正确做法。

3.教学重点

认识、了解脊柱，形成良好的坐、立、行姿势。

4.教学难点

了解脊柱的4个生理弯曲及其作用,学会判断正确与错误的姿势。

教学过程参考

1.课程讲授过程建议

1)导入课题,激发学生学习的兴趣

导入课题后,可让学生动手互相触摸脊柱,找到脊柱所在位置,教师讲解脊柱作为身体支柱的重要性,从而引起学生的重视。

2)切入重点,规范坐、立、行的姿势

借助脊柱构造的挂图或者模型,让学生认识脊柱的4个生理弯曲,即颈弯、胸弯、腰弯、骶弯,可以分小组讨论并摸一摸,找到这4个弯曲的所在部位,了解脊柱的形态。通过诵读儿歌,了解健美的体形需要养成正确的坐、立、行的姿势,并深入了解什么样的坐、立、行姿势才是正确的。

3)深入认识如何预防脊柱异常弯曲

通过几幅图画,让学生知道脊柱侧弯是少年儿童常见的姿势缺陷。小学生要养成正确的坐、立、行姿势,保持合理营养,多吃蔬菜、水果和肝、鸡蛋等,以促进脊柱正常发育。让学生回忆自己日常生活中坐、立、行姿势是否正确,对已经形成不正确姿势的学生,要让其时刻注意纠正。正常的体育活动和每日做好广播体操是预防脊柱异常弯曲的好方法。

4)判断正误

借助图画判断正确与错误的坐、立、行姿势。分组进行正确姿势的比赛,评一评,谁是健康小赢家。

教师总结:要养成正确的坐、立、行的姿势,挺直脊梁,才能拥有健美的体态。

2.课堂小结建议

(1)通过本课学习,你学会了什么?懂得了什么?

(2)教师总结:要养成正确的坐、立、行姿势,挺直脊梁,才能拥有健美的体态。

3.教学评价建议

让学生对照检查自己的坐、立、行姿势是否正确,同桌互相交流。如果没有做到,要让学生指出为什么没做到,今后该怎么做。教师也可以让学生补充一些自己收集到的资料。

相关知识链接

人体的脊柱

(1)幼年时人体椎骨有33块,包括颈椎7块、胸椎12块、腰椎5块、骶椎5块、尾椎4块。随着年龄的增长,5个骶椎融合成1块骶骨,4个尾椎融合成1块尾骨。因此成年人的脊柱由24块椎骨、1块骶骨和1块尾骨连接形成。脊柱构成人体的中轴,上承托头颅、下连接下肢。

(2)小儿生后第一年脊柱生长快于四肢,以后四肢生长快于脊柱。出生时脊柱没有弯曲,仅仅呈现轻微后凸。3个月左右抬头动作的出现,使颈椎前凸;6个月后婴儿能够坐,出现胸椎后凸;1岁左右开始行走,出现腰椎前凸。脊柱的自然弯曲至6~7岁被韧带固定。

(3)脊柱整体外形。脊柱长度因姿势不同而略有差异,一般卧位比站立位长出2~3厘米,这是因为站立时椎间盘被挤压所致。

从侧面观察脊柱,可见脊柱呈"S"形,有颈、胸、腰、骶4个生理性弯曲。其中,颈曲和腰曲凸向前,胸曲和骶曲凸向后。骶曲在胚胎时已经形成,也称原发性弯曲;颈曲、胸曲和腰曲是出生后获得的,也称继发性弯曲。脊柱的这些弯曲增大了脊柱的弹性,对维持人体的重心稳定和减轻震荡有重要意义。颈曲支持头的抬起;腰曲使身体重心线向后移,以维持身体的前后平衡,保持直立姿势,加强稳固性;胸曲和骶曲在一定意义上扩大了胸腔和盆腔的容积。

(4)脊柱的运动。脊柱具有很多功能,除支持身体,保护脊髓、脊神经和内脏外,还有很大的运动功能,可做屈、伸、侧屈,旋转和环转运动。颈部的屈伸和旋转幅度较大;胸部的活动范围较小;腰部屈伸运动灵活,但是旋转运动受到限制。由于颈、腰部运动灵活,故损伤多出现在颈、腰部。

(5)脊柱弯曲异常。如果看书、写字、行走姿势不端正,脊柱就会变形。脊柱弯曲异常,有以下多种:脊柱后凸,即驼背。脊柱前凸,其中腰部过分前凸称为鞍背;胸曲消失而且反向前凸出称脊柱胸前凸。平背,生理胸曲完全消失等。这些异常表现,都是因为脊柱失去正常的生理性弯曲造成的,它会使青少年的体态受到影响,并导致脊柱弹性降低而容易出现疲劳和体力下降。

(6)脊柱异常弯曲的预防与保健措施:

①通过健康教育,认识到正确体姿对一生健康和良好体力的重要影响,从而思想上提高对姿势培养的自觉保健意识。

②学校、家庭要配备适宜青少年身材的课桌椅和良好的照明条件,这是保证正确读书姿势的基本条件。

③尽量使用双肩背书包,避免书包过重,避免持久性单肩用力或负重。

④注意避免日常生活、学习和劳动过程中的单一体位和偏侧姿势。

⑤除上好体育课、做广播体操外,每天都应坚持1小时左右的体育锻炼,并要达到一定的运动量。

⑥体育锻炼的内容要多样化,在全面锻炼的基础上,尽量多参加一些诸如单双杠、跳箱、平衡木等活动项目,对预防脊柱弯曲有良好作用。

⑦参加学校组织的每年一次体格健康检查,做到早期发现习惯性姿势弯曲,尽早进行矫治。

第7课 眼保健操天天做

【教学目的】

让学生学会做眼保健操,养成每天做眼保健操的习惯。

【教学内容与分析】

1.教学内容解读

新版眼保健操共分为六节,第一节:按揉攒竹穴;第二节:按压睛明穴;第三节:按揉四白穴;第四节:按揉太阳穴刮上眼眶;第五节:按揉风池穴;第六节:揉捏耳垂脚趾抓地。做操时,必须要认准穴位、掌握手法、动手准确、力度适中、速度均匀、幅度适当,以按揉的穴位感到酸胀为宜。做眼保健操时应全程闭目,保持平静轻松的心态,将注意力完全集中在手法和穴位上,认真操练。

眼保健操一般可在上下午各安排操练一次;在长时间、近距离用眼后,应当及时操练;需要天天坚持,持之以恒。预防近视,从小做起。

2.相关知识点

(1)正确认识穴位。

(2)学会做眼保健操。

(3)正确用眼的重要性。

3.教学重点

教会学生做眼保健操。

4.教学难点

穴位的准确性。

教学过程参考

1.课程讲授过程建议

活动设置 1

播放录音或视频(或让班上戴眼镜的孩子去掉眼镜后看黑板)。

上课时，一位坐在第3排的学生站起来对教师说:“老师，我看不清楚黑板上写的什么内容。”讨论:这位小朋友为什么看不清呢?眼睛有什么作用?

教师:都说眼睛是心灵的窗户,要想保护好眼睛、预防近视,做眼保健操是一种行之有效的方法。这节课我们就来学习做眼保健操。

活动设置 2

播放视频:介绍穴位。

这部分主要目的是让学生找准穴位。

活动设置 3

让学生学会做眼保健操,此内容是教学的重点,也是教学的难点,所以,教师要下功夫教,学生要用心学。要求教师一节一节地教,亲自示范,学生跟着教师学,学生学时,教师应随时检查学生按操穴位的准确性。每教完一节,让学生亲自做一节,要让学生多体验、多实践,才能更好地领悟眼保健操正确的方法。眼保健操教完后,教师放音乐,让学生跟着节奏和教师一起做,教师随时检查,看看哪些学生还不会,不会的要个别指导。做完后,让学生谈谈感受,让他们明白:要想预防近视,使自己的眼睛更亮,做眼保健操是一个很好的办法。

活动设置 4

通过4幅图让学生明白保护视力的重要性。

第1幅图是不能长时间看电视,严格控制电子产品使用时间,线上学习时间,小学生每天不超过2.5小时,每次不超过20分钟。观看视频20分钟后,要抬头眺望6米外远方,持续至少20秒。第2幅图是不能躺着看书,躺着看书会影响视力,这在小学生中比较常见,教师教学时要进行纠正。第3幅图是读书写字时姿势要正确。读书时,眼离书本一尺,写字时,眼离桌一尺,这些都是保护视力的好方法。第4幅图是常吃蔬菜和水果,小学生还有不爱吃蔬菜和水果的现象,教师教学时要告诉学生,蔬菜和水果里有丰富的维生素,对保护视力有着重要作用,所以要常吃。

教学时,教师要根据学生实际,让学生讨论交流自己平时是怎样保护视力的,还可以让学生谈谈生活中还有哪些方法可以保护视力,如果不保护视力会带来哪些危害,生活中还有哪些行为不利于保护眼睛(如:在强光下或昏暗的灯光下看书、脏手不能做眼保健操等)。最后教师小结:保护视力,坐姿和饮食都非常重要。

2.课堂小结建议

重点让学生明白做眼保健操会消除眼部疲劳，增强眼部血液循环，改善眼睛局部营养，预防近视。

3.教学评价建议

让学生进行自我评价，检查学生是否天天做眼保健操、是否认真做眼保健操、穴位是否准确等，先进行自评，然后小组评，最后还可以让家长参与评。其目的是督促每个学生坚持天天做、认真做眼保健操，每次的穴位要准确。

相关知识链接

2008年新版眼保健操

眼保健操是根据中医经络理论，结合体育医疗综合而成的自我保健方法，通过对眼部周围穴位的按摩，疏通经络，增强眼内血液循环，使眼部气血通畅，改善神经营养，以达到缓解和消除眼睫状肌紧张或痉挛，减轻眼睛疲劳，保护视力的作用。

1.动作要领

第一节：按揉攒竹穴

用双手大拇指螺纹面分别按在两侧穴位上，其余手指自然放松，指尖抵在前额上。随音乐口令有节奏地按揉穴位，每拍一圈，做四个八拍。

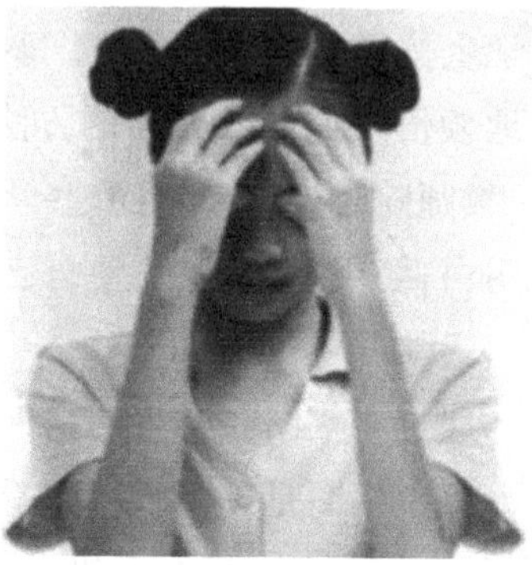

第二节：按压睛明穴

用双手食指螺纹面分别按在两侧穴位上其余手指自然放松、握起，呈空心拳状。随音乐口令有节奏地上下按压穴位，每拍一次，做四个八拍。

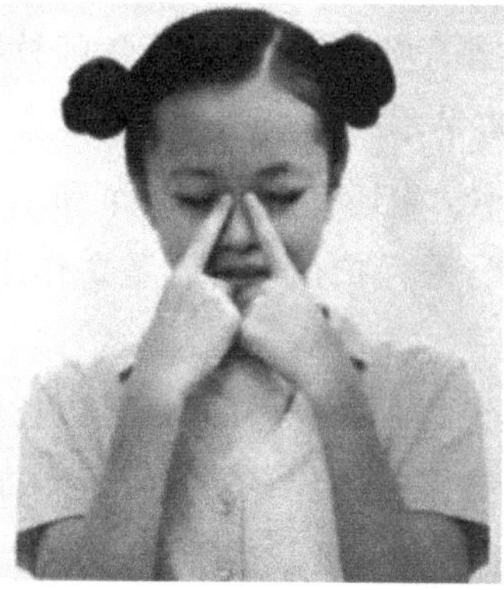

第三节：按揉四白穴

用双手食指螺纹面分别按在两侧穴位上，大拇指抵在下颌凹陷处，其余手指自然放松，握起，呈空心拳状。随音乐口令有节奏地按揉穴位，每拍一圈，做四个八拍。

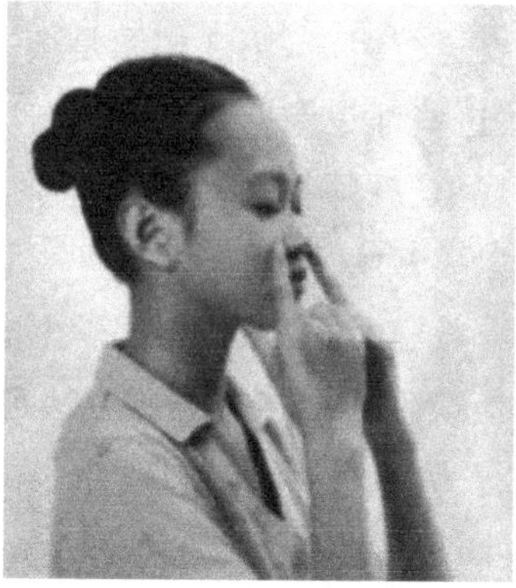

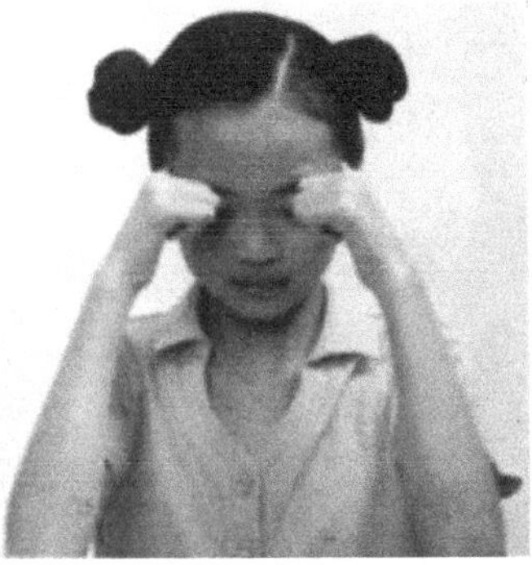

第四节:按揉太阳穴刮上眼眶

用双手大拇指的螺纹面分别按在两侧太阳穴上，其余手指自然放松,弯曲。伴随音乐口令,先用大拇指按揉太阳穴,每拍一圈,揉四圈。然后,大拇指不动,用双手食指的第二个关节内侧,连刮两次。如此交替,做四个八拍。

第五节:按揉风池穴

用双手食指和中指的螺纹面分别按在两侧穴位上,其余三指自然放松。随音乐口令有节奏地按揉穴位，每拍一圈,做四个八拍。

第六节:揉捏耳垂脚趾抓地

用双手大拇指和食指的螺纹面捏住耳垂正中的眼穴，其余三指自然并拢弯曲。伴随音乐口令,用大拇指和食指有节奏地揉捏穴位,同时用双脚全部脚趾做抓地运动,每拍一次做四个八拍。

2.注意事项

(1)做操时身体要坐正,自然放松,肘关节不要放在桌子上。

(2)全程闭目。

(3)指尖不能触及穴位,应用手指的螺纹面按揉穴位。

(4)按揉穴位时按揉面不要太大。

第 8 课
文明如厕人人夸

【教学目的】

使学生做到文明如厕。

【教学内容与分析】

1.教学内容解读

首先要解释“文明如厕”这一术语,这里的“如”字应解读为“到”“往”的意思,“文明如厕”顾名思义就是说上厕所要讲文明,爱卫生。2001 年,来自 30 多个国家和地区的 500 多名代表在新加坡举行了第一届厕所峰会,一直难登大雅之堂的厕所问题受到全世界的关注。会议讨论了有关厕所的广泛议题,包括厕所设计、卫生、舒适,以及解决排泄物污染和发展中国家厕所缺乏等问题。会议将每年的 11 月 19 日定为世界厕所日。从小学生开始就培养文明如厕的习惯,是非常有必要的。

本课首先给出几种常见的、不同的男女厕所标志,让学生认识这些标志,感受厕所文化。

“健康指南针”主要以儿歌和图片的形式,向学生介绍厕所中应该遵守的文明礼仪,如遇到人多要排队,不能拥挤;要把小便解在便池里;厕纸要扔在纸篓里;便后要冲水;便后要洗手;等等。同时,还要遵守公德,不在厕所里乱涂乱画。

“健康加油站”是一些文明如厕的宣传语。

“健康碰碰车”则通过判断如厕行为的正确与否,培养学生的文明如厕观念。

2.相关知识点

(1)如厕时,要认清男女厕所的标志。

(2)爱护厕所的环境卫生。

(3)养成便后洗手的好习惯。

3.教学重点

认识男女厕所标志，培养文明如厕的观念，并养成良好的文明如厕习惯。

4.教学难点

如厕时，能够爱护厕所的环境卫生，不乱扔、不乱涂，便后冲水。

教学过程参考

1.课堂讲授过程建议

1)引入

从认识厕所标志入手，让学生说一说：在什么地方看到过这些标志？它们分别代表的是男厕所还是女厕所？还见过哪些厕所标志？让学生从身边熟悉的事物开始，激发学生学习的兴趣，让其更快地记住这些标志。

“健康指南针”部分，可以先请学生小组讨论：我们每天都要上厕所，你觉得我们应当怎样如厕才文明？你在厕所中见到过哪些不文明的现象？在充分讨论的基础上，再出示儿歌，进一步强化如厕时要讲究卫生、爱护厕所清洁、便后洗手等文明行为，宣传文明如厕的口号时可以让学生读一读、记一记，还可以鼓励学生自己进行创编。

2)让学生参与体验

本课的重点是认识男女厕所标志，培养文明如厕的观念，养成良好的文明如厕习惯。因此，教师可以根据一年级学生的年龄特点，设计几个有趣的游戏活动，让学生们在活动中体验课中知识。例如，可以设计一个“争做文明如厕宣传员”的活动，让学生们分小组总结文明如厕的行为，然后每组选出一名宣传员向全班宣传介绍。

3)教学方法建议

教学时要充分发挥学生的主体作用，以看图、小组讨论、学生演练等形式为主。另外，鼓励学生制作一些宣传标语贴在学校指定的地方，增强学生的自豪感。

2.课堂小结建议

本课通过教学过程的实施，向学生传播了文明如厕的相关礼仪，其中必须让学生明白的是：如厕时，认清男女厕所的标志；爱护厕所的环境卫生，养成良好的文明如厕好习惯。

3.教学评价建议

通过本课教学,让学生掌握文明如厕应当做到哪些细节,并在自己的生活中养成习惯。教学的效果如何,可通过“健康碰碰车”判断和观察学生平时如厕的行为进行评价。

相关知识链接

文明如厕的礼仪

文明如厕,顾名思义就是到厕所要自觉遵守的文明道德规范。文明如厕是一件既关乎社会卫生又关乎个人卫生的问题,是一个关乎个人基本社会公德和个人素质的大事。

文明如厕有八大礼仪:

①如厕时,要认清男女厕所的标志,不要进错。

②在公厕有人占用的情况下,后来者须在入口处排队等候,排在第一位者有优先使用权。

③“来也匆匆,去也冲冲”。用完公厕,要及时放水冲洗,留下一个干净的卫生空间。

④踩在马桶上是不文明的行为。

⑤按需取舍,使用洗手液、擦手纸、卫生纸忌浪费。

⑥不要将卫生纸、护垫等杂物丢进马桶,以免堵塞下水道。如果不小心把马桶垫板弄脏,一定要用纸擦干净。

⑦洗手时,一方面要节约用水,一方面要避免水溅到洗手台或地上。如果不小心溅了水,要用纸把水擦干净。

⑧如公厕备有烘干机和纸巾,一般是先用纸巾擦干手,用过的纸巾扔入垃圾桶,然后用烘干机把手吹干。有些人洗完后边走路边甩动双手上的水,这样不仅影响环境卫生,还容易滑倒。

第9课 管住你的口和手

【教学目的】

让学生学习正确的吐痰方法,养成不乱扔垃圾、不随地吐痰的良好卫生习惯。

【教学内容与分析】

1.教学内容解读

作为未来世界的主人,爱护环境,孩子们责无旁贷。不过,要让小小年纪的他们懂得如何保护环境和生态文明建设不是一件容易的事。一年级小学生对学校的环境卫生和家居周围的环境卫生已有直接感受,有些地方环境卫生差,有的人环境意识差,随便乱吐痰,随手乱扔废弃物,等等,针对现实情况,教育小学生分清是非,从小树立小公民的环保意识,从自身做起,每时每刻注意管住自己的手和口,从小培养良好的公共卫生习惯。

2.相关知识点

(1)认识到乱扔垃圾、随地吐痰是不文明、不卫生的行为。
(2)了解这些不文明、不卫生的行为可能带来的危害,认识到维护公共场所卫生的重要性。
(3)学习正确的吐痰方法,养成不乱扔垃圾、不随地吐痰的良好的公共卫生习惯。

3.教学重点和难点

学习正确的吐痰方法,养成不乱扔垃圾、不随地吐痰的良好卫生习惯。

教学过程参考

1.课程讲授过程建议

活动设置1:观察与交流

(1)将全班同学分成两组,分别数一数教室里或楼道上有多少处痰迹、多少处垃圾。

(2)请学生谈感受。

(3)教师讲解什么是公共场所,初步引导学生感知乱扔垃圾、随地吐痰对公共环境卫生的不良影响。

注:教师的语言应简洁,使学生能够意会、知道哪些是公共场所即可。

活动设置2:小小一口痰,危害知多少

(1)请学生说说随地吐痰的危害。

(2)教师小结:别看只是小小一口痰,这口痰里有10多种细菌,呼吸系统的传染病(例:流感、肺结核、肺炎、麻疹、百日咳、白喉等)都可通过痰液进行传播。痰液干燥后,其中的细菌就随灰尘漂浮在空气中,如被人吸入,就可能引起疾病,影响他人的健康。因此,我们要养成不随地吐痰的习惯。

活动设置3:学习正确吐痰的方法

(1)有痰盂或清洁桶时,吐入其中。

(2)吐痰时,最好用纸巾包好,再把它扔到垃圾桶里。(教师拿出纸巾边讲要领,边示范)

(3)学生用纸巾练习吐痰的方法。

活动设置4:小组讨论,维护环境卫生

(1)观察学生刚才练习吐痰的纸巾都扔到了哪里,引导学生讨论在公共场所乱扔垃圾的后果。(公共场所乱扔垃圾会污染环境、影响卫生等。公共场所卫生不良,会传播各种疾病,会使休息、娱乐的人感到厌恶、不快)

(2)教师提问:有了果皮纸屑或其他垃圾该怎么办?

(3)四人小组讨论。

(4)教师小结:有了果皮纸屑应该丢进垃圾桶;地上有了果皮纸屑应该主动拾起来,丢进垃圾桶。维护公共场所卫生,是维护大众的利益和身体健康,是每个公民的义务和责任。因此,我们要维护公共场所卫生。

活动设置5:观察图片,找对错

(1)观察课本中图片,思考:图片中哪些行为是正确的?哪些行为是错误的?如果是你,你会怎么做呢?

(2)教师通过该活动检测学生学习情况。

活动设置6:拓展活动

(1)读《健康儿歌》

(2)说一说,你管住了自己的手和口了吗?

2.课堂小结建议

教师可在学生交流是否管住自己的手和口的基础上进行点拨、小结。

这节课我们学习了正确的吐痰方法,知道了要养成不乱扔垃圾、不随地吐痰的良好公共卫生习惯。希望同学们在以后的学习、生活中真正做到管住自己的手和口，为保护环境出一份力！

3.教学评价建议

可采用观察讨论课本中开篇部分的图画内容（即活动设置5）进行教学评价。良好习惯的养成非一日之功，应该渗透到学习、生活中，除了教师的监督，还可让学生互相监督，真正做到不论何时何地都管住自己的手和口。

相关知识链接

1.什么是公共场所

公共场所是指人群汇集的地方，是供人们娱乐、休息、消费的场所，为人们提供各种服务的场所。它包括旅店、文化娱乐场所、公共浴室、理发店及美容店、图书馆、博物馆、美术馆、体育馆、游泳场所、商场（店）及书店、医院候诊室、公共交通等候室、公共交通工具等。

2.痰液可以传播哪些病原菌

痰液会传播许多疾病，包括非典型肺炎、肺结核、流行性感冒、霍乱、麻疹。很多呼吸道疾病都是以咳嗽、咯痰为主要症状的。非典的咳嗽是干咳，偶尔有少量的痰，剧烈咳嗽可使痰带血丝。将痰进行涂片、染色，可以发现痰中有大量细菌。革兰氏染色法可检出肺炎球菌、葡萄球菌、链球菌、肺炎杆菌等，抗酸染色可检出结核杆菌。这些细菌、病毒等病原微生物，在痰中能生存很长时间，成为传染病的源头之一。仅以肺结核为例，有学者报告，在一口痰里竟有5 000多万个结核杆菌；在患者一天所吐的痰中，结核杆菌可高达30多亿个。

3.新型冠状病毒肺炎

新型冠状病毒肺炎（Corona Virus Disease 2019，COVID-19，简称“新冠肺炎”），世界卫生组织命名为“2019冠状病毒病”，是指由新型冠状病毒感染导致的肺炎。它的常见症状有发热、干咳、乏力，少数患者伴有鼻塞、流涕、腹泻等上呼吸道和消化道症状。多数患者预后良好，少数患者病情危重。新冠肺炎的传染性极强，极易在人群中传播。新冠肺炎的传播途径包括直接传播、气溶胶传播和接触传播。直接传播是指患者打喷嚏、咳嗽、说话的飞沫，呼出的气体，近距离直接吸入导致的感染；气溶胶传播是指飞沫混合在空气中，形成气溶胶，吸入后导致感染；接触传播是指飞沫沉积在物品表面，接触污染手后，再接触口腔、鼻腔、眼睛等黏膜，导致感染。新冠肺炎的预防措施与其他多数传染病的预防措施相同。

第10课 个人卫生要“四勤”

【教学目的】

使学生了解勤洗头、理发,勤洗澡,勤换衣,勤剪指甲对增进身体健康、预防疾病的意义,培养学生良好的卫生习惯。

【教学内容与分析】

1.教学内容解读

俗语说:“积千累万,不如有个好习惯。”习惯对于人的一生影响非常大。如果没有良好的个人卫生习惯,不仅不利于身体健康,还会给别人留下不好的印象,进而影响自己的人际关系、社交活动。所以小学生应该从小培养良好的个人卫生习惯,做到“四勤”,即勤洗头、理发,勤洗澡,勤换衣,勤剪指甲,养成这样的好习惯将终生受益。

2.相关知识点

(1)“四勤”指的是什么?有何好处?

(2)自觉地注意和维护自己的身体健康,从小养成“四勤”的良好卫生习惯。

3.教学重点和难点

“四勤”良好卫生习惯的养成。

教学过程参考

1.课程讲授过程建议

活动设置1:激趣导入

个人卫生突击检查,表扬个人卫生做得好的学生。

活动设置2:巧记“四勤”

(1)学习课文,明确“四勤”是指“勤洗头、理发,勤洗澡,勤换衣,勤剪指甲”。

(2)拍手诵读儿歌,记“四勤”。

活动设置3:“勤洗澡”好处多

(1)你喜欢洗澡吗?会自己洗澡吗?洗澡时身上能搓出什么东西来,你知道这些东西是什么吗?

(2)请学生结合实际谈谈长时间不洗澡,身体有什么感觉?

(3)教师讲述:在我们身体最外面的一层组织叫皮肤。皮肤上长有汗毛,从汗毛孔里能排出汗水。皮肤上还经常会有脱落的皮屑,当皮屑、汗水和灰尘等混合在一起时,就会在皮肤上形成污垢。污垢是细菌最爱生活和繁殖的地方。

(4)请学生谈谈勤洗澡的好处,教师补充归纳。

活动设置4:“天天洗头”好吗

(1)小调查:你们通常多久洗一次头?

(2)教师提问:天天洗头好吗?让学生谈一谈自己的看法。

(3)一起听听医生的建议。

2.课堂小结建议

(1)了解个人卫生“四勤”后,你以后要怎么做?

(2)集体背诵课本上的“四勤”儿歌。

3.教学评价建议

(1)可采用课本中“健康碰碰车”的评价表格。

(2)设计一张班级卫生评比表,每周进行个人卫生例行检查,评出“个人卫生之星”。

相关知识链接

多久洗一次头才健康?

我们的头发首先应清洁整齐,没有污垢、头屑,所以洗头是头发护理中最基本也是最关键的一步。那么一周洗发几次适宜呢?具体应该多久洗一次,应该根据个人的发质、季节及活动空间的不同来决定,一般情况下一周需要洗头2~3次。油性头发的人,建议每1~2天洗发1次。油脂在头发上长期残留,若得不到及时清洗,极易粘上尘埃,不仅看上去暗淡无光,而且容易导致头发发质受损甚至断裂。遵循正确的洗发频率,不仅能清除头发上的尘埃、污垢和油脂,还能有效减少头发开叉断裂,使头发健康、有光泽。同时,也是有效控制头屑产生的最有效方法。中性或干性头发的人,建议一周清洁2~3次,可使头发更粗壮、更亮泽。另外,在夏天气温升高或经常在户外运动的人,头发更易受到强烈紫外线和空气中粉尘的刺激,每天洗头就成为避免发质受损、保持清爽形象所不可或缺的习惯了。

第11课 我爱口杯和手帕

【教学目的】

使学生知道使用专用口杯和手帕不但是讲卫生好习惯，而且还是预防传染病的有效措施。让学生了解专用口杯和手帕的用处,养成自己带口杯和手帕的习惯,正确使用自己的口杯和手帕。

【教学内容与分析】

1.教学内容解读

本课通过浅显的画面,让学生了解专用口杯和手帕的用处,养成自己带口杯和手帕的习惯,正确使用自己的口杯和手帕,不使用一次性纸巾和纸杯,节约资源。本课内容由“引入”“健康指南针”“健康碰碰车”组成。

“健康指南针”是课文的重要部分,主要内容有:养成良好卫生习惯,经常清洗口杯,不喝生水,不常喝饮料,了解纸巾的来源,节约资源,正确使用手帕。

“健康碰碰车”主要是检验学生对知识的掌握和运用情况,让学生正确使用自己的口杯和手帕。

2.相关知识点

(1)了解专用口杯和手帕的用处。

(2)正确使用自己的口杯和手帕。

3.教学重点

养成自己带口杯和手帕的习惯,并能正确使用自己的口杯和手帕。

4.教学难点

了解纸巾与手帕的不同之处,学会节约资源。

教学过程参考

1.课堂讲授过程建议

1)导入课题,了解口杯和手帕的用处

通过让学生观察画面上的内容引入课题,并让学生交流讨论。然后,调查有多少同学使用自己的口杯和手帕,进一步强调使用口杯和手帕的重要作用。

2)切入重点,学会正确使用口杯和手帕

借助课本上的画面,让学生学会正确使用口杯和手帕,即不能喝生水,经常清洗口杯和手帕,要多喝白开水,少喝饮料(饮料中有多种食品添加剂,不利于孩子生长)。然后让学生展开讨论交流:到底是使用手帕好还是纸巾好。通过讨论让学生意识到制造纸巾的原料是木材,生产1吨纸就要砍伐17棵10年以上的大树,浪费资源;餐巾纸使用完后随手丢弃,产生大量垃圾,造成二次污染。

3)诵读儿歌,加深理解

让学生诵读健康儿歌,牢记口杯和手帕的用处大,勤洗口杯和手帕,养成讲究卫生的好习惯。

4)自主判断

让学生对照"健康碰碰车"的行为,并结合自己实际看看是否做到,以获得星星的多少鼓励自己的正确行为。

2.课堂小结建议

教师总结:小口杯小手帕作用大,要专用,不提倡大家使用一次性纸杯和纸巾,让我们争做讲卫生、节约资源的好孩子。

3.教学评价建议

让学生对照检查自己平时是否养成带口杯和手帕的习惯,是否正确使用自己的口杯和手帕。同桌互相交流,然后抽学生汇报。检查学生平时的个人卫生情况。

相关知识链接

1.喝水也有指南

2016年5月13日,国家卫生计生委发布了《中国居民膳食指南(2016)》,一般人群膳食指南共有6条,其中第5条有关饮水的内容为:足量饮水,成年人每天7~8杯(1 500~

1 700 mL)，提倡饮用白开水和茶水；不喝或少喝含糖饮料。

水是膳食的重要组成部分，是一切生命必需的物质，在生命活动中发挥着重要功能。体内水的来源有饮水、食物中含的水和体内代谢产生的水。水主要通过肾脏，以尿液的形式排出，其次是经肺呼出、经皮肤和随粪便排出。进入体内的水和排出来的水基本相等，处于动态平衡。饮水不足或过多都会对人体健康带来危害。饮水应少量多次，要主动，不要感到口渴时再喝水。饮水最好选择白开水。饮料多种多样，需要合理选择，如乳饮料和纯果汁饮料含有一定量的营养素和有益膳食成分，适量饮用可以作为膳食补充；有些饮料添加了一定的矿物质和维生素，适合热天户外活动和运动后饮用；有些饮料只含糖和香精香料，营养价值不高。有些人尤其是儿童青少年，每天喝大量含糖的饮料代替喝水，是一种不健康的习惯，应当改正。

2.饮水不足或过多的危害

饮水不足或丢失水过多，均可引起体内失水。在正常生理条件下，人体通过尿液、粪便、呼吸和皮肤等途径丢失水。这些丢失的水量为必需丢失量，通过足量饮水即能补偿。还有一种是病理性水丢失，例如腹泻、呕吐、胃部引流和瘘管流出等，如果丢失过多就需要通过临床补液来处理。随着水的不足，会出现一些症状。当失水达到体重的2%时，会感到口渴，出现尿少；失水达到体重的10%时，会出现烦躁、全身无力、体温升高、血压下降、皮肤失去弹性；失水超过体重的20%时，会引起死亡。水摄入量超过肾脏排出能力时，可引起体内水过多或引起水中毒。这种情况多见于疾病状况，如肾脏病、肝病、充血性心力衰竭等。正常人极少见水中毒。

3.饮料的种类

在我国经过定量包装的，供直接饮用或用水冲调饮用的，乙醇含量不超过其总量0.5%的制品都属于饮料，但不包括饮用药品。按照GB/T 10789—2015《饮料通则》的分类，我国饮料可分为：碳酸饮料(汽水)类、果汁和蔬菜汁类、蛋白饮料类、饮用水类、茶饮料类、咖啡饮料类、植物饮料类、风味饮料类、特殊用途饮料类、固体饮料类以及其他饮料类共11大类。

第12课 粗细搭配才合理

【教学目的】

使学生认识到一日三餐不可少，膳食要合理搭配，以保证营养。

【教学内容与分析】

1.教学内容解读

“粗粮”，主要指包括玉米、高粱、小米、荞麦、燕麦、薯类及各种豆类等在内的产品，富含纤维的粗粮吃起来不像细粮那样顺口，但却是难得的保健食品。现在的很多孩子都挑食，不喜欢吃粗粮。通过本课学习，要让学生了解膳食要粗细搭配才合理，一日三餐中早餐要吃好，中餐要吃饱，晚餐要吃少。

2.相关知识点

(1)一日三餐，米饭、馒头等主食少不了。
(2)粮食中存在人体必需的多种营养物质。
(3)粗细搭配食用最为合理。

3.教学重点

使学生懂得米饭、馒头是主食，粗细搭配才合理。

4.教学难点

如何做到粗细搭配。

教学过程参考

1.课程讲授过程建议

活动设置1：谈话引入

教师：同学们，你的一日三餐吃什么？喜欢吃哪些食物？说来听听。这部分内容设置主要目的是让学生结合平时的一日三餐,说出自己的食谱,暗示粗细搭配的重要性。

活动设置2

出示早餐图、中餐图、晚餐图。早餐的搭配是馒头、稀饭、鸡蛋、蔬菜;中餐的搭配是米饭、蔬菜、猪肉、汤菜;晚餐的搭配是米饭、豆腐、几种蔬菜、汤等。教师说明一日三餐的搭配非常重要,既要有营养又要科学,但不管怎么搭配,米饭、馒头是主食,然后请学生想想自己的一日三餐吃的是什么,是不是也有米饭或馒头,是不是也是这样搭配的。最后教师小结:我们的一日三餐,米饭、馒头是主食。米饭和馒头里含有多种人体所需的营养物质,如蛋白质、钾、镁等,所以每餐都要吃。不是说只有肉、菜、水果才有营养,米饭、馒头是缺一不可的主食,也是最重要的。

活动设置3

课本中列举了4种粗粮,玉米、红薯、绿豆和小米。教师教学时也可做适当补充,告诉学生这些粗粮食中含有丰富的营养物质,也是人体所必需的。让学生思考:这些粗粮,你吃过吗?吃过哪些?让学生讨论交流。最后教师小结:一日三餐,如果将粗细粮进行合理的搭配,既营养、又科学。

活动设置4

思考:今后你的一日三餐该怎么搭配才合理?如何做到?小组进行交流,学习别人一日三餐好的搭配,改正自己不合理的饮食习惯。最后各小组总结汇报,教师要适时加以指点,让学生更加懂得粗细搭配的重要性。

2.课堂小结建议

(1)通过本节课的学习,你有什么收获?

(2)米饭、馒头含有人体必需的多种营养物质,作为一日三餐的主食少不了。粗细要合理搭配,身体才更强壮。

3.教学评价建议

通过本课教学,让学生明白粗细搭配合理的重要性。为了检验学生是否掌握本课所学内容,可采用以下评价方式进行:

(1)教师设计一些搭配不合理的例子,让学生进行判断,以检验学生对所学知识的掌握程度。

(2)用课本中的"健康碰碰车"进行评价:学生进行搭配后,同桌之间互相检查,教师加以点拨,增加学生的自信。

相关知识链接

1.如何理解粗细搭配含有的两层意思

第一层意思:是指要适当多吃一些传统意义上的粗粮,即相对于大米、白面这些细粮以外的谷类及杂豆,包括小米、高粱、玉米、荞麦、燕麦、薏米、红小豆、绿豆、芸豆等。相对于大米、白面，粗粮中膳食纤维、B 族维生素和矿物质的含量要高得多。适当多吃粗粮还有利于避免肥胖和糖尿病等慢性疾病。与细粮相比，粗粮更有利于防止出现高血糖。

第二层意思：是针对目前谷类消费的主体是加工精度高的精米白面，要适当增加一些加工精度低的米面。粮食在经过加工后，往往会损失一些营养素，特别是膳食纤维、维生素和矿物质，而这些营养素和膳食成分也正是人体容易缺乏的。以精白面为例，它的膳食纤维和维生素 B_1 只有标准粉的 1/3。

2.吃碳水化合物是否容易发胖

很多人认为富含碳水化合物的食物，如米饭、面制品、马铃薯等会使人发胖，这是不正确的。造成肥胖的真正原因是能量过剩。在碳水化合物、蛋白质和脂肪这 3 类产能营养素中，脂肪比碳水化合物更容易造成能量过剩。1 克碳水化合物或蛋白质在体内可产生约 4 千卡能量，而 1 克脂肪则能产生约 9 千卡能量，也就是说同等重量的脂肪大约是碳水化合物提供能量的 2.2 倍。另外，相对于碳水化合物和蛋白质，富含脂肪的食物口感好，刺激人的食欲，使人容易摄入更多的能量。动物实验表明，低脂膳食摄入很难造出肥胖的动物模型。对不限制进食的人群的研究也发现，当提供高脂肪食物时，受试者需要摄入较多的能量才能满足他们食欲的要求；而提供高碳水化合物低脂肪食物时，则摄入较少能量就能使食欲满足。因此进食富含碳水化合物的食物，如米面制品，不容易造成能量过剩使人发胖。

第13课 110 120 119

【教学目的】

使学生牢记不同求助电话的号码及正确拨打各种求助电话的方法。

【教学内容与分析】

1.教学内容解读

110,120,119是我们生活中常用的求助电话的号码。我们要从小培养孩子的独立自主能力,教给他们自我保护的方法,那么知道常用求助号码的不同功能及正确拨打就显得非常重要。本课通过3个典型生活场景再现作为引入,“健康指南针”以简单明了的语言告诉学生何种情况该拨打哪个电话,然后再以儿歌的形式把求助电话的号码告诉学生,并通过简单填空题让学生再次加深记忆。“健康加油站”出示了一个生活场景,让学生判断遇到这种情况该怎么办。最后本课也对拨打这些电话所需注意的问题进行了提示:拨打时要镇定、冷静,说清楚事情和详细地址;每个求助电话都可免费拨打,但随便拨打是违法的。

2.相关知识点

110公安报警电话,120急救电话,119火警电话。

3.教学重点和难点

使学生牢记不同求助电话的号码及正确拨打各种求助电话的方法。

教学过程参考

1.课堂讲授过程建议

活动设置1

激情导入:电话除了能让我们与亲人、朋友沟通更顺畅、更及时、更方便外,还能帮助我们脱离危险，给我们带来及时的帮助。引导学生看课本上的图画，思考问题：三辆车分别飞奔向哪里呢？看图后请学生完成连线。

活动设置 2

(1)教师提问：遇到以上的突发事件，怎样才能尽快找到医生、警察来帮助自己呢？

(2)提问后请学生阅读课本中的内容：遇到坏人时，请拨打 110；突然生病时，请拨打 120；遇到火灾时，请拨打 119。

活动设置 3

教师：为了大家能更好地记住这 3 个求助电话号码，让我们一起来读读这首儿歌。

教师带领学生一起读儿歌，并设计多种形式，让学生能熟读成诵，之后让学生独立完成课本中的填空。

活动设置 4

引领学生一起看“健康加油站”的情境图，启发学生先看懂图意，再让学生根据已学的知识说说遇到这种情况该拨打哪种求助电话？可设计几个活动，让学生判断在不同的情境应拨打哪种求助电话。最后要特别提示拨打求助电话时需要注意的问题。

2.课堂小结建议

求助电话非常重要，它们是我们生活的保护神，所以我们从小就要牢记求助电话号码并正确使用它们，让健康平安永远陪伴我们。但也要告诫学生不能随意拨打求助电话并说明理由。

3.教学评价建议

课堂上可利用填空等题目检查学生对本课内容的掌握情况，课后可在消防演习训练中检查学生是否牢记了求助电话号码。

相关知识链接

拨打 120 时应注意些什么

为了使病人及时得到运送和救治，在拨打救护 120 时应注意以下事宜：

(1)确定对方是否是医疗救护中心。

(2)在电话中讲清病人所在的详细地址，不能因泣不成声而述说不全，也不能只交代在某建筑旁边等模糊的地址。

(3)说清病人的主要病情，诸如呕血、昏迷或从楼梯跌下等，使救护人员能做好救治设施的准备。

(4)报告呼救者的姓名及电话号码，一旦救护人员找不到病人时，可与呼救人联系。

(5)若是成批伤员或中毒病人,必须报告事故缘由,比如楼房倒塌、火车出轨、毒气泄漏、食用蔬菜中毒等,并报告罹患人员的大致数目,以便120调集救护车辆、报告政府部门及通知各医院救援人员集中到出事地点。

(6)挂断电话后,应有人在住宅门口或交叉路口等候,并引导救护车的出入。

(7)准备好随病人带走的药品及衣物等。若是服药中毒的病人,要把可疑的药品带上;若是断肢的伤员,要带上离断的肢体等。当然不要忘了尽可能带足医疗费用。

(8)疏通搬运病人的过道。

(9)若在20分钟内救护车仍未出现,可再拨打120。如病情允许,不要再去找其他车辆,因为只要120接到你的呼叫是一定会来救护车的。

(10)选择去哪个医院有两个准则,一是就近,二是考虑医院的特色。但首先是就近的原则,因为对于需抢救的病人而言,争取时间尤为重要。

第14课 自己的事情自己做

【教学目的】

帮助学生认识培养独立意识的重要性,学会自己的事情自己做。

【教学内容与分析】

1.教学内容解读

本课内容从一个夺宝图画游戏开始,让学生们先自我判断生活中有哪些事情是自己会做的,哪些事情是自己不会做的,以此来激发学生学习的兴趣。“健康指南针”先用一首儿歌告诉学生养成自己事情自己处理的好习惯,可以培养自己的独立意识,提高自身能力,使自己健康成长;也告诉学生只有从小坚持自己的事情自己做,长大后才能成为一个自食其力、有能力的人。然后是“让我教教你”环节,用图画示意出系鞋带、系红领巾的方法。“这样做对不对”是再现生活场景,让学生判断以加深理解。“健康碰碰车”设计了谁是自主小能手的比赛,让学生在比赛中去获得实际的锻炼。

2.相关知识点

(1)自立:不依赖别人,靠自己的劳动而生活。
(2)自主:自己做主。

3.教学重点和难点

让学生懂得培养独立意识的重要性,并在实际的动手操作中培养动手能力。

教学过程参考

1.课堂讲授过程建议

活动设置1:激情引入

教师:同学们,这节课,我们要一起来寻宝,想知道这个宝贝是什么吗?让我们打开课本,一起看课本上第一个游戏,看看自己会做哪些事就将对应的宝石圈起来,最后数数自己一共得了几颗宝石。

请同学们分别汇报自己有几颗宝石,会做哪些事?然后教师对游戏结果进行简单的评价。

活动设置 2:朗读儿歌

教师带领学生学习"健康指南针"中的儿歌,并以多种形式组织学生朗读,最好达到熟读成诵。

活动设置 3:动手练习系鞋带、系红领巾

课前请同学们准备好红领巾、穿上有鞋带的鞋。上课时,教师出示准备好的红领巾、鞋带,可先询问有没有会系红领巾和鞋带的同学,如果有,就请会的同学来演示自己是怎样做的。然后让学生去教学生,以激发学生的主观能动性。教师在一旁进行适当的指导。

活动设置 4

引导学生先说自己的理解判断,再结合生活实际谈谈自己或身边的同学有没有这种情况,如果有,应该怎么做?

活动设置 5

"健康碰碰车"是一个比赛,教师要注意有序地组织学生比赛,比赛中只要学生有闪光点都应该给以充分的肯定。

2.课堂小结建议

同学们,愿大家都动起手来,锻炼自己,成为一个能干的孩子!

3.教学评价建议

教师可设计一周记录表,请家长配合,记录下一周孩子们在生活自理方面做了什么?

相关知识链接

儿童的独立性

儿童的独立性是指儿童遵循一定的规则,通过发挥自己的能力去完成任务的心理状态。小学生刚刚进入小学,大多数时候都是在被人照顾,但是校园是他们成长的地方,所以必须让他们在校园里学到文化知识的同时,努力培养其独立的意识。这是所有人在成长过程中必不可少的一课。

1.培养孩子独立意识的重要性

(1)人之所以称为人,就是因为人有主观能动性,人有意识。这是人区别于一般动物的根本标志,而独立意识则是人的意识里面重要的内容。

(2)人在这个世界上首先就要学会独立,父母对我们的帮助不会是一辈子的,亲戚对我们的帮助是暂时的，朋友对我们的帮助是偶尔的，教师对我们的帮助是起基础性促进作用的，关系密切的人对我们的帮助是有条件的，所以人只能是主要靠自己。

(3)“教是为了不教”，叶圣陶先生的这一至理名言道出了教育的真谛。儿童的成长过程，就是从一个无助的生物体成长为一个独立的社会人的过程，非常关键。

(4)每个教师都希望自己的学生变成矫健的雄鹰，但要让雏鹰变成雄鹰，就必须让它自己去飞。因此，要想让学生长大成才，自立于社会，一定要从小就重视培养学生的独立性，提高他们的独立意识与能力。

2.培养孩子独立意识的方法

(1)了解小学生的发展过程是培养孩子独立性的前提。只有了解小学生身心发展的一般规律和特点，教师才能够有针对性地提出适合小学生发展水平的要求，逐步提高小学生的独立能力，增强小学生的独立意识。

(2)教师要给小学生自己面对问题、解决问题的机会，从中学习行为的规则。在日常的学习生活中，小学生作为孩子难免会有许多错误，教师可以让小学生去体会错误的后果，而后让小学生提出解决问题的方法。当小学生自己反省自己的行为之后，就能够学到行为的规则。各种规则的学习，是独立性培养中不可或缺的一部分。当小学生意识到独立并不是为所欲为时，他的自我意识就能与社会意识紧密联系在一起。

(3)教师要多鼓励小学生表达自己的意愿，学会作出决定的方法。独立的行为其实只是独立意识的外在表现。就独立性而言，独立的思考和分析才是独立能力的根本。当小学生习惯自己思考时，小学生的独立性就上升到了一个新的台阶，这也为小学生今后的独立发展奠定了最牢固的基石。

(4)实际上我们可以从多方面入手，如：可以进行一些训练，甚至是一些比赛，让小学生自己整理书包、自己铺床叠被、自己洗衣服、自己系红领巾等。通过做这些事情让学生们在快乐中锻炼自己的独立意识，提高小学生锻炼自己独立意识的积极性，培养小学生自己的事情自己做的习惯。

二年级

第1课
向坏习惯说"再见"

【教学目的】

让学生了解挖鼻孔、掏耳朵、咬手指、咬笔头等是坏习惯,帮助学生避免和改掉这些坏习惯。

【教学内容与分析】

1.教学内容解读

挖鼻孔、掏耳朵、吃手指、咬铅笔头等行为都是学生最常见的坏习惯,二年级的学生是非辨别能力差,不知道这些坏习惯会带来不良后果。通过本课的学习,可帮助他们认清这些坏习惯的危害,督促他们改正这些坏习惯。同学之间也可互相监督,互相帮助。

2.相关知识点

(1)鼻、耳朵和牙齿是人体的重要器官。

(2)挖鼻孔、掏耳朵、咬手指、咬铅笔头等行为不仅是一种不文明的表现,而且会给人体带来伤害。

3.教学重点

如何避免坏习惯。

4.教学难点

怎样才能改掉这些坏习惯。

教学过程参考

1.课堂讲授过程建议

活动设置1

用图片或视频(用视频效果更佳)出示课本上的5幅图:这些习惯好不好?为什么?让学生

明白这些都是坏习惯,是不文明的表现,会给人体带来伤害。教学时,教师也可适当增加内容,以便更全面地列举坏习惯的例子。

教师:刚才我们知道了挖鼻孔、掏耳朵、咬手指、咬笔头、脏手揉眼睛等行为都是坏习惯。那么,这些坏习惯会给我们的身体带来哪些危害?我们又该如何预防呢?

活动设置 2

结合课本上的插图,或用视频和图片讲解坏习惯的危害。教学时,教师可根据当地情况适当增加内容;也可以让学生通过自己的亲身经历来告诫身边的同学,这些坏习惯会给人体带来伤害,不能忽视这些小小的恶习。同时让学生谈谈这些坏习惯该怎么预防,怎么做?如果学生谈得不完整或不知如何表达,教师要实时地加以引导、点拨,让学生明白只要我们平时注意防范,就一定会改掉这些坏习惯,做一个文明健康的学生。

活动设置 3

小组交流讨论:怎样才能改掉这些坏习惯?这是本节课的难点,也许学生说得不完整,但教师加以指导,学生会懂得如何改正。教学时,教师应根据学校和班上学生的实际,采取灵活的教学方式,其主要目的是要让学生养成良好的卫生习惯。

2.课堂小结建议

(1)学了本节课,你认为该如何改掉坏习惯?生活中该注意哪些问题?

(2)生活中的坏习惯既不文明,又不卫生,影响身体健康。只要我们每位同学都养成良好的卫生习惯,坏习惯就会永远和我们说再见。

3.教学评价建议

这节课的主要目的是让学生明白坏习惯所带来的危害,知道如何去预防和改正它。要达到这个目的,可采用以下评价方法:

(1)用课本上“健康碰碰车”上的内容对照自己,想想自己有没有这样的坏习惯。如果没有,就画一颗星;如果有,谈谈该如何改正。比一比,谁得的星最多,谁就是“文明大使”。如果教学时间充足,教师还可适当补充生活中还有哪些坏习惯,这些坏习惯会给身体带来哪些伤害,又该如何改正等。教师在教学中要根据实际来灵活教学。

(2)教师可以在班上设立文明岗,发现学生有不文明的习惯,立即指出并让其改正,促使全班每位同学养成良好的习惯。

相关知识链接

1.掏耳朵的危害

掏耳朵是我们日常生活中经常容易出现的习惯性行为,不仅是为了干净,还因为掏起来特别舒服。不少人还喜欢互相掏耳朵，但是，掏耳朵很容易损伤外耳道皮肤，把细菌带进耳道。外耳道的皮肤非常娇嫩，和软骨膜连接很紧密，皮下组织少，血液循环差，掏耳朵时用力不当就会引起外耳道损伤、感染，导致外耳道发炎、溃烂，甚至影响张嘴和吃东西。另外，我们的鼓膜是一层非常薄的膜，有的人耳朵痒了，随便用发卡、火柴棍、挖耳勺等很深、很用力地掏耳朵，这样掏耳朵很容易伤及鼓膜或听小骨，造成鼓膜穿孔，影响听力，甚至导致中耳炎。耳鼻喉科医生告诉我们，耳屎在医学上称为耵聍，是耳道皮肤正常分泌物结合皮屑等形成的，一般少量的屑状耵聍，会随运动时的震动和下颌运动而自行排出，而大块硬结的耵聍，应该请耳科医生用专门的工具取出。如果痒得难受，可以用手在耳外侧轻轻揉，或用棉签轻轻擦，但不要太往里伸。

2.吸吮、咬手指的坏习惯

吮吸本来是人类的一种原始行为。孩子很小时，喜欢用"口"来探索世界，如吮吸奶头、吮手指、咬玩具等，不应视为病态。随着孩子年龄增长，与外界接触增多，这种行为可在不知不觉中消除。但饥饿、疾病、孤独无伴、缺乏玩具等因素，可导致这种行为形成习惯而难以消除。吮吸手指时，会把手上的病菌、病毒、寄生虫卵等带到口腔和消化道，继而引起各种疾患。婴幼儿正处于生长发育阶段，头面部也在变化。常吮吸手指会使上门牙过度前突，俗称"龅牙"；也可使下前牙过分前突，俗称"地包天"。这是常吮吸、咬手指时颊部肌肉收缩，引起咬合不对位造成的牙齿排列异常，不仅影响美观和咀嚼，而且容易存留食物，发生龋齿。纠正孩子吮指、咬指习惯切忌简单、粗暴、恫吓，否则会使孩子更加紧张和焦虑，甚至产生逆反情绪，不良习惯就更难纠正。当孩子吮咬手指时，可挑选其喜爱的玩具、读物等转移其注意力，以此冲淡吮咬手指的欲望。同时，让孩子去做需要用双手完成的事情或游戏，逐渐减少吮咬手指的机会和时间，适时地给孩子讲有关吮咬手指的害处，并提出一些可行的合理要求。如果孩子按要求没有吮咬手指，就要及时给予鼓励。若孩子持续吮咬手指并影响到了生活与健康，就应求医。

第2课 生活有规律

【教学目的】

让学生了解生活有规律对身心健康的好处，养成有规律的生活习惯。

【教学内容与分析】

1.教学内容解读

人的正常生活规律是根据人在工作、学习、生活中的需要，以及个人生理、年龄特点和身心健康需要而养成的独特习惯，时间久了自然成为规律。当人们养成有规律的生活习惯后，往往能做到：学习时注意力集中，精力充沛，进餐时容易消化，睡眠时很快入睡，该醒时自然醒来，神经细胞消耗少，不容易出现疲劳。所以，生活有规律是每个孩子都应养成的好习惯，有规律的生活，会让孩子终生受益。

2.相关知识点

(1)规律生活的重要意义。
(2)什么叫有规律的生活？
(3)怎样才能保持有规律的生活？

3.教学重点和难点

怎样做到有规律的生活？

教学过程参考

1.课堂讲授过程建议

活动设置1：看图讨论

(1)观察课本上“童童的一天”的图画，你认为他一天的生活过得好吗？说说你的理由。

(2)集体交流讨论。

活动设置2:联系实际谈感受

(1)让学生结合自己的生活实际,谈谈生活没有规律的后果。

(2)教师总结:生活没有规律是会危害身体健康的。

活动设置3:怎样才是生活有规律

(1)学生自主谈论怎样才是生活有规律(可谈论课本上的,也可补充自己总结的生活好习惯)。

(2)教师总结归纳。

(3)拍手朗读"健康加油站"中的儿歌,加深记忆。

活动设置4:检查自己的生活是否有规律

(1)知道什么是有规律的生活后,请学生检查自己的生活是否有规律,哪些做得好,哪些做得不好,怎么改进。

(2)学生根据自己的实际情况制订课本"健康碰碰车"中的作息时间表。

(3)只是制订作息时间表还不够,我们怎样才能保持有规律的生活呢?让学生讨论,发表自己的意见。

2.课堂小结建议

(1)长寿老人康德认为:一个人如果在生活中表现出杂乱无章、毫无秩序和毫无节制,他便不能获得健康的体魄,更不可能有充沛的精力和体力去学习。让我们从小做到生活有规律,贵在坚持。

(2)集体背诵"健康加油站"中的儿歌。

3.教学评价建议

(1)可通过课本"健康碰碰车"中制订作息时间表,请家长监督孩子是否做到,做到的为孩子打分和加星。

(2)在学生按制订的作息时间表生活一段时间后,请他谈谈有规律的生活给他带来了什么好处?

相关知识链接

培养小学生良好的睡眠习惯

要想获得高质量的睡眠应该注意以下几个习惯的养成:

(1)保证睡眠时间,准时睡觉(儿童最佳睡眠时间应是晚上8点至次日清晨6点)。处于生长发育期间的小学生至少要保证10个小时的睡眠时间。但由于学业负担和丰富的娱乐活动，青少年为了学习赶夜车，或为娱乐牺牲睡眠时间的情况非常普遍，这就要求儿童青少年们有良好的时间管理策略，对时间的分配进行规划，并有较强的处理事务和自制能力，才能保证在最佳睡眠时间准时入眠。

(2)做好睡眠准备：睡前忌进食、饮用刺激性饮料、情绪过度激动、过度娱乐与言谈，保证心情的平稳与安适。

(3)注意睡姿：身睡如弓效果好，向右侧卧负担轻。研究表明，“睡如弓”能够恰到好处地减小地心对人体的作用力。由于人体的心脏多在身体左侧，向右侧卧可以减轻心脏承受的压力。睡觉时双手尽量不要放在心脏附近，避免因为噩梦而惊醒。此外不要蒙头大睡或张大嘴巴，睡时用被子捂住面部会使人呼吸困难，导致身体缺氧；而张嘴吸入的冷空气和灰尘会伤及肺部，胃部也会受凉。

(4)努力营造适于睡眠的环境。睡眠时光线要适度，周围的色彩尽量柔和，通风但不能让风直吹，尽量防止噪声干扰。

第3课 安全使用电与燃气

【教学目的】

让学生知道安全使用电器、安全使用燃气的方法;了解容易触电的原因;预防燃气中毒的措施;初步了解触电和燃气中毒后的简单的紧急救援方法,提高学生自我保护的能力。

【教学内容与分析】

1.教学内容解读

本课通过让学生观看图片,使他们了解安全使用电器、安全使用燃气的方法,了解造成触电的原因,预防燃气中毒的措施,知道触电后和燃气中毒后的紧急救援方法。本课内容由"引入""健康指南针""健康加油站""健康面面观"组成。

"健康指南针"是课文的重要部分,内容包含安全使用电器、安全使用燃气的方法。

"健康面面观"让学生判断正确与错误,预防事故的发生。

"健康加油站"主要让学生知道触电后和燃气中毒后的紧急救援方法,让学生学会处理紧急事件,培养学生的自我保护能力。

2.相关知识点

(1)安全使用电器、安全使用燃气的方法。
(2)容易触电的原因。
(3)预防燃气中毒的措施。
(4)触电后和燃气中毒后的紧急救援方法。

3.教学重点

安全使用电器、安全使用燃气的方法。

4.教学难点

触电和燃气中毒后的处理方法。

教学过程参考

1.课堂讲授过程建议

1)导入课题,板书课题,认识电、燃气的作用及潜在的危险

开课时,教师可询问学生:我们的日常生活中哪些东西离不开电?燃气给人们的生活带来了哪些变化?让学生畅所欲言,充分认识电与燃气在人类生活中的巨大作用。引入课题后,可让学生观察图片上的同学在说些什么,你明白了什么?在学生交流的基础上,指出不正确使用电与燃气将有潜在的危险。

2)学习正确使用电与燃气的方法

借助课本上的图片,让学生知道电饭锅不要泡在水中;微波炉要放在干燥通风的地方,并使用专用餐具加热;不要在浴室内使用电暖炉,电暖炉工作时,不要捂起来;不要把手指伸进转动的风扇里。让学生交流平时自己是否有不安全用电的现象,在交流中加深理解。接着,让学生认识安全使用燃气的方法,即检查炉具,检查炉火,安装报警器,燃气热水器要安装在室外通风良好的地方。让学生说说自己家中是否做好有关的预防措施。随后,让学生分小组看图并讨论交流引起触电和燃气中毒的原因,联系生活实际谈谈自己的认识和看法。

3)学习触电和煤气中毒的紧急救援措施

让学生分小组展开交流讨论,学习触电和煤气中毒的紧急救援措施。教师可让学生模拟表演紧急救援的步骤,增强学生学习的兴趣。

4)自主判断

分小组让学生对照画面上的行为联系自己的实际看看自己是否做到。

2.课堂小结建议

同学们,我们人人都要安全使用电器、安全使用燃气,学会紧急救援方法,增强自我保护的意识,避免悲剧发生。

3.教学评价建议

让学生对照自己平时的行为,看看是否做到了安全使用电器、安全使用燃气,是否掌握了触电和煤气中毒的紧急救援措施。如果没有做到,要让学生指出为什么没做到,今后该怎么做?有条件的学校可以播放相关的影片给学生看,让学生感受触电后或者燃气中毒后的急救方法,还可以分组现场演示急救的措施。

相关知识链接

1.煤气中毒

煤气即一氧化碳，是一种无色无味的气体，不易察觉。血液中血红蛋白与一氧化碳的结合能力比与氧的结合能力要强200多倍，而且，血红蛋白与氧的分离速度很慢。所以，人一旦吸入一氧化碳，氧气便失去了与血红蛋白结合的机会，使组织细胞无法从血液中获得足够的氧气，致使呼吸困难，从而引起中毒。

2.煤气中毒后的急救措施

(1)应尽快让患者离开中毒环境，转移至户外开阔通风处，并立即打开门窗，流通空气(警告：在保证中毒环境空气流通前，禁止使用易产生明火、电火花的设备，如电灯、电话、手机、电视、燃气灶、手电筒、蜡烛等，防止一氧化碳浓度过高遇明火发生爆炸)。

(2)松解衣扣，保持呼吸道通畅，清除口鼻分泌物，保证患者有自主呼吸，充分吸入氧气。

(3)患者应安静休息，避免活动后加重心、肺负担及增加氧的消耗量。

(4)神志不清的中毒病人必须尽快抬出中毒环境，在最短的时间内，检查病人呼吸、脉搏、血压情况，并根据这些情况进行紧急处理。

(5)若呼吸心跳停止，应立即进行人工呼吸和心脏按压。

(6)病情稳定后，尽快将病人护送到医院进一步检查治疗(警告：即使患者中毒程度较轻已脱离危险，或症状较轻，也应尽快到医院检查，进行注射葡萄糖、维生素C，吸氧等治疗，减少出现后遗症的危险。切记避免因一时脱离危险而麻痹大意，不去医院诊治导致出现记忆力衰退、痴呆等严重后遗症)。

(7)争取尽早进行高压氧舱治疗，减少后遗症。即使是轻度、中度中毒，也应进行高压氧舱治疗。

3.家用电器的安全要求类别

国家对常用电器安全要求共分0类、01类、Ⅰ类、Ⅱ类、Ⅲ类5个大类。

(1)0类：这类电器只靠工作绝缘，使带电部分与外壳隔离，没有接地要求。这类电器主要用于人们接触不到的地方，如荧光灯的整流器等，所以安全要求不高。

(2)01类：这类电器有工作绝缘，有接地端子可以接地或不接地使用。如用于干燥环境(木质地板的室内)时可以不接地，否则应予接地，如电烙铁等。

(3)Ⅰ类：有工作绝缘，有接地端子和接地线，规定必须接地和接零。接地线必须使用外表为黄绿双色的铜芯绝缘导线，在器具引出处应有防止松动的夹紧装置，接触电阻应不大于0.1欧(姆)。

(4)Ⅱ类：这类电器采用双重绝缘或加强绝缘要求，没有接地要求。所谓双重绝缘是指除有工作绝缘外，尚有独立的保护绝缘或有效的电器隔离。这类电器的安全程度高，可用于与人体皮肤相接触的器具，如电推剪、电热梳等。

(5)Ⅲ类：使用安全电压(50伏以下)的各种电器，如剃须刀、电热梳、电热毯等电器，在没有安全接地又不干燥绝缘的环境情况下，必须使用安全电压型的产品。

第4课 手臂上的“小痘痘”

【教学目的】

让学生懂得预防接种可以预防多种传染病,使之消除对打针的恐惧心理,做到按时预防接种。

【教学内容与分析】

1.教学内容解读

按照国家计划免疫的要求,婴儿出生以后要定期接种多种预防疾病的疫苗。疫苗的接种就相当于受到一次轻微的细菌或病毒的感染,迫使婴儿体内产生对这些细菌或者病毒的抵抗力,经过如此的锻炼,婴儿再遇到这些细菌或病毒时就不会患相应的传染性或感染性疾病了。每个孩子都打过预防针,预防接种离学生生活实际很近,但专业术语让学生理解起来相对困难,因此教学应结合实际,注意深入浅出地向学生讲解。学生通过学习,会懂得按时进行预防接种对自己的健康成长是非常必要的。

2.相关知识点

(1)预防接种的原理。

(2)常用的疫苗及其预防的传染病。

(3)预防接种后的反应。

3.教学重点和难点

打预防针是保护人体健康的一种有效方法,它可以增强健康人的免疫力,降低感染传染病的概率。

教学过程参考

1.课堂讲授过程建议

活动设置1:“小痘痘”揭秘

(1)教师挽起衣袖,露出手臂上的“小痘痘”。然后请同学们看看自己的手臂,是否也有这样的“小痘痘”。

(2)教师提问:你知道“它”是怎么跑到你的手臂上来的吗?

(3)学生回答后,教师出示课本上“健康指南针”内容,揭秘“小痘痘”的由来。

活动设置2:介绍预防接种

(1)你记得你在什么时候打过预防针吗?教师总结:从出生一直到7岁我们都要打各种预防针。

(2)你们都是到哪里打的预防针呢?教师总结:到正规的预防接种医疗单位或疾病防治中心进行接种。

(3)教师介绍:预防接种(俗称打预防针)是预防控制相应传染病最有效、最方便、最经济的方法。接种疫苗使我们的身体里产生抵抗传染病的物质——抗体,这样就能预防相应的传染病,保护我们的身体健康(教师的语言可更儿童化一些,避免用过多的专业术语,便于学生理解)。

活动设置3:介绍疫苗

(1)我们出生以后就开始接种疫苗,你们知道自己打过哪些预防针?拿出自己的《儿童预防接种证》与同桌同学一起交流吧。

(2)你知道这些疫苗分别能预防什么病吗?

(3)完成课本中的“健康碰碰车”,了解各种疫苗的作用。

活动设置4:预防接种前后的注意事项

(1)让学生结合自己的亲身体验,谈谈预防接种前后,都要注意些什么。

(2)教师根据学生的回答总结归纳。

2.课堂小结建议

打预防针能预防多种传染病,如果同学们感兴趣,可以问问老师,一定会有不少收获。

3.教学评价建议

(1)请把自己知道的预防接种的知识告诉别人,并鼓励他们:打针时,一定要勇敢!记住要按时预防接种,可不要漏掉。

(2)请回家考考爸爸妈妈,各种疫苗分别能预防哪些传染病。

相关知识链接

1.疫苗

疫苗是能够刺激机体产生针对特定病原体的特异性免疫力的一类生物制剂。如接种麻疹疫苗后，机体就可以产生针对麻疹病毒的抵抗力，从而可以对抗或消灭进入体内的麻疹病毒。

2.预防接种

预防接种即常说的“打预防针”，是将疫苗或免疫球蛋白等生物制品通过注射、口服等方式接种到人体内，使机体获得针对特定疾病的免疫力，提高人群免疫水平，达到预防和控制相应传染病的目的。

3.计划免疫

计划免疫是按照科学的免疫程序，有计划、有组织地利用疫苗进行预防接种，以提高人群的免疫水平，达到控制或消灭传染病的目的。我国计划免疫的主要内容是儿童的基础免疫。

4.儿童计划免疫程序表

出生：乙型肝炎疫苗第1针，预防乙型病毒性肝炎；

24小时之内：卡介苗初种，预防结核病；

1月龄：乙型肝炎疫苗第2针，预防乙型病毒性肝炎；

2月龄：脊髓灰质炎糖丸第1次，预防脊髓灰质炎（小儿麻痹）；

3月龄：脊髓灰质炎糖丸第2次，预防脊髓灰质炎（小儿麻痹）；百白破疫苗第1次，预防百日咳、白喉、破伤风；

4月龄：脊髓灰质炎糖丸第3次，预防脊髓灰质炎（小儿麻痹）；百白破疫苗第2次，预防百日咳、白喉、破伤风；

5月龄：百白破疫苗第3次，预防百日咳、白喉、破伤风；

6月龄：乙型肝炎疫苗第3针，预防乙型病毒性肝炎；A群流脑疫苗第1针，预防流行性脑脊髓膜炎；

8月龄：麻疹疫苗第1针，预防麻疹；

9月龄：A群流脑疫苗第2针，预防流行性脑脊髓膜炎；

1岁：乙脑疫苗初免两针，预防流行性乙型脑炎；

1.5—2岁：百白破疫苗加强，预防百日咳、白喉、破伤风；脊髓灰质炎糖丸加强，预防脊髓灰质炎（小儿麻痹）；乙脑疫苗加强，预防流行性乙型脑炎；

3岁：A群流脑疫苗第3针、也可用A+C流脑加强，预防流行性脑脊髓膜炎；

4岁：脊髓灰质炎疫苗加强，预防脊髓灰质炎（小儿麻痹）；

7岁：麻疹疫苗加强，预防麻疹；白破二联疫苗加强，预防白喉、破伤风；乙脑疫苗两针，预防流行性乙型脑炎；A群流脑疫苗第4针，预防流行性脑脊髓膜炎；

12岁：卡介苗加强，预防结核病。

以上是计划内疫苗，还有计划外疫苗，包括水痘疫苗、甲肝疫苗（若上幼儿园这两种需要注射）、肺炎疫苗、流感疫苗、HIB疫苗、轮状病毒疫苗、狂犬病疫苗等则视情况选择注射。

每种疫苗的接种时间不能任意提前或推迟，接种次数不能增加或减少，间隔时间要准确。

5.不能进行预防接种的情况

(1)空腹饥饿时：此时血糖过低，接种后可能引起严重反应。

(2)有活动性肺结核、活动期风湿症、过敏性疾病，或者患有高血压、肝炎、肾炎等症的病儿，也不宜预防接种。

(3)患有荨麻疹、支气管哮喘等过敏性疾病时不宜预防接种。

(4)患有皮肤病时不宜预防接种。

(5)正在感冒发烧的病儿不宜接种，以免加重病情。

(6)脑或神经系统发育不正常，有脑炎后遗症、癫痫病的孩子，不宜注射乙脑和百日咳预防针，以免引起抽风。

(7)有免疫缺陷的孩子，不能接种任何预防疫苗。

(8)腹泻孩子不要吃脊髓灰质炎糖丸疫苗，病愈后两周才能服用。

6.预防接种前后应注意的问题

(1)接种前：应洗澡，使接种部位皮肤清洁，并换上宽松柔软的内衣，还要向医生说清孩子健康状况，经医生检查认为没有接种"禁忌证"方可接种。

(2)接种后：应在接种场所观察15~30分钟，无反应时再离开医院。孩子打过防疫针以后要避免剧烈活动。家长对孩子要细心照料，注意观察，如孩子有轻微发热反应，一般1~2天后就会好的。

(3)服脊灰糖丸后，半小时内不宜进食热食及哺乳。

(4)接种疫苗后，少数儿童接种局部会出现红肿、疼痛、发痒或有低热，一般不需特殊处理，如反应加重，应立即请医生诊治。有些疫苗接种后还会出现轻度硬结，可采用热敷的方法加快消散，用温度适宜的干净毛巾，每天3~5次，每次15~20分钟。

(5)接种卡介苗后3~4星期，接种处会出现红肿，逐渐形成一个小脓疱，并自行溃破，流出一些分泌物，以后溃破处结成痂皮后自行脱落，留有一小疤痕，这是接种卡介苗后的正常反应，不必惊慌。

(6)极少数儿童接种后可能出现高热，接种手臂红肿、发热、全身性皮疹等过敏反应及其他情况，应及时向防保科人员咨询，采取相应的措施。

第5课 我从哪里来

【教学目的】

1.使学生了解生命孕育的过程。

2.帮助学生了解浅显的生命科学的知识，培养学生收集资料、获取信息的技能，让学生能通过资料比较的方法，看到自己的成长，并为自己的成长感到喜悦。

3.使学生体验母亲孕育的辛苦，培养学生热爱父母、珍爱生命的情感。

4.培养学生勤于思考、乐于探究、善于学习的好习惯。

【教学内容与分析】

1.教学内容解读

本课内容包括“引入”“健康加油站”和“健康新体验”。

“引入”部分由明明看电视孙悟空出世产生“我从哪里来”的疑问把学生带入到本课的学习内容之中，让学生知道所有的小猴子都是妈妈生的，小朋友也是自己的妈妈生的。

“健康指南针”是课文的重要部分，介绍生命孕育的过程。

“健康新体验”让学生体验妈妈当年怀孕的辛苦，感激父母的养育之恩。

2.相关知识点

(1)生命孕育的过程。

(2)母亲孕育的辛苦。

3.教学重点和难点

新生命的孕育过程。

教学过程参考

1.课堂讲授过程建议

活动设置 1:谈话导入

教师:昨天,有个小朋友悄悄地对我说:“别人都说我长得不太像妈妈,妈妈说我是她从路边的垃圾桶里捡来的。这是真的吗?”同学们,你们说这是真的吗?那你们知道自己是从哪里来的吗?(出示课题)

活动设置 2:收集信息

教师布置学生收集自己出生时的信息:妈妈是怎样把你生下来的,刚出生时的情况怎样?把你收集来的信息跟同桌交流一下吧。

活动设置 3:了解生命的孕育过程

教师:听到你哇哇的啼哭声,妈妈似乎把巨大的疼痛都忘记了,听到你健康有力的哭声,手术室外,爸爸紧张焦急地等待终于换来了开心的笑容。其实,在你生下之前,你已经在妈妈肚子里待了将近 10 个月了。你想知道自己在妈妈的肚子里是怎么生长变化的吗?

(1)出示课件,逐幅讲解。让学生知道子宫、脐带的作用,了解 1 个月、3 个月、6 个月以及出生前胎儿在母体的情况,请学生简要说说生命孕育的过程。

(2)教师:看了刚才自己在妈妈肚子里的生长变化过程,你想说什么?

引导学生积极发言:

①太奇妙了!从一个像泡泡一样的东西——细胞,怎么最后变成一个人了。

②生命来之不易。

③妈妈太伟大了!感谢爸爸妈妈给了我生命。

④妈妈真辛苦!

……

活动设置 4:体验妈妈怀孕的辛苦

让学生全体起立,把书包挂在胸前,转身原地走,做弯腰洗衣服、上阳台晒衣服、到果园摘果子等动作。坐回位子后,请学生说说,现在你感觉怎样?(很累,很不方便。)你们想想,我们才做了 3 分钟的妈妈,而且是一些简单的动作,就已经感觉到很累,很不方便,可妈妈要经历长长的 10 个月,在此期间还要做很多事:买菜、做家务、爬楼梯、上班等,妈妈真的好辛苦啊!让我们大声对妈妈说:“妈妈,您辛苦了!”

活动设置 5:感受成长的快乐,感激父母的养育

(1)教师:经过辛苦的 10 个月孕育,妈妈终于平安地把你生下来了。请同学们互相看看自己的出生证,当时你有多高多重?(请 2 名学生进行交流,比一比,刚出生时你有多高多重,现在你有多高多重)

(2)请学生出示小时候的鞋子、衣服、裤子,跟现在的比一比。

(3)看了这些,你们感觉怎么样?自己这七八年的变化大吗?难道你不想为自己鼓鼓掌吗?

(4)你们知道这七八年里,爸爸妈妈为你们付出了多少心血和汗水吗?

①为了让你吃得好,穿得好,爸爸每天拼命地工作。妈妈细心地照料着你,怕你哭,常常是一手抱着你,一手做着活。为了哄你吃饭,多少次妈妈自己的饭菜早已凉了;怕你踢翻了被子被冻着,多少个夜晚,妈妈一次次起来,为你掖被角。遇上感冒发烧,妈妈更是心疼地日夜守护着你,常常累得自己都倒下了(放课件——看成长图片)。同学们,你们一天天长大了,是爸爸妈妈教你学会了走路,学会了说话,是他们陪你游戏玩耍,是他们陪你学知识学本领……在我们的身上,倾注了爸爸妈妈多少的心血。

②每个同学一定都有很多难忘的事值得回忆(请学生进行交流)。

③师生齐唱《世上只有妈妈好》。

④让我们一起由衷地对爸爸妈妈说:"谢谢你们!"

活动设置6:讨论交流

教师:同学们,你们觉得可以用哪些行动去感谢爸爸妈妈呢?(学生分小组讨论交流)

教师总结:记住爸爸妈妈的生日,为他们送上最合适的礼物;平时能做一些力所能及的家务活;不再撒娇耍脾气;为爸爸妈妈递上拖鞋,倒茶,洗脚等。

2.课堂小结建议

感谢爸爸妈妈给予我们生命,感谢他们的辛勤养育。通过今天的学习,同学们应该更孝敬父母,多为父母做一些力所能及的事。感谢父母给了我们生命,同时我们应更加珍惜生命。

3.教学评价建议

布置学生回家对父母做一个访谈,了解自己从哪里来的,了解母亲怀孕时的生理及心理方面的反应及其感受。

相关知识链接

本课教师可以通过介绍3个基本概念来传递2个信息,拓展教育的内涵。

3个基本概念是:①卵细胞:又称卵子,是由妈妈体内一个名叫卵巢的器官产生的。卵细胞是人体最大的细胞,每月一般只有一个成熟的卵子生成。正常情况下,一位女性一生中可排出300~400个卵细胞。②精子:是由爸爸体内一个名叫睾丸的器官产生的,一次排出的精液里有2亿~6亿个精子。③受精:就是男女成熟的精子和卵细胞结合,融合为一个受精卵的过程。一旦受精成功,就标志着一个新生命的诞生。再经过母亲280天左右的怀孕,一个新生命就来到了世上。

2个信息:①受精的过程实际上是爸爸的几亿个精子同时展开竞争,只有其中最强壮、最健康和跑得最快的那一个精子才能够和妈妈的卵子结合,因此我们是亿里挑一。(激发学生的自豪感,我是最棒的!)②受精卵形成到胎儿的完全成熟、呱呱坠地,这短短的280天,完成了从单细胞生物到人的50亿年才完成的进化过程,是非常了不起的成就,而这一切都是在妈妈体内、通过吸取妈妈的营养才得以实现,可见母亲的伟大。

第6课 动物与我们的健康

【教学目的】

让学生了解怎样与动物相处才能保障人类的安全与健康，如何科学饲养小宠物，掌握被犬类咬伤后的处理方法。

【教学内容与分析】

1.教学内容解读

本课内容由“引入”“健康指南针”“健康加油站”和“健康碰碰车”组成。

“引入”部分由新闻导入，让学生了解动物是人类的伙伴，但它们也会给人类造成麻烦。

“健康指南针”是课文的重要部分，讲述人类怎样与动物相处。

“健康加油站”告诉学生被犬类咬伤后的处理方法以及科学饲养小宠物的方法。

“健康碰碰车”主要通过判断文中一些做法是否正确，检验同学们对知识的掌握和运用情况。

2.相关知识点

(1)与动物相处的方法。

(2)被犬类咬伤后的处理方法。

(3)科学饲养小宠物的方法。

3.教学重点

怎样与动物相处，科学饲养宠物的方法。

4.教学难点

被犬类咬伤后的处理方法。

教学过程参考

1.课程讲授过程建议

活动设置 1:激情导入

(1)猜谜导入:上课伊始,利用儿童乐于猜谜的天性,由教师说动物谜语让学生猜,让他们体验到乐趣,调动学生情绪,自然进入话题。

(2)让学生动手搜集动物资料,培养他们搜集信息的能力。让学生把自己制作的动物相册与同桌一起看,并给同桌介绍这个小动物,讲一讲有意思的事。通过这样的交流使学生获得成就感,增强学习的自信心,同时更好地激发学生对动物的喜爱之情。

(3)看录像——感受丰富多彩的动物世界。

教师提问:看了录像,你有什么感受?(请学生回答)

教师小结:动物们有的生活在江、河、湖、海,有的生活在深山密林中,有的就生活在我们身边,它们与我们共同生活在地球上,正是由于它们的存在,我们的生活才变得丰富多彩,饶有趣味。可是,如果忘记与动物友好相处,就会有很多麻烦,甚至威胁人类的健康。

活动设置 2:学习与交流

(1)教师:既然大自然中动物们能给人类带来这么多方便和快乐,我们又应该怎样和他们友好相处呢?教师出示“珍稀动物”的图片。

教师:在我们的社会上有些人只想赚钱不顾道义,任意捕杀和伤害动物朋友,造成许多动物都要灭绝了。看到伤心欲绝的动物们,你们想到了什么?(以形象的画面和教师动人的语言激发学生对破坏动物行为的愤恨,对动物的怜爱)

(2)联系学生身边的实例进行讨论。设置话题,让学生交流讨论,如青蛙经常被人捉,和爸爸妈妈去动物园看动物应该怎样做等,引导学生进一步体会到人类和动物之间是相互依赖的关系,从而懂得关心、爱护动物,善待动物。

教师:在我们的身边有没有伤害动物的事情呢?你们都了解到了哪些?(请学生讲述自己听到的事例,小到人们将青蛙搬到餐桌,大到非法分子为了个人利益捕杀珍稀动物等,使学生体会到保护动物人人有责)

活动设置 3:模拟演练

想一想在日常生活中我们被犬咬伤后怎样处理呢?让学生自己阅读有关的文字,谈自己的做法。然后教师出示视频让学生了解具体的做法,可以让学生上台演练。

活动设置 4:情景判断

怎样科学饲养宠物呢?让学生先自己谈看法,再展示有关的视频。

让学生谈谈怎样与动物相处，再分析判断“健康碰碰车”中人物的做法是否正确，以检查学生对知识的掌握程度。

2.课堂小结建议

人类与动物，共同生存在这个地球上。只有人类和动物和睦相处，我们的地球才会充满生命力，也才能保持生态平衡，健康地发展下去。让我们和动物交朋友，一起快乐地生活在地球上吧！

3.教学评价建议

在本课的教学设计中，针对二年级学生的年龄特点和生活实际，通过展示介绍课前制作的动物相册和观看录像，让孩子们感受到动物世界的生机勃勃、多种多样，又从身边的动物入手，了解怎样与动物相处，怎样科学饲养宠物，让学生感悟到动物与人类关系密切，获得强烈的情感体验，从而迸发出自觉保护动物的行为动机。

相关知识链接

1.养猫需要预防弓形虫病

弓形虫病是由一种叫作弓形虫的寄生虫引起的一种人畜共患病，为动物源性疾病，全世界五大洲各地区都有发生。那么这种病是如何传播的呢？其实几乎所有的哺乳动物和鸟类都可以传播弓形虫病，而猫及猫科动物则为重要传染源。人类除了患病孕妇通过胎盘垂直传播给胎儿外，病人作为传染源传染给他人的可能性很小。目前已证实，有弓形虫感染的哺乳动物有140多种，动物之间的互相厮杀、捕食，使弓形虫在野生动物中得以长期存在，而弓形虫从野生动物传播给家畜，这就对人类构成了威胁。被感染的猫科动物从粪便中排出的卵囊具有感染力，且它的感染力在外界环境中可能保存数年，是人类弓形虫感染的主要传染源。人类弓形虫感染的传播途径主要有先天性传播和后天感染两种形式，先天性传播是指妇女妊娠期感染，通过胎盘感染胎儿。后天(获得性)感染主要通过两种途径：一是食用含有弓形虫包囊的生肉或半生肉；二是通过猫粪中排出的卵囊污染手或食物，或者通过蟑螂、苍蝇等把卵囊带到人的食物上，造成人类感染。此外，经过损伤的皮肤或者黏膜、输血、器官移植也都可能感染弓形虫病。

2.被蛇咬伤后的急救处理措施

被蛇咬伤后，首先要明确是否毒蛇咬伤。一般来说，毒蛇的头呈三角形，尾部较粗短，色斑较鲜艳。但也有例外，金环蛇和银环蛇的头就不呈三角形，竹叶青蛇尾巴细长，但它们都是毒蛇。两头蛇身体很鲜艳,但不是毒蛇。蛇咬伤的牙痕是比较可靠的判断依据,无毒蛇牙痕多成排,且齿痕较浅;毒蛇牙痕呈两点或数点,且齿痕较深。一旦确定是毒蛇咬伤,要采取紧急自救措施。

(1)不要惊慌乱跑,尽可能延缓毒素扩散。剧烈的活动,能使血液循环加快,增加人体对毒素的吸收,加重中毒症状。

(2) 迅速用止血带或细绳在距伤口 5~10 厘米的肢体近端捆扎, 阻断静脉和淋巴回流,减少毒素在体内扩散。每间隔半小时放松 3~5 分钟,以免肢体缺血坏死。

(3)用利器把伤口切开,用清水、茶水冲洗伤口。

(4)用拔火罐吸除毒液,也可用口吮吸,但要注意口腔内不能有伤口和溃疡,并要及时漱口,迅速送医院抢救。

第7课 “四害”歼灭战

【教学目的】

了解什么是“四害”及其传播疾病的途径，知道歼灭“四害”的方法，学习必要的自我保护技能。

【教学内容与分析】

1.教学内容解读

本课内容包括“引入”“健康指南针”“健康加油站”和“健康碰碰车”。

“引入”部分让学生知道什么是“四害”。

“健康指南针”是课文的重要部分，介绍“四害”传播疾病的传播途径。

“健康加油站”讲解歼灭“四害”的方法。

“健康碰碰车”主要为检验同学们对知识的掌握和运用情况，让学生谈消灭“四害”的方法，介绍有关的网站。

2.相关知识点

(1)了解“四害”及其传播疾病的途径。

(2)知道歼灭“四害”的方法。

3.教学重点和难点

(1)“四害”及其传播疾病的途径。

(2)歼灭“四害”的方法。

教学过程参考

1.课程讲授过程建议

活动设置1：猜谜语，揭示课题

(1)打谜语、猜谜语

嘴尖尾巴长	头戴红帽
钻洞上房梁	身穿黑袄
白天不见面	脚沾毒菌
晚上游四方	传播疾病
(老鼠)	(苍蝇)
小小虫儿很会飞	身上穿红袍
嘴含毒汁细长腿	会飞又会跑
来来去去唱嗡嗡	常在厨房里
人人骂它吸血鬼	应该消灭掉
(蚊子)	(蟑螂)

(2)教师提问:你知道“四害”吗?(板书:歼灭“四害”)

活动设置 2:学习与交流

(1)让学生观看媒体资料,了解“四害”的传播途径和除害方法。

(2)结合课件与课文,联系生活,让学生分小组合作,完成表格的填写。在这一环节中,教师从“扶”到“放”,先重点辅导“四害”之一——蚊子的危害和除害方法的归纳,然后放手让学生自行归纳其余“四害”的危害和除害方法,让学生在自主学习、探究、合作中完成学习任务,同时也使学生的能力得到了锻炼。

名　称	传播途径及危害	除害方法
蚊子	通过叮咬和吮吸血液传播乙型脑炎等疾病,使人致残、致死	保持环境卫生;使用杀虫剂、灭蚊灯、蚊帐;点蚊香……
苍蝇		
蟑螂		
老鼠		

(3)各小组汇报表格填制情况。

(4)教师补充:生活中的除害方法。

(5)教师小结:

①“四害”最容易在哪些地方繁殖和生长?

②你能为消灭“四害”做些什么?

(板书:保持居住和公共环境卫生)

活动设置 3:知识掌握测试

辨一辨:

(1)苍蝇爬过的蛋糕能吃吗?　　(　　)

(2)蚊子不能传播乙脑。　　(　　)

(3)鼠疫是由老鼠传播的疾病。 (　　)

(4)马路上可以随便大小便。 (　　)

(5)不是我的值日,我就不倒垃圾。 (　　)

(6)积极清理垃圾和污水是消灭“四害”的最好方法。 (　　)

2.课堂小结建议

通过这节课学习,同学们掌握了什么是“四害”,以及为什么要消灭“四害”,同学们学习兴趣浓,知识掌握得好,老师坚信,同学们是最棒的!

3.教学评价建议

教师通过查找有关“四害”的资料片,根据需要选取相关内容制作媒体资料播放给学生看,使他们对“四害”有感性认识。可再要求学生结合他们的生活实际,介绍自己家里除“四害”的方法,让学生畅所欲言地进行讨论交流。

相关知识链接

1.经蚊子传播的疾病

经蚊子传播的疾病多达80余种,主要有:

(1)流行性乙型脑炎:主要流行区在亚洲远东和东南亚地区,我国华南、华北、东北地区可见,集中7、8、9月发病。它由病毒引起,经蚊传播,临床上发病急,有高热、意识障碍、惊厥、强直性痉挛和脑膜刺激特征,重型患者病后往往有后遗症。

(2)登革热和登革出血热:由登革病毒引起、经蚊传播的急性传染病。登革热以发热、皮疹、肌肉和骨关节剧烈酸痛、淋巴结肿大、白细胞减少等为主要表现,病死率低;登革出血热以发热、皮疹、出血、休克等为主要特征,病死率高。目前主要分布在我国南方沿海地区,长江以南为多。

(3)黄热病:是黄热病病毒所引起的急性传染病,经非洲伊蚊传播。主要流行于非洲和中南美洲,临床特征有发热、剧烈头痛、黄疸、出血、蛋白尿。我国尚未发现本病。

(4)疟疾:由按蚊传播,是疟原虫传播引起的传染病,夏季两季多见,常年可发病,国内多见于长江流域及其以南地区,可遍布全国,北方地区发病较少。临床表现为:间歇性寒战、高热、出汗、脾肿大、贫血。临床可分间日疟疾、三日疟疾、恶性疟疾3型,其中恶性疟疾可侵犯内脏,预后不良。

(5)丝虫病:通过蚊虫叮咬而传播,在我国仅有班氏及巴来丝虫病流行,长江以南地区流行。丝虫寄生在淋巴组织、皮下组织或浆膜腔，引起淋巴管炎症及阻塞，形成象皮肿、腹水等。临床还有丝虫热、肺部嗜酸粒细胞浸润综合征等。

(6)黑热病：是由白蛉叮咬而传播的，为杜氏利什曼原虫引起的地方性传染病。因此，灭蚊避蚊是预防蚊媒传染病的一项重要措施。

2.经苍蝇传播的疾病

苍蝇的种类多，活动范围广，除骚扰人畜外，主要是携带病原体传播疾病，包括霍乱等烈性传染病。苍蝇传播的疾病包括：

(1)细菌性疾病：伤寒、副伤寒、菌痢、霍乱、副霍乱、细菌性食物中毒、炭疽、破伤风、气性坏疽及化脓性球菌感染等疾病。

(2)病毒性疾病：脊髓灰质炎、病毒性肝炎、沙眼和天花等疾病。

(3)原虫性疾病：阿米巴痢疾。

(4)其他寄生虫病：蛔虫、蛲虫病和囊虫病。

(5)苍蝇也可直接引起寄生性疾病，即蝇蛆病，指蝇类的蛆(蝇的幼虫)进入人体引起某些器官致病(有眼、耳、皮肤、胃和尿道的蝇蛆病)。这些病的寄生蝇有狂蝇、胃蝇和皮下蝇等。

第8课 牙齿保卫战

【教学目的】

帮助学生了解龋齿发生的原因和危害，掌握龋齿的预防方法。

【教学内容与分析】

1.教学内容解读

龋齿俗称“虫牙”，是由于致龋齿的细菌使糖发酵产酸，进而分解和破坏了牙齿的硬组织造成的。如果一旦患上龋齿，就会破坏牙齿的正常结构，影响咀嚼功能，不利于营养素的摄入；龋洞侵害到牙髓，引发牙髓炎，产生剧烈疼痛，牙龈肿胀，影响学习和生活。小学生一般6岁时就萌出第一颗恒牙，这颗恒牙将伴随人的一生，是负担最重的牙齿，必须好好保护。因此，教育学生养成良好的口腔卫生习惯至关重要。本课主要由“健康指南针”“健康加油站”“健康面面观”和“健康碰碰车”组成。

“健康加油站”主要介绍了预防龋齿的4个方法：①每天早晚用正确的方法刷牙。刷牙是保持口腔卫生最基本的方法，坚持早晚刷牙，可以清除黏附在牙齿表面的牙菌斑和食物残渣，起到预防龋齿和牙周疾病的作用。②合理饮食，少吃糖类和甜食。特别要注意睡前不要吃糖果和点心。③定期牙医检查。定期检查可及时发现刚开始形成的龋齿，这时的龋齿没有任何症状，及时治疗效果很好，一般一次即可治好。④科学使用含氟牙膏。氟是人体所必需的微量元素，可以增强牙齿和骨骼的结构，还具有抑制细菌的作用，有防腐能力和抗酸能力。

“健康面面观”主要介绍龋齿形成的原因。

“健康碰碰车”是关于龋齿的健康测试。由于龋齿早期可无任何症状，容易被人们忽视。但若不及时治疗，龋洞就会向深层组织发展，可引起根尖和牙髓炎，当遇到冷、热、酸、甜等刺激时，就会产生疼痛，进一步发展可使牙槽骨遭到破坏，整个牙齿就失去了功能。牙齿的炎症还可引起风湿性关节炎、肾炎，诱发心脏病等，后果十分严重。通过“健康碰碰车”里的测试，可让学生了解自己的牙齿。如果已经患上了龋齿,就应当及时治疗。

2.相关知识点

(1)什么是龋齿。

(2)龋齿对健康的影响以及龋齿发病的四大因素。

(3)预防龋齿有方法。

3.教学重点和难点

了解龋齿形成的原因和症状,掌握龋齿的预防方法。

教学过程参考

1.课程讲授过程建议

1)引入

请班上表演能力强的同学进行小品表演(一个同学手捂着腮帮,愁眉苦脸,哼哼唧唧地走上场,说:"我叫红红,今年7岁,上二年级了。都说牙疼不是病,疼起来真要命。这不,最近一段时间,我的牙齿疼痛难忍,连课也上不了。今天妈妈要接我去看病。唉,真倒霉。好了,不说了,妈妈在等我了。"该同学下)。这时,教师组织学生讨论:同学们,红红看病去了,你们知道她得了什么病吗?学生猜测后,教师小结:红红的牙齿生病了,她患上了龋齿。今天,我们就来学习预防龋齿的知识,保卫我们的牙齿。

2)体验活动

关于龋齿的成因,课文中只有简单的两句话。为了加深学生的印象,可以在这里安排一个"醋泡蛋"的实验:将一只提前几天泡在醋中的鸡蛋与普通鸡蛋进行比较,感受酸对牙齿的腐蚀作用。然后,还可以请学生回家也动手试一试,加强学生的感性认识。学习保护牙齿的方法时,可以请学生结合自己平时的生活实际和已有的知识,比一比,看谁知道预防龋齿的方法最多。课文最后的"健康碰碰车",要求学生如实填写,好对自己牙齿的健康状况有一个正确的认识。如果发现有牙齿有问题,就应尽早去找牙科医生做进一步检查和治疗。

3)教学方法建议

本课如果只是单纯地进行预防龋齿的知识讲解,二年级的孩子理解起来有一定难度。因此,教师可以选择生活中的人和事,最好是班上真实的事例引导学生学习。也可充分利用插图,将抽象的学习变得直观具体。同时,还可以引进一些简单易操作的科学小实验,让学生更容易理解。

2.课堂小结建议

本课通过教学过程的实施，向学生传播了预防龋齿的相关知识，其中必须让学生明白的几点是：①什么是龋齿，它对健康的影响有哪些？②影响龋齿发病的四大因素是什么？③龋齿的预防方法。

3.教学评价建议

通过本课的教学，可以设计一些判断题，考察学生是否能够正确地判断龋齿，以检测学生是否正确掌握了预防龋齿的方法。

相关知识链接

1.牙齿的分类

在人的一生中有两副牙齿，根据萌出的时间和形态，分为乳牙和恒牙。

乳牙共20颗，上下颌的左右侧各5颗，从中线起向两旁，分别为乳中切牙、乳侧切牙、乳尖牙、第一乳磨牙、第二乳磨牙。乳牙萌出的时间和次序：从出生后6~8月开始萌出乳中切牙，然后是乳侧切牙、第一乳磨牙、乳尖牙和第二乳磨牙；2~2.5岁左右乳牙全部萌出。

恒牙共32颗，上下颌的左右侧各8颗，从中线起向两旁，分别为中切牙、侧切牙、尖牙、第一双尖牙、第二双尖牙、第一磨牙、第二磨牙、第三磨牙。恒牙萌出的时间和次序：6岁左右开始，在第二乳磨牙后萌出第一恒磨牙（又称六龄牙）；7~12岁恒牙萌出顺序从前至后（尖牙除外），逐个替换同位乳牙（即按中切牙—侧切牙—第一双尖牙—尖牙—第二双尖牙顺序萌出）；12岁左右长出第二磨牙；17~18岁以后长出第三磨牙（智牙），也有终身不出者；恒牙一般于20~30岁出齐。

临床上将显露于口腔部分的牙齿称为牙冠，牙冠分为五个面，即唇（颊）面、舌（腭）面、近中面、远中面及咬合面。以两中切牙之间为中线，靠近中线侧为近中面，远离中线侧为远中面。

乳牙龋齿好发于第一、二乳磨牙，尤其是第二乳磨牙；恒牙龋齿好发于第一、二恒磨牙，尤其是第一恒磨牙。无论乳龋还是恒龋，其好发部位均以咬合面为主，其次是邻面和唇（颊）面。

2.龋齿的致病因素

龋齿是指牙齿的硬组织（主要指牙釉质和牙本质）逐渐破坏、崩解的一种慢性进行性疾病。它是机体在内外环境因素影响下，在细菌作用的参与下，牙体硬组织的无机盐脱钙、电解质分解造成牙体组织破坏、缺损的一种疾病。

有学者提出，龋齿是由细菌、食物、宿主(主要指牙的敏感性)、时间四种因素共同作用造成的，它们被称为龋齿的“四联因素论”。

(1)细菌：细菌是产生龋齿的根源。主要致龋菌是变形链球菌，其次是放线菌菌株和乳酸杆菌。在多数情况下，细菌只有在形成了牙菌斑之后才能致龋。菌斑是细菌在牙面上代谢和致病的生态环境；细菌在牙菌斑深处产酸，酸逐渐腐蚀牙齿，使牙齿脱钙、软化，造成组织缺损而形成龋洞。

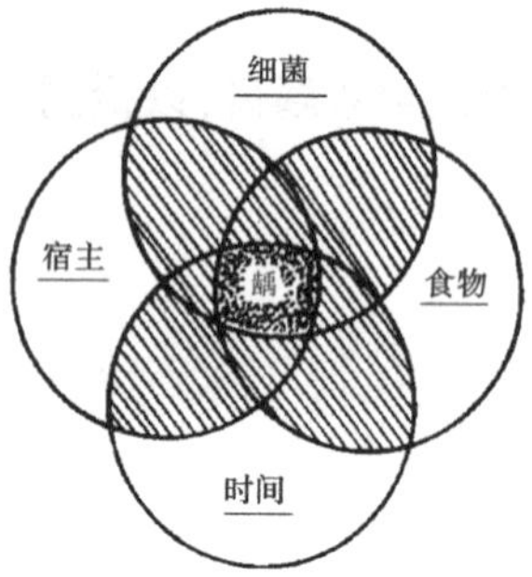

龋病的四联因素理论

(2)食物：碳水化合物(尤其是蔗糖)是产生龋齿的物质基础。糖在龋病发生中是细菌代谢的产物，它为牙面的细菌提供营养和能量，使其在牙面上定居、生长、繁殖。

(3)宿主：宿主尤其是牙齿对龋病的抵抗力下降是产生龋齿的重要条件。对宿主的抗龋力起重要作用的影响因素有：①牙齿的形态结构、排列组成，如牙齿的点、隙、裂、沟处易患龋。②牙齿排列不整齐、拥挤重叠，易滞留食物残渣和细菌，也易患龋。③唾液的流量越多，流速越快，其清洁牙齿、稀释口腔内酸的能力越强，越有助于抑制龋病的发生。④营养状况。若膳食中缺乏蛋白质、维生素和矿物质(尤其是微量元素氟)，将显著降低牙齿的抗龋能力。⑤全身性内分泌功能改变，如甲状旁腺功能减退、甲状腺功能亢进或甲状腺功能减退等病症，都会影响牙齿抗龋能力。

(4)时间：时间是产生龋齿的必要条件。龋病的发生从开始形成菌斑到发展为龋洞，平均需要18个月。

第9课 小小口罩用处大

【教学目的】

让学生了解口罩的作用,知道戴口罩的方法,正确选择合适的口罩。

【教学内容与分析】

1.教学内容解读

本课由图画入手创设情景,引发学生学习的兴趣,通过对口罩作用的了解,掌握戴口罩的方法以及口罩的选择。

本课内容由“引入”“健康指南针”“健康加油站”“健康碰碰车”组成。

“引入”部分主要讲述了口罩有卫生、防疫作用。

“健康指南针”是课文的重要部分,包含两方面的重要内容:即戴口罩的方法及步骤。

“健康加油站”主要讲述了口罩的种类,告诉学生要到正规的药店购买口罩。

“健康碰碰车”主要为检验学生对知识的掌握和运用情况,让他们进行综合的思考、判断。

2.相关知识点

(1)口罩的作用。

(2)戴口罩的方法及步骤。

(3)口罩的选择。

3.教学重点

使学生知道口罩的作用,戴口罩的方法。

4.教学难点

口罩的选择。

教学过程参考

1.课程讲授过程建议

1)导入课题,板书课题,认识口罩的作用

开课时,教师指导学生观察图画或者播放相关视频,提问:你们从中看到了什么?他们为什么戴口罩?在学生交流的基础上,指出口罩有卫生、防疫的作用。

2)让学生了解戴口罩的方法及步骤

先让学生自己上台试戴口罩,判断其方法是否正确,然后播放相关视频或者教师做示范,演示正确的方法和步骤,强调口罩不要内外侧不分,不要内外侧交替使用,不可与人共用口罩。让学生相互间试戴并上台表演,可采取小组竞赛的方式。

3)让学生了解选择口罩的种类

教师现场出示各种口罩或通过视频讲解各种口罩的功能及作用,让学生认识纸口罩、三层手术口罩、棉口罩。教师可适当补充有关的知识,如纸口罩:多用于食品加工业,以确保生产过程的清洁卫生,但它没有过滤功能,易湿易破,不耐用;棉口罩:柔软舒服,可以用很久,但防护效用不大,常用于制造业,特别是造船厂;三层手术口罩:中间一层过滤网,能阻挡5微米(100万分之1米)或以上的颗粒,通风效果好,戴起来舒服,使用方便,有耳挂型或绑带型两种。绑带可根据头形的大小调整松紧,适合儿童使用。告诉学生要到正规药店购买口罩。

4)自主判断

分小组让学生判断"健康碰碰车"中的行为是否正确,对照课本上错误的行为检查自己日常生活中的做法。

2.课堂小结建议

通过本课的学习,同学们了解了口罩的作用,知道如何正确佩戴口罩和选择口罩。希望你们从小养成爱清洁的好习惯,并将戴口罩的卫生知识讲给家长听。

3.教学评价建议

让学生对照检查自己平时戴口罩的行为,提出自我改进的建议,或者交流自己收集的有关资料。

相关知识链接

1.医用口罩的分类

(1)一次性医用口罩

一次性医用口罩,又名普通医用口罩,一般应用于普通的医疗环境中,对于密合性以及血液隔绝作用没有过多的要求。常见的一次性医疗口罩分为耳带式和系带式两种,在外形上,与医用外科口罩相似。

(2)医用外科口罩

医用外科口罩一般是应用于有体液、血液飞溅的环境里,如医院手术室。这一类型的口罩,可以有效地隔绝血液和体液,防止血液和体液穿过口罩感染佩戴者,但是对颗粒的过滤则有所不足,而且设计多为长方形,与脸部的密合性不如医用防护口罩。

(3)医用防护口罩

医用防护口罩一般应用于有呼吸道传染病的环境里, 可过滤空气中的微粒, 阻隔飞沫、血液、体液、分泌物等的污染物,对非油性颗粒的过滤效率可达到95%以上,是一种密合性自吸过滤式医疗防护用品,同时也是一种一次性使用产品。常见的医用防护口罩有拱形以及折叠式两种样式。

2.口罩使用注意事项

①注意卫生,佩戴前、脱除后应做好手部卫生。

②需重复使用的口罩,使用后悬挂于清洁、干燥的通风处。

③备用口罩建议存放在原包装袋,如非独立包装可存放在一次性使用食品袋中,并确保其不变形。

④如佩戴口罩感觉胸闷、气短等不适时,应立即前往户外开放场所,摘除口罩。

⑤废弃口罩归为其他垃圾进行处理,医疗卫生机构、人员密集场所工作人员用过的口罩或其他可疑污染的废弃口罩,需单独存放,并按有害垃圾进行处理。

第10课 睡得香 身体棒

【教学目的】

使学生了解睡眠是休息的主要方式,休息与健康密切相关;懂得有关的睡眠卫生知识,养成良好的睡眠习惯。

【教学内容与分析】

1.教学内容解读

睡眠是每人每天都需要的,小学生每天最少需要10小时的睡眠时间。但现实生活中某些小学生对睡眠是否充足认识不够,不利于身心的发展。通过本节课的学习,要让学生掌握正确的睡眠姿势,懂得相关的睡眠卫生知识,明白科学睡眠的重要性,促进学生养成良好的睡眠习惯。教学时,教师要根据学生亲身事例讲解,更贴近学生生活,学生学起来更有趣。

2.相关知识点

(1)睡眠是一种生理现象,是维持生命不可缺少的一个重要环节。
(2)睡眠不足对儿童青少年的危害。
(3)良好的睡眠习惯应该要注意哪些方面。

3.教学重点

良好的睡眠习惯需要注意的问题。

4.教学难点

怎样养成良好的睡眠习惯。

教学过程参考

1.课程讲授过程建议

活动设置1

课前小调查引入:让学生说说自己晚上几点睡觉,早上几点起床,一共睡了几小时。

教师:通过刚才同学们的谈话,我知道了同学们睡觉的时间都不同。你知道吗?睡觉还很讲究科学呢!只要每天晚上都睡得香,你的身体一定会棒棒的!揭示课题并板书。

活动设置2

出示视频:一学生晚上9点睡觉,第二天清晨7点起床。让学生算算,这名学生一共睡了几小时。这部分内容主要目的是让学生懂得每天的睡眠时间至少需要10小时。教学时,教师可随机抽问学生,你的睡眠时间达到10小时了吗?

活动设置3

先让学生说出自己睡觉时的姿势是怎样的。在学生回答的基础上,教师明确告诉学生:睡觉时,要右侧,腿半弯曲。正确的睡眠姿势会让身心愉快。

出示视频:不正确的睡觉姿势。

教学时,教师还可适当补充,让学生对照自己,是不是这样睡觉的,对不正确的睡觉姿势要改正。这部分内容主要让学生懂得正确睡眠的姿势。

活动设置4

良好的睡眠习惯是提高学习效率的重要保证。教师出示书上几种睡觉的习惯,请学生分别说出哪些习惯好,哪些习惯不好,并对照看看自己平时睡觉的习惯是否正确。教学时,教师要抓住细节(如周边的环境、汽车的鸣笛声、建筑公地的切割声等),让学生明白科学睡眠的重要性,知道睡眠环境好会给学习和生活带来高质量,同时也让学生了解睡眠是休息的主要方式,它与健康有着密不可分的联系。小学生每天睡眠充足,有良好的睡姿,睡眠环境又好,那他一定是最棒的!同时,家长的配合也很重要。

最后,教师根据学生的回答进行归纳总结:①按时睡觉,按时起床,保证每天至少10小时的睡眠时间;②要有良好的睡姿;③不要蒙头睡觉;④室内空气保持流通;⑤房间灯光要暗或关掉;⑥睡前不吃零食或不吃得太饱……

活动设置5:小组交流讨论

(1)教师:睡眠不足会带来哪些危害?让学生举出身边的例子,即睡眠不足对学习的影响。如看动画片、打游戏等都会影响睡眠时间,这样对身体有害,教育学生每天要睡眠充足。

教师根据学生回答归纳总结:①影响生长发育;②降低身体免疫力;③上课打瞌睡,精力不集中;④记忆力减退,学习效率下降……

(2)请学生谈一谈自己是怎样睡眠的,今后要如何科学睡眠。

2.课堂小结建议

(1)通过本节课的学习,你明白了什么?

(2)睡眠是维持生命不可缺少的重要环节,与我们的健康息息相关,睡眠不足会给身体带来伤害,每位同学一定要养成良好的睡眠习惯。

3.教学评价建议

这节课可采用以下评价方式:

(1)教师出示一些睡觉姿势不对的例子,让学生进行判断。

(2)可以让学生课后查找一些睡眠相关知识的资料在课上交流。

相关知识链接

重要的睡眠

睡眠是一种生理需要。人在白天处于活动状态时,要消耗大量的能量;夜晚人处于睡眠状态时,人体的各种生理活动减弱,能量消耗大为减少,此时体内的能量贮存大于消耗,积累的能量为第二天的活动做好了准备。人不睡觉行吗?古人谓:日思三餐,夜思一宿。经过睡眠可以使人们的精力和体力得到恢复,能够以更饱满的精力和热情投入生活、投入工作。如果不睡觉会怎么样?有这样一个实例:有一个叫彼得·特里普的美国人,参加一项200小时不睡觉的实验。在前三天,他一切正常,到了第四天他出现了精神崩溃的状况,表现得对一些并不滑稽的事情也捧腹大笑,不能自控,一些不值得悲哀的消息,听了之后竟莫名其妙地号啕大哭;本来自己没有戴帽子,却不断地埋怨自己头上的帽子压得太重。到了第五天,他歇斯底里地大喊大叫,一会儿说别人的上衣像正在爬行的蠕虫,一会儿又说自己从着了火的房里跑出来。200小时中,他受到类似精神病一样的折磨,几乎疯了。当他被架到床上,他睡了9小时11分钟后便一切正常了。从这个实验可以看出,人不睡觉是不行的。

(1)睡眠的作用。睡眠的作用概括起来大体上有以下几方面:

①消除疲劳,恢复体力。睡眠是消除身体疲劳的主要方式。在睡眠期间,胃肠道功能及有关脏器,合成并制造人体的能量物质,以供活动时用。另外,由于体温、心率、血压下降,呼吸及部分内分泌减少,使基础代谢率降低,从而使体力得以恢复。

②保护大脑,恢复精力。睡眠不足者,表现为烦躁、激动或精神萎靡,注意力涣散,记忆力减退等;长期缺少睡眠则会导致幻觉。而睡眠充足者,精力充沛,思维敏捷,办事效率高。这是由于大脑在睡眠状态下耗氧量大大减少,有利于脑细胞能量贮存。因此,睡眠有利于保护大脑,提高脑力。

③增强免疫力,康复机体。人体在正常情况下,能对侵入的各种抗原物质产生抗体,并通过免疫反应而将其清除,保护人体健康。睡眠能增强机体产生抗体的能力,从而增强机体的抵抗力;同时,睡眠还可以使各组织器官自我康复加快。现代医学中常把睡眠作为一种治疗手段,用来帮助患者度过最痛苦的时期,以利于疾病的康复。

④促进生长发育。睡眠与儿童生长发育密切相关,婴幼儿在出生后相当长的时间内,大脑继续发育,这个过程离不开睡眠;且儿童的生长在睡眠状态下速度增快,因为睡眠期血浆生长激素可以连续数小时维持在较高水平。所以应保证儿童充足的睡眠,以保证其生长发育。

⑤延缓衰老，促进长寿。近年来，许多调查研究资料均表明，健康长寿的老年人均有一个良好而正常的睡眠。人的生命好似一个燃烧的火焰，而有规律燃烧则生命持久；若忽高忽低燃烧则使时间缩短，使人早夭。睡眠时间恰似火焰燃烧最小的程度，因此能延缓衰老，保证生命的长久。

⑥保护人的心理健康。睡眠对于保护人的心理健康与维护人的正常心理活动是很重要的。短时间的睡眠不佳，会出现注意力涣散，而长时间者则可造成不合理的思考等异常情况。

⑦有利于皮肤美容。在睡眠过程中皮肤毛细血管循环增多，其分泌和清除过程加强，加快了皮肤的再生，所以睡眠有益于皮肤美容。

(2)睡眠不足对少儿健康的危害：

①影响长高。少儿的长高除了与遗传、营养、锻炼等因素相关外，还与生长激素的分泌多少有密切关系，生长激素在人熟睡后分泌得多，睡眠充足有助长高。经常睡眠不足，会影响生长激素的分泌，影响长高。

②降低身体的免疫力。经常睡眠不足会使身体的免疫力降低，由此会导致种种疾病发生，如神经衰弱、近视、消化不好、食欲下降等，还容易感冒。

③影响大脑的创造性思维。睡眠不足会使人出现注意力不易集中，记忆力减低，思维迟钝等情况，这样就会影响少儿的学习。

④影响心理健康。睡眠不足的少儿易发生情绪低落、烦躁易怒、焦虑紧张、抑郁孤独等，这样会严重影响少儿的正常心理发育。

从生理需要来看，小学生应该每天保证有10小时的睡眠，初中生应每天保证有9小时的睡眠。少儿的身心健康，要从保证充足的睡眠开始。

(3)养成良好的睡眠习惯：

①定时起居，每天要按时起床，按时入睡，使孩子形成条件反射。

②独睡小床，用自己的被褥、枕头。

③睡前洗漱，洗脸、刷牙、洗脚，若有条件尽可能洗澡。

④有正确的睡眠姿势，头在被外，最好是右侧卧，身体略弯曲。

⑤即使失眠，也不要老是躺在床上，该起床时也要和平时一样起床，起床后稍稍做一下体育运动。

⑥定时进食，晚餐不宜过饱。黄昏后尽量不要食用和饮用对中枢神经系统有兴奋作用的食物、饮料和药物。

⑦入睡前避免阅读带刺激性的书报、杂志，避免看刺激性的电视节目，禁止在床上读书、看报、看电视。入睡前做些放松活动，如按摩、推拿、气功、静坐等。

⑧卧室环境要舒适，避免强光、噪声，温度应适宜。

⑨有睡意才上床，不要上床等觉。

⑩如果有烦心事、要紧事，睡前把它写下来，不要上床再思来想去。

第11课 预防沙眼

【教学目的】

使学生懂得如何预防感染沙眼。

【教学内容与分析】

1.教学内容解读

沙眼是少年儿童常见的慢性眼病,可以通过接触传染。本课讲了沙眼有哪些症状以及如何预防感染沙眼。“健康指南针”讲了沙眼是什么,哪些情况会感染沙眼。“健康面面观”图文并茂地介绍了感染沙眼有哪些症状,沙眼对眼睛的危害。“健康加油站”主要教给学生怎样有效预防沙眼。“健康碰碰车”则是一个学习后的反馈与评价,方便学生检查自己和家人是否养成了良好的卫生习惯。

2.相关知识点

沙眼是由一种叫沙眼衣原体的很小很小的微生物引起的传染性眼病。

3.教学重点和难点

如何预防感染沙眼。

教学过程参考

1.课程讲授过程建议

活动设置1:猜谜语导入

教师出示谜语:“上边毛,下边毛,当中一颗黑葡萄;假如你要猜不着,请你对我瞧一瞧。”

使学生在猜谜的过程中激发学习的兴趣。

教师：同学们，眼睛是我们心灵的窗户，它让我们看到了丰富多彩的世界，但如果眼睛得了沙眼，那就不好了。

活动设置 2：了解什么是沙眼

(1)进入“健康指南针”，了解什么是沙眼。对于二年级的孩子来说，沙眼衣原体的概念太抽象了。教师可利用网络多找一些图片给学生看，给他们更多直观的信息。除了沙眼衣原体的图片，还可以用患沙眼的患者眼睛的图片，这样学生就更能明白沙眼究竟是什么了。

(2)了解人们是怎样感染沙眼的。学习课本“健康指南针”的后半部分内容。

活动设置 3

进入“健康面面观”，了解沙眼对眼睛的危害。

教师引导学生看课文。

活动设置 4

进入“健康加油站”，教学生怎样有效预防沙眼。

教师讲解并板书：①不用脏手揉眼；②一人用一条毛巾；③流动水洗脸、洗手；④毛巾经常晾晒。

2.课堂小结建议

同学们，让我们都养成良好的卫生习惯，保护我们的眼睛。

3.教学评价建议

本课的教学评价可结合课本的“健康碰碰车”内容，请家长配合，让家长和学生共同检查是否养成了良好的卫生习惯。

相关知识链接

预防沙眼

1.什么是沙眼

沙眼是由沙眼衣原体引起的慢性传染性结膜炎，因其在睑结膜表面形成粗糙不平的外观，形似沙粒，故名沙眼。

沙眼传播面广，幼儿期和学龄期患病率高。20 世纪 50 年代初期，我国中小学生沙眼患病率在城市为 40%~60%，在农村为 60%~80%。中华人民共和国成立前，沙眼病人中有 1.2%致盲，而所有盲人中的 40%是由沙眼引起的。中华人民共和国成立后，由于多次开展全国性沙眼普查普治工作，加之生活水平提高，卫生条件改善，沙眼患病率大幅度下降。目前我国城市学生沙眼患病率已降到 10%以下，北方农村接近 20%。沙眼主要通过接触传染，凡是被沙眼衣原体污染的手、毛巾、脸盆、水及其他公用物品都可传播。儿童沙眼多由父母或其他家庭成员传染。

2.沙眼的临床表现

沙眼通常侵犯双眼，轻者可无自觉症状，但也有人会有眼干燥感、瘙痒感、异物感或视力疲劳；重者可出现流泪、畏光、灼痛及视力减退；晚期由于合并症，症状更明显。沙眼体征较为复杂，病变开始在上睑结膜的睑板上缘处和上穹窿部，以后逐渐侵犯睑结膜全部与穹窿部，甚至侵及角膜缘的球结膜。

3.预防措施

(1)积极治疗现患者是预防沙眼传播的最主要措施。在治疗儿童少年患者的同时，还应抓紧治疗保教人员和家长中的现患者。

(2)有计划地定期培训保教人员、保健教师和校医等，使他们掌握防治沙眼的基本知识以及对沙眼的检查、诊断和治疗技能。

(3)加强健康教育，采取多种教育方法，以学生、家长、教育、幼儿园保育人员等为重点人群，传授有关沙眼的病因和防治方法。使学生从小养成“一人一盆一巾”以及勤洗手、勤换手帕、勤剪指甲和不用脏手、衣服或不干净的手帕擦眼睛的良好卫生习惯。

第12课 定期健康体检

【教学目标】

让学生关心自己的身体状况,知道视力的正常值和健康体检的意义。

【教学内容与分析】

1.教学内容解读

对中小学生每年进行一次健康体检,意义重大。本课根据小学二年级学生的认知水平和特点,将中小学生健康体检的主要项目,健康体检的目的、意义作了简单介绍,全课由“引入”“健康指南针”“健康加油站”“健康碰碰车”几个板块组成,并配有表格和丰富的插图配合教学。

2.相关知识点

(1)了解健康体检的意义。
(2)知道视力正常值的概念。
(3)知道身高、体重“5个等级”的意义。

3.教学重点

中小学生健康体检的目的和意义。

4.教学难点

视力、身高、体重等具体指标意义的解释。

教学过程参考

1.课程讲授过程建议

1)唤起学生的自我体验,引领学生从图文中联系健康体检时的实际

小学二年级学生认知水平有限,且主动注意能力有限,教学中,要根据学生的这些特点,避免枯燥的讲解，要采用低年级学生喜闻乐见的形式，从增强学生感性认识入手，在轻松活泼的气氛中让他们学到知识。

(1)可以以学生进行健康体检的组图进入课题，可以问学生，“图中的小强在做什么？”“我们班是不是也进行过这样的检查呢？”“都查过哪些项目呢？”等。然后可以让学生大胆谈谈每一项目的名称、检查方法、目的等，并请学生对身高、体重、视力项目进行课堂示范，有条件的还可以进行肺活量的示范。

(2)通过小强看不懂体检结果，决定“回家让妈妈告诉我”的过渡，进入对检查项目的解释。课文中只列举了身高、体重、视力、肺活量，这 4 项也是孩子们最感兴趣、关心的项目，因此，教师也要对这 4 项内容作简略的介绍。其中，身高和体重，每一年龄都分为了 5 个等级，通过对身高和体重的计算、分析，以了解孩子的生长发育情况，还可以衡量孩子的营养状况；视力检查和肺活量测试，分别是为了了解学生的视力情况和肺机能情况。视力在 5.0 及以上为正常，4.9 及以下即为视力不良。肺活量则为数字越大越好。

这部分内容较多，而且涉及较多的数字，也要通过“联系实际”等方法，避免简单枯燥的“讲课”。

(3)接下来进入健康体检的目的和意义教学，这是本课的教学重点所在。课本中列举了 4 个方面的目的和意义，教学中教师要避免简单的解释，而应当尽量引导学生联系实际进行思考。如进行第一项“了解、掌握你们的生长发育情况”时，可以问学生“比如说，去年你的身高、体重是多少，今年比去年长高了多少，重了多少？”“肺活量比去年是增加了还是减少了？”“你的增长情况是不是和大多数同龄孩子一样的？”等。接下来“掌握中小学生常见病”的教学，要列举一些常见病如视力不良、龋齿、营养不良、肥胖等。关于“早发现传染病”，可以不做详细介绍，因为要尽早地发现传染病，需要做一些常规项目外的检查，如结核菌素试验、肝功能检查等，而且这些项目按规定只在小学和初中入学新生中进行。

2)教学方法建议

教学中可将学生分为若干小组进行体检活动，比比看，谁的身体棒。

教具准备：身高计、体重秤、视力表。有条件的可准备回转式肺活量计。

(1)分组活动：在进行第一部分教学时，以小组为单位，在课堂进行身高、体重，视力、肺活量(有条件的才进行)的检查(一个小组只示范一项，如果小组多，也可以两个小组示范同一项目)，并做好记录，小组派代表报告检查结果。

(2)通过课堂操作，同学们都有了自己的身高、体重和视力检查的情况。没检测到的学生可以用学校检查的数据，对照标准，看看自己的身体状况。本次活动结束后，可能有两种情况会影响学生情绪，一是身高体重比较差的(下等)，二是超重或者肥胖的。对这两类学生，教师要给予简单、及时的指导。对体重偏低的，要注意纠正其挑食偏食的习惯；对超重肥胖的，要提醒其注意合理营养，多锻炼；对视力下降的，要提醒其注意用眼卫生。

2.课堂小结建议

本课通过教学过程的实施，向学生讲解了中小学生健康体检的项目、目的、意义等，学生通过课堂实践，对检查项目有了初步了解，也学习了身高、体重、视力的检查方法。教学的目的是培养学生对自己身体健康状况的关心，积极参加并配合学校组织的健康体检。

3.教学评价建议

(1)同学之间互相评议测量身高、体重、视力的方法。

(2)同学之间互相评价身体状况(身高、体重等级)。

相关知识链接

小学生的健康体检

《中共中央 国务院关于加强青少年体育增强青少年体质的意见》(中发〔2007〕7号)明确规定，在校中小学生每年必须接受一次免费的健康体检。通过健康体检，可以了解青少年的生长发育状况、及早发现青少年的常见病和传染病，以便及早采取干预措施，因此，健康体检与青少年的健康成长关系密切。

(1)什么是体检：体检是体格检查的简称，指通过医学手段和方法对受检者的身体进行检查。体格检查是医疗的诊断环节，是医疗行为的第一步，是针对症状或疾病及其相关因素的诊察手段。以症状为中心和主诉、以疾病诊治为目的的体检，称为“医疗性体检”。办理入职、入学、入伍、驾照、出国、结婚、保险等手续时的体检，是以某项特定工作或行为为目的的体检，称为“通过性体检”。为了了解受检者的健康状况、早期发现疾病线索和健康隐患，针对未病、初病或将病的健康或亚健康人群的体检，称为“健康体检”。小学生的体检就属于健康体检。

(2)如何判断体检结果：

①身高、体重等生长发育指标可以通过个体与我市的平均水平相比较来判断自己属于哪个水平，通常采用5个等级，下面是重庆市7、8岁学生身高、体重情况评价表。

表1 重庆市城市学生身高平均数评价表 单位：厘米

性别	年龄/岁	平均值 $\bar{x}$	标准差 s	下等 $<\bar{x}-2s$	中下等 $<\bar{x}-s$	中等 $\geq\bar{x}-2s\sim<\bar{x}+2s$	中上等 $\geq\bar{x}+s$	上等 $\geq\bar{x}+2s$
男	7	123.59	5.66	112.27	117.93	117.93~129.25	129.25	134.91
	8	128.46	5.98	116.5	122.48	116.5~134.44	134.44	140.42
女	7	121.95	5.69	110.57	116.25	116.25~127.64	127.64	133.33
	8	127.73	5.80	116.13	121.93	121.93~133.53	133.53	139.33

表 2 重庆市城市学生体重平均数评价表 单位:千克

性别	年龄/岁	平均值 $\bar{x}$	标准差 s	下等 $<\bar{x}-2s$	中下等 $<\bar{x}-s$	中等 $\geqslant\bar{x}-2s\sim<\bar{x}+2s$	中上等 $\geqslant\bar{x}+s$	上等 $\geqslant\bar{x}+2s$
男	7	24.67	3.85	16.97	20.82	20.82~28.52	28.52	32.37
	8	27.08	4.77	17.54	22.31	22.31~31.85	31.85	36.62
女	7	22.83	3.22	16.39	19.61	19.61~26.05	26.05	29.27
	8	25.40	3.69	18.02	21.71	21.71~29.09	29.09	32.78

表 3 重庆市乡村学生身高平均数评价表 单位:厘米

性别	年龄/岁	平均值 $\bar{x}$	标准差 s	下等 $<\bar{x}-2s$	中下等 $<\bar{x}-s$	中等 $\geqslant\bar{x}-2s\sim<\bar{x}+2s$	中上等 $\geqslant\bar{x}+s$	上等 $\geqslant\bar{x}+2s$
男	7	119.81	5.09	109.63	114.72	114.72~124.9	124.9	129.99
	8	125.17	5.60	113.97	119.57	119.57~130.77	130.77	136.37
女	7	119.36	5.41	108.54	113.95	113.95~124.77	124.77	130.18
	8	124.24	5.70	112.84	118.54	118.54~129.94	129.94	135.64

表 4 重庆市乡村学生体重平均数评价表 单位:千克

性别	年龄/岁	平均值 $\bar{x}$	标准差 s	下等 $<\bar{x}-2s$	中下等 $<\bar{x}-s$	中等 $\geqslant\bar{x}-2s\sim<\bar{x}+2s$	中上等 $\geqslant\bar{x}+s$	上等 $\geqslant\bar{x}+2s$
男	7	21.69	2.35	16.99	19.34	19.34~24.04	24.04	26.39
	8	24.15	2.94	18.27	21.21	21.21~27.09	27.09	30.03
女	7	21.08	2.44	16.2	18.64	18.64~23.52	23.52	25.96
	8	23.23	2.72	17.79	20.51	20.51~25.95	25.95	28.67

②视力:裸眼视力在 5.0 及以上为正常,4.9 及以下即为视力不良。

③肺活量:6 岁及以上的学生最小不得低于 500 毫升,数字越大越好。

④龋齿:正常应该没有龋齿,如有应该及时充填、修补。

⑤心、肺、肝、脾的检查没有发现器质性病变。

三年级

第1课 保护眼睛 预防近视

【教学目的】

使学生初步了解近视眼的危害和预防近视眼的方法。

【教学内容与分析】

1.教学内容解读

眼睛是心灵的窗户,如果一个人的眼睛近视,将会给自己的生活带来诸多不便。据资料显示,我国中小学生近视率居高不下,而且还有低龄化的趋势。因此,让学生了解近视的危害,掌握预防近视的方法,就显得尤为重要。本课内容由"病情引入""健康指南针""健康加油站""健康碰碰车"组成。

课文由一个学生由于近视而学习下降这样一个常见的生活场景入手,使学生从感性上认识到近视其实离自己很近。

"健康指南针"是课文的重要部分,主要介绍了近视分为真性近视和假性近视,如果患上假性近视后不及时查找原因,及时治疗,就容易发展为真性近视。接着,向学生介绍容易导致近视的原因,以及小学生应当如何预防近视。

"健康加油站"采用"预防近视眼三字经"的形式,将预防近视的方法变成三字口诀,学生读起来朗朗上口,易于记忆。

"健康碰碰车"主要为检验学生对知识的掌握和运用情况,请学生判断在生活中经常会出现的错误行为,从而掌握正确的预防近视的方法。

2.相关知识点

(1)初步了解近视的危害。

(2)掌握预防近视的方法,养成正确的用眼习惯。

3.教学重点

了解容易导致近视的原因，掌握预防近视的方法。

4.教学难点

让学生能够将所学到的预防近视的方法运用到平时的学习生活中，养成正确的用眼习惯。

教学过程参考

1.课程讲授过程建议

活动设置 1

对于三年级的学生而言，近视已经不是一个陌生的话题，许多学生的身边就有近视的同学，甚至有的学生自己就是近视。因此，本课的引入可以让近视的同学谈谈近视给自己的学习和生活带来的不便，也可以用课文前面的故事，使学生从感性上了解近视的危害，从主观上产生保护眼睛，预防近视的愿望。

活动设置 2

近视到底有什么不便呢？戴上眼镜究竟有些什么麻烦呢？为了增加学生的直观感受，可以安排体验活动。例如，在眼睛上蒙上一层纱布，让学生体会看东西模糊的感觉；让带上眼镜的孩子做跑动、跳跃等动作，体会带上眼镜的不方便。

活动设置 3

在前面体验的基础上，教师引入课题：是啊，没有好的视力会给我们的生活带来许多的不便。那么，到底哪些行为容易导致我们变成近视呢？请同学们看课本第 2 页的配图，看看自己有没有这些错误的行为。在学生看图的基础上，教师进行小结，也可以请近视的同学谈谈自己近视的原因。

活动设置 4

我们应当如何预防近视呢？这部分的学习是本课的重点，要求学生不仅知道应当怎样做，更能够在平时的学习生活中，将学到的知识变成自觉的行为，培养良好的用眼习惯。因此，像"读书写字三个一"、正确的"眼保健操"穴位等，都应让学生做一做，练一练，同桌之间还可以相互纠正，以确保姿势正确。然后，再让学生拍手读一读"预防近视眼三字经"，也可以同桌互相拍手读一读，让孩子在游戏中进一步巩固预防眼近视的方法。

教学方法建议

由于本课教学的对象是刚刚升上三年级的学生，所以关于近视的成因、预防等相关科学道理必须深入浅出地向学生讲解。可以通过一些游戏、体验等寓教于乐的形式，让学生初步形成爱护眼睛的意识，逐步养成正确的用眼习惯。

2.课堂小结建议

本课通过教学过程的实施，向学生传播预防近视的相关知识，使学生初步明白近视的概念、原因及预防措施，并能够对一些错误的用眼行为进行辨别判断，自觉在生活中养成正确的用眼习惯。

3.教学评价建议

本课教学的最终目标不仅仅是让学生掌握知识，所以，教师一定要检查学生是否能够在平时的学习生活中养成正确的用眼习惯。

相关知识链接

1.近视的形成机制

近视的形成，主要与儿童青少年眼睛的生理功能和结构特点有关。人的眼睛能看清远近目标，主要是通过眼睛的调节作用，而眼睛的调节作用与年龄密切相关，年龄越小，晶状体弹性越强，调节力越大，近点距离(使用最大调节能看清最近一点细小物体时的眼物距离)越短。儿童时期能看清5~7厘米远的物体。

由于儿童青少年眼睛的调节力特别强，对近距离工作有高度的适应性。这样，往往会不自觉地养成不良的用眼习惯，如看书距离过近，使睫状肌长时间过度紧张而造成晶状体过度调节。书眼距离与晶状体调节的关系是：当书距眼50厘米时，需2个屈光度的调节；距离25厘米时需4个屈光度的调节；距离12.5厘米时则需8个屈光度的调节。因此，当书眼距离小于25厘米时，会导致晶状体调节度的急剧上升，久而久之，会导致睫状肌紧张或痉挛，晶状体凸度增加，屈折力增强，而使远处物体成像在视网膜前，形成屈折性近视。这是近视的早期阶段。这时，若用解痉药物滴眼或注意眼的休息及卫生，使睫状肌痉挛解除后，视力可恢复或提高。故此种近视又称为功能性近视或假性近视。但是，如果睫状肌痉挛持续下去，造成眼球充血，眼压增加，眼外肌的压迫等变化，则会使眼轴向后方伸展拉长，形成轴性近视。此时要恢复视力十分困难，故又称之为器质性近视或真性近视。因此，预防重点应放在控制假性近视阶段。

2.近视眼的防治

近视眼的防治原则应是抓小抓早，采取综合防治措施。

(1)合理安排生活制度，大力开展体育运动。

合理安排学生的作息时间，保证学生有足够的户外活动时间、适当的学习时间和充分的睡眠。同时，大力开展体育运动，体育运动不仅可以增强儿童体质，而且对保护视力、预防近视也有积极的作用。应保证学生每天至少有2个小时的体育锻炼。

(2)加强保护视力的宣传教育,注意读写卫生,培养正确的读写习惯。

读书写字时应做到“两要两不要”及“三个一”。“两要”即:“读写姿势要端正,眼睛与书本的距离保持在一尺(33厘米)左右;连续阅读20~30分钟应抬头向远处眺望片刻,连续看书、写字1小时左右要休息10分钟。”“两不要”即:“不要在光线太强或太弱的情况下看书、写字;不要躺在床上或走路、乘车时看书。”“三个一”即:“写字时眼睛距离书本一尺;胸距离桌近缘一拳;手指距离笔尖一寸。”

(3)改善学习环境。

学校在开学前,要检查教室的采光照明情况,教室墙壁要定期粉刷,改善教室的采光照明;课桌椅应符合卫生标准,并按学生身高配置,要定期调换学生的座位;课本讲义要注意印刷清楚,文字与纸张背景的亮度对比度应大些,字体的大小应与儿童少年的年龄相适应,教师板书要工整,字体不要过小,等等。此外还应避免强烈噪声的干扰,因为过强的噪声不但会影响学习效果和听力,也会造成视疲劳。噪声越大,对视力影响也越大,恢复得也越慢。

(4)认真坚持做好眼保健操。

眼保健操是根据中医经络理论,结合体育医疗综合而成的自我保健方法,通过对眼部周围穴位的按摩,疏通经络,增强眼内血液循环,使眼部气血通畅,改善神经营养,以达到缓解和消除眼睫状肌紧张或痉挛,减轻眼睛疲劳,保护视力的作用。因此,要教育学生认真做好眼保健操,坚持经常锻炼,每天上、下午各一次,要求穴位、动作准确。

(5)注意看电视的卫生。

据有关资料报道,儿童看电视30~50分钟时视力下降率为32.8%,看电视60~80分钟时视力下降率为61.7%。因此,学生应少看电视,看电视时每半小时至1小时后至少休息5~10分钟;不要躺着看电视;眼与电视机的距离应是电视机对角线的5~7倍(3米左右,不可低于2~2.5米);观看电视时,室内应有适当的照明,以减少荧屏的眩光效应;荧屏的亮度要适中,电视屏面的位置要比眼稍低;看完电视后应做些全身的轻微活动,或做眼保健操以缓解身体和眼的紧张。

(6)使用电脑时的卫生保健。

应将电脑屏幕中心位置安装在与操作者胸部同一水平线上,眼睛与屏幕的距离应在40~50厘米,最好使用可以调节高低的椅子。在操作过程中,应经常眨眨眼睛或闭目休息一会儿,以调节和改善视力,预防视力减退。

(7)学校重视,定期检查视力及分档管理。

学校每学期应对全体学生进行视力检查。通过定期的视力检查可以了解每个学生的视力变化情况,早期发现视力下降的学生,以便及时采取措施,控制近视眼的发生发展。

(8)合理饮食,注意营养。

合理营养是预防近视的综合措施之一,要使儿童养成良好的饮食习惯,不偏食,不挑食;保证各种营养素平衡摄入,尤其应补充足够的优质蛋白质、钙、磷、维生素、锌等微量元素,限制糖的摄入。

第2课 认识我们的身体

【教学目的】

了解人体由头、颈、躯干、四肢4个部分组成，认识这4个部分中一些重要的器官及其功能，学习一些必要的保护身体的方法。

【教学内容与分析】

1.教学内容解读

本课内容包括引入、“健康指南针”和“健康碰碰车”。引入部分介绍了身体的4个组成部分，让学生对身体的组成有一个整体的了解。

“健康指南针”是课文的重要内容，分为三个部分。第一部分介绍了头部的重要器官及其功能。第二部分介绍了颈部的重要器官。第三部分介绍了躯干和四肢的重要器官及功能。

“健康碰碰车”主要是引导学生联系生活实际，谈谈应该如何保护自己的身体。

2.相关知识点

(1)我们的身体由头、颈、躯干、四肢4个部分组成。

(2)每个身体部位的重要器官及其功能。

(3)我们平时该如何保护自己，不让身体受伤害。

3.教学重点和难点

(1)每个身体部位的重要器官及其功能。

(2)我们平时该如何保护自己，不让身体受伤害。

教学过程参考

1.课程讲授过程建议

活动设置1:看视频,揭示课题

(1)老师播放“五官新说”的视频,让学生从幽默的语言中感受五官各施其职,都有其重要的作用。

(2)教师谈话引入课题:不管是眼睛还是嘴巴都非常重要,缺一不可。那我们的身体其实是由很多器官组成的统一体,今天我们就一起来认识我们的身体。(板书:认识我们的身体)

活动设置2:整体了解身体的组成部分

(1)教师出示人体模型的教具,引导学生观察并讲解:我们人体是由头、颈、躯干、四肢4个部分组成。每个部分有着不同的功能和作用,但又相互协调。它们是一个完整的统一体。(板书:头、颈、躯干、四肢)

(2)让学生到讲台上讲身体由几部分组成,并对着模型指认各个部分,说出名称。

活动设置3:了解身体4个部分的重要器官

(1)头部:认识头部结构非常复杂,从外部能见到的和内部重要的大脑给学生进行讲解。重要讲解眼睛、牙齿、鼻腔这几个部位。因为这些器官和学生养成良好卫生习惯,预防近视、龋齿、呼吸道疾病有重要关系。

教师在讲解各器官功能时,因为涉及一些专业的名词,一定要利用视频或教材图片,给学生直观的感受,让学生便于理解。也要在讲解功能时进行预防近视和龋齿等卫生习惯的养成教育,教给学生正确用眼的方法等。

补充教材11页上小贴士的内容,强调头部的安全非常重要。

(2)颈部:老师引导观察教材图片,讲解颈部的主要器官和功能作用。

(3)躯干:讲解躯干的时候首先让学生触摸脊柱,观察健康脊柱的形状,然后老师示范正确的站、坐姿势。当堂纠正学生的不正确坐姿。然后让学生练习,记住正确的站立行姿势。

(4)四肢:了解四肢分为上肢和下肢两部分。指导学生看图,认识上肢和下肢的几个重要关节,并交给学生避免关节受伤的方法,如运动前要热身运动,将身体活动开,在进行某些特殊运动时,如篮球、足球中,还可以使用专业保护关节的工具。

活动设置4:拓展延申

提出“健康碰碰车”里的问题,讨论日常生活中我们还应该如何保护自己的身体?老师可结合当下的安全卫生教育主题给予引导。

2.课堂小结建议

通过这节课的学习，同学们了解了身体是由四个部分组成，每个部分都有很多的器官。我们一定要养成良好卫生习惯，提高安全意识，保护好我们的身体。

3.教学评价建议

(1)完成下面的习题。

①我们的身体由______、______、______、______4个部分组成。

②保护视力直接有效的办法是(　　　　)。

A.坚持做好眼保健操　　B.防止眼睛过度疲劳

C.保持眼部卫生　　D.保持正确的读写姿势

③保护牙齿健康应做到(　　　　)。

A.少吃糖果，尤其是临睡前不要吃糖，预防龋齿

B.不咬铅笔头等异物、不咬手指头，不用舌头舔牙齿

C.早晚认真刷牙，有正确的刷牙方法

D.定期到牙医处检查

(2)说说自己学到了哪些保护身体的方法。

相关知识链接

骨骼

骨骼是人或动物体内或体表坚硬的组织。分两种，人和高等动物的骨骼在体内，由许多块骨头组成，叫内骨骼；节肢动物、软体动物体外的硬壳以及某些脊椎动物(如鱼、龟等)体表的鳞、甲等叫外骨骼。通常说的骨骼指内骨骼。骨骼是组成脊椎动物内骨骼的坚硬器官，功能是运动、支持和保护身体；制造红血球和白血球；储藏矿物质。骨骼由各种不同的形状组成，有复杂的内在和外在结构，使骨骼在减轻重量的同时能够保持坚硬。骨骼的成分之一是矿物质化的骨骼组织，其内部是坚硬的蜂巢状立体结构；其他组织还包括了骨髓、骨膜、神经、血管和软骨。人体的骨骼起着支撑身体的作用，是人体运动系统的一部分。成人有206块骨。骨与骨之间一般用关节和韧带连接起来。

大脑

大脑由约140亿个细胞构成，重约1400克，大脑皮层厚度为2~3毫米，总面积约为2200平方厘米，据估计脑细胞每天要死亡1000至10万个(越不用脑，脑细胞死亡越多)。一个人

的脑储存信息的容量相当于一万个藏书为1000万册的图书馆，最善于用脑的人，一生中也仅使用掉脑能力的10%。人脑中的主要成分是水，占80%。它虽只占人体体重的2%，但耗氧量达全身耗氧量的25%，血流量占心脏输出血量的15%，一天内流经大脑的血液为2000升。

鼻子的健康

鼻子最容易受到外界细菌、病毒的侵袭，例如感冒时，鼻黏膜水肿，鼻塞不通，呼吸困难，嗅觉减退。如果处理不当，还可能进而发展成为气管炎和肺炎。由于鼻腔内一部分血管与脑血管相通，细菌进入鼻腔后还有可能深入脑内，引起生命危险。所以，我们必须采取如下措施：一是不要挖鼻孔。挖鼻孔时，易弄伤鼻腔黏膜，引起鼻出血。手指上的病菌极易沾染到鼻黏膜上，引起黏膜发炎，甚至长出疖子阻塞呼吸。鼻屎过多，可以擤出，或用湿毛巾轻轻粘出。二是不要拔鼻毛。鼻毛有阻止灰尘和病菌侵入的作用。三是该戴口罩时要戴口罩。在喷洒农药或做其他容易引起呼吸道中毒的工作时，在接触传染病人时，在从温暖的室内突然进入寒风中时需要戴口罩。四是保持生活场所空气清新和湿润。住房窗户宜常打开通风。进厨房炒菜，注意打开抽油烟机或换气扇。五是防止碰伤。鼻子在面部突出位置，摔跌时最易碰伤，需要特别谨慎。六是按摩鼻两翼。每天早晚用大拇指背适度用力上下按摩鼻两翼，每次5~10分钟。这样可使鼻子血液循环流畅，保持舒适健康。

第3课 预防肠道寄生虫病

【教学目的】

使学生了解蛔虫病的感染途径及危害，懂得预防方法。

【教学内容与分析】

1.教学内容解读

蛔虫和蛲虫病是小儿最常见的肠道寄生虫病,也是儿童发病率较高的寄生虫病。其感染主要是由吃进感染性虫卵而引起的。本课教学时，除了要求教师讲授有关蛔虫和蛲虫的产生、危害等外,更重要的是要教师通过身边的实例,让学生真正懂得养成良好卫生习惯的重要性。

2.相关知识点

(1)蛔虫是一种危害人体健康的寄生虫。

(2)蛔虫病是怎样得来的。

(3)怎样预防蛔虫和蛲虫病。

3.教学重点和难点

怎样预防蛔虫病。

教学过程参考

1.课程讲授过程建议

活动设置1

展示教材图片谈话引入:妞妞常常喝生水,还用脏手拿东西吃,也不爱剪指甲,有一天她生病了,那她得了什么病呢？经过医生检查,医生说是蛔虫病。

教师:同学们,你们了解什么是蛔虫吗?它对人体到底有哪些危害?我们该怎么预防呢?通过今天这节课的学习,相信同学们有很大的收获。(板书课题:预防肠道寄生虫病。)

活动设置2

(1)介绍蛔虫是怎样产生的(可用挂图或视频)：小肠产卵—粪便排出—进入泥土—蔬菜—入人口—体内发育成幼虫—成虫。教师要通过课本上的蛔虫循环传播图来解说,使学生能清楚地看到蛔虫的产生需要经过一段时间，提示在吃蔬菜水果时要注意卫生。

(2)介绍蛔虫病的危害(也可用挂图或视频)。教师:同学们,看了这些挂图(或视频)，你们有什么感受?

活动设置3:谈话思考

你得过蛔虫病吗?得了蛔虫病,有什么不适(或者看见别人得了蛔虫病有什么反应)?课本上举了4种蛔虫病症状的例子。还可由教师补充:得了蛔虫病,会造成食欲不好、便秘、营养不良、贫血,影响生长发育等。

活动设置4:小组合作交流

怎么预防蛔虫病?在小组交流汇报后,教师根据学生回答总结预防措施:①做到饭前、饭后、便前、便后、游戏后、劳动后等都要洗手。②常剪指甲、不玩泥土。③生吃瓜果要洗净、去皮。④不喝生水、不吃蚊蝇叮咬过的食物。⑤治疗蛔虫病,可用驱虫药片……

教师教学时一定要从学生经验出发,使他们觉得贴近生活,预防也简单,为了不得蛔虫病,愿意去预防。也可以让班上得过蛔虫病的同学现身说法,这样更有说服力。

教师:刚才我们通过挂图(或视频)知道了蛔虫是怎样产生的以及得了蛔虫病有什么危害,通过小组交流讨论,我们知道了怎样去预防蛔虫病。同学们,除了蛔虫病以外,蛲虫也是儿童发病率较高的寄生虫病,我们一起来了解了解吧。

活动设置5

播放录音或视频:课本第17~18页“健康加油站”上的内容。

2.课堂小结建议

(1)通过这节课的学习,你学会了什么?懂得了什么?

(2)蛔虫病的危害很大,但只要我们每个人都注意饮食卫生,不乱吃食物,搞好个人卫生,就能预防。如果得了蛔虫病,要及时就医。

3.教学评价建议

可采用课本上的最后一部分“健康碰碰车”的内容。检查学生对已学知识的掌握情况。教师也可适当补充一部分内容,如:吃水果时要洗净。食物要煮熟后才吃等。老师还可以设计一个预防肠道寄生虫疾病的卫生习惯检查表,让学生对照自己,看看自己能做到几点,每做到一点,就给自己画上一颗星。学生做完后,同桌互相交流,然后教师请学生汇报。对于没有做到的地方,要让学生指出这点为什么没做到,今后该怎么做?这部分的主要目的是让学生给自己一个实事求是的评价,同时也检查学生平时的个人卫生情况。

相关知识链接

蛔虫和蛲虫

1.什么是蛔虫和蛲虫

蛔虫是无脊椎动物，线形动物门，线虫纲，蛔，目，蛔科。蛔虫是人体肠道内最大的寄生线虫，成体略带粉红色或微黄色，体表有横纹，雄虫尾部常卷曲。蛔虫分布在全世界，是人体最常见的寄生虫，感染率可达70%以上；农村高于城市、儿童高于成人。

蛲虫亦称屁股虫或线虫。是人类(尤其是儿童)肠内常见的寄生虫，也见于其他脊椎动物。蛲虫尾端长，如针状，常寄生于大肠内，有时见于小肠、胃或消化道更高部位内。雌体受精后向肛门移动，并在肛门附近的皮肤上排卵，随即死亡。蛲虫在皮肤上爬动引起痒觉，搔痒时虫卵黏在指甲缝，后被吞下，然后入肠，生活周期为15~43天。

2.蛔虫病和蛲虫病的得病症状

蛔虫病患病症状：小肠中有少数蛔虫感染时可无症状，称蛔虫感染者，大量感染而引起疾病称蛔虫病。肠道蛔虫常引起反复发作的上腹部或脐周腹痛。由于虫体的机械性刺激及其分泌的毒物和代谢产物可引起消化道功能紊乱和异性蛋白反应，如恶心、呕吐、腹泻和荨麻疹。儿童严重感染者，可引起营养不良、精神不安、失眠、磨牙、夜惊等。

蛲虫病患病症状：一般症状轻微，主要表现是夜间肛门及阴部奇痒，因而失眠、烦躁、不安、夜惊等。由于蛲虫可钻入胃肠黏膜深层引起轻度炎症，亦可出现消化不良、恶心、呕吐、腹痛、食欲减退等症状。偶有蛲虫侵入泌尿系统或女性生殖系统，引起尿频、阴道炎、输卵管炎或腹膜炎。

3.易感行为

最容易感染蛔虫病的是5~9岁和10~14岁两个年龄组的儿童。专家认为，这可能是由于小孩卫生习惯较差，比如饭前、便后不洗手，生吃瓜果蔬菜等，这些都是导致蛔虫感染的主要原因。蛔虫卵往往经过污染的食物、污染的双手、污染的水源造成感染。所以，预防初次感染、重复感染都很重要。

因此，平日一定要培养良好的个人卫生习惯，教育儿童饭前便后要洗手，不喝生水，生食瓜果要洗烫或削皮，不吃生菜。在托幼机构及小学中，可根据具体情况给孩子按时进行常规驱虫治疗，以消灭传染源。

4.蛔虫病对孩子生长发育的危害

蛔虫的成虫可在人的肠道生活1~2年。几条或十几条蛔虫在肠道内(严重者可达数百条、上千条)掠夺宿主营养的同时，还分泌酶的抑制剂，影响宿主对蛋白质的消化和吸收，这对于处在生长发育阶段的孩子是很有害的。由于营养缺乏，病儿可能面黄、消瘦、贫血、发育迟缓。

5.预防注意事项

(1)纠正吮吸手指的不良习惯。

(2)养成饭前、便后洗手的良好习惯,患儿每次排便后,用温水洗净肛门。

(3)注意个人卫生、经常修剪指甲。

(4)不喝生水,不吃生的蔬菜与未洗净的瓜果。

(5)幼儿应穿松、软、宽的满裆裤。

6.治疗

(1)驱虫治疗:常用的驱虫药有甲苯咪唑(安乐士)、阿苯达唑(肠虫清)、左旋咪唑(驱钩蛔)、枸橼酸哌嗪(驱蛔灵、六一宝塔糖)。由于蛔虫在人体内寄生存活时间一般为1年左右,所以如果能避免再感染,大约1年蛔虫病可自愈。

(2)胆道蛔虫病的治疗:治疗原则为解痉止痛、早期驱虫和控制感染。早期驱虫可防止复发与并发症。蛔虫有厌酸习性,可选用食醋一次2~4两,每日三次,以达到驱虫目的。

(3)蛔虫性肠梗阻的治疗:大多数蛔虫性肠梗阻是不完全性的,应及早治疗,包括禁食、胃肠减压、解痉止痛、静脉补液,腹痛缓解后驱虫。当发展为完全性肠梗阻,并发肠坏死、穿孔、腹膜炎时要及时手术治疗。

7.治愈标准

经过治疗3~4个月后检查粪便无虫卵即为治愈。

由于存在再感染的可能,所以,最好每隔3~4个月驱虫一次。

第4课 选购食品有技巧

【教学目的】

使学生掌握正确选购食物的方法,认识食品安全的标志。

【教学内容与分析】

1.教学内容解读

本课内容包括课本第20~24页，由“引入”“健康指南针”“健康面面观”“健康加油站”和“健康碰碰车”组成。

“引入”部分让学生知道食物是我们维系生命活动的基础,食物不卫生、不安全会影响我们的健康和生命。

“健康指南针”是课文的重要部分,包含两方面的重要内容,即怎样选择散装食品和怎样选购小包装食品。

“健康面面观”是让同学们讨论怎样购买安全的食品。

“健康加油站”是让学生认识食品安全标志。

“健康碰碰车”主要为检验学生对知识的掌握和运用情况,让他们思考、判断,掌握正确的做法。

2.相关知识点

(1)怎样选择散装食品。

(2)怎样选购小包装食品。

(3)认识食品安全标志。

3.教学重点和难点

使学生掌握正确选购食物的方法,明确购买小包装食品的要领,并把学到的购买小包装食品的方法运用到生活实践中去。

教学过程参考

1.课程讲授过程建议

活动设置1:危情体验,导入新课

同学们,前两天在一个小区里发生了这样一件事(播放课件,师生共同观看动画),是什么原因引起小强食物中毒了?

出示教材引入中的插图,老师引导:食物是我们维系生命活动的基础,但如果食物不卫生、不安全就会影响我们的健康和生命。

那我们该怎样去识别食物是否过期或受污染呢?你们想学点这样的知识吗?好,今天我们就一起来学习(板书课题:选购食品有技巧)。

活动设置2:学习与实践

(1)现在就让我们一起走进"快乐购物世界"吧!(点击课件)如:大家爱吃的话梅、果冻、糖果、糕点及含乳饮料等。

请学生打开书,用自己喜欢的方式读课文,把你认为购买小包装食品时应注意的地方作上记号。生读文,师巡视。

教师:同学们,刚才大家已经了解了一些购物知识,那就让我们去"购物知识王国"(点击课件)瞧瞧吧!

(2)交流知识,掌握要领。请学生根据课本的介绍并结合已有的购物经验,谈谈购物小诀窍。生回答,师评价,逐一展开讲解。如怎样选择散装食品:①到有食品经营许可证的食品商店购买。(点击课件)教师强调有食品卫生许可证的商店才具有健康、安全的保障。(师出示食品卫生许可证和营业执照)它们一般是悬挂在商店比较醒目的位置。同学们最好到新世纪、重百等信誉比较好的大型超市去购买,如果到小商店去买食品,那就得要特别注意查看其食品经营许可证。②在购买时要注意看清食品包装上的生产厂家、生产日期、保质期限和食用方法标志。(点击课件)

(3)同学们,让我们一起叫芝麻开门,"巧识标识"吧!(点击课件)

①让学生和自己的同桌讨论:你认为食品包装上的哪些标识很难认出来?

②教师:那就让我们一起来寻找"生产日期"的踪影吧!(点击课件)了解生产日期标识的位置和表达的方式。

不同位置: a.喷印的在正面; b.喷印的在背后接口处;
c.压制的在封口处; d.瓶盖处; e.罐底。

不同类型: a.按(年/月/日)标的;
b.按(日/月/年)标的;
c.打小圆孔的(几个年头和12个月份同时标出,在其中一个的上面打小孔)。

③生产日期固然重要，保质期限也不容忽视，让我们再来看看保质期限。瞧，(点击课件)保质期限有以年为单位标识的，以月为单位标识的，也有以天为单位标识的，大家可要仔细看看哟！

保质期： 一年 6个月 180天

请学生立刻拿起桌上的一种食品，认真地看食品包装上的生产日期和保质期限。

④包装上除了有生产日期、保质期外，还有很多标识，如："规格"(净含量)、"产地"、"配方"(配料)、"批号"(就是产品标准号，有了它，我们才知道这种食品是经过卫生行政部门批准生产的)、"品名"、"生产厂家"和"食用方法"等。我们在购买食品时一定要认真识别生产厂名、生产日期、保质期限等标识(板书：识生产厂名、生产日期等标识)，不要购买超过保质期限的食品。(点击课件)

(4)拒绝购买过期食品(板书：计算保质期限)。

①教师出示几种食品，抽学生起来计算保质期限。

教师：想学会计算保质期限吗？那咱们就一起来"巧算期限"吧！(点击课件)

②大屏幕出题计算保质期限。要知道有没有超过保质期限，就从生产日期开始计算，到现在有多长时间了，再与保质期限进行比较。若大于保质期限，这就是过期食品，不能再食用了；若小于保质期限，则可以放心食用。

③计算保质期限大比拼。以小组为单位计算指定食品的保质期限，看哪个组合作得好，计算得快又准。

(5)识别被污染的食品。

教师：刚才大家不但学会了识别包装上的几种标识，还掌握了计算保质期限的方法，但这还不够，还要会识别一些被污染的食品，拒绝购买这类食品。

教师举例：如果食品包装袋有破损或液体从瓶盖漏出来，表明这种食品可能受到污染，不能食用。(点击课件)

活动设置3：读儿歌，巩固知识

同学们在这么短的时间里学会了那么多知识，真不容易。为了让大家更轻松地记住购买小包装食品的方法，让我们一起来读一首《购物歌》吧！

(点击课件：购物歌)

生产日期不可缺，保质期限不漏掉；
看品名、找产地，食用方法瞧一瞧；
规格配方是否有，厂名、批号要找到；
玩具食品混合装，这种东西不能要；
包装破损不要选，购买食品要记牢。

师领读，分组读，拍手读。

活动设置4：巧妙运用，模拟购物

(1)同学们，我们有了科学的购物方法，可你会运用这些方法选购自己喜欢的食品吗？咱们来玩一个模拟购物的游戏。我们周围有 6 家模拟小超市,请每个组选派 3 名代表去进行选购。

教师:请每组选出的 3 名代表只到一家超市去选购,在规定的时间内选购尽可能多的合格食品,其余的同学请为他们提醒、加油,并做好准备当“小小检查员”,复查他们选回来的食品是否合格。同学们,做好准备了吗? 出发吧!

(2)快乐大选购。(音乐)

(3)教师:好! 选购时间到! 请检查员们赶快检查吧!

(4)教师:

①询问每一组选的数量。

②教师从数量少的小组开始公布。

③找不合格的食品。为什么不合格? 大家一起来找原因(把不合格食品放上展示台)。

④有没有小组选的食品袋上有贴画的?你们是在哪家超市去选的?其他小组为什么不去?对! 这一点你们实在是做得太好了。没有卫生许可证的店咱们能去吗?

(5)公布结果。

教师宣布结果:模拟超市大赢家是第×组,一共获得×袋合格食品。

活动设置 5:照应开头,树立意识

教师提问:小强因吃了过期食品和受污染食品而食物中毒了,你准备怎么帮助他呢?

2.课堂小结建议

同学们,今天我们在“快乐购物世界”里学会了选购小包装食品的方法,祝愿大家都能成为最聪明、最能干的小小购物者!

3.教学评价建议

让学生课后把健康、科学的选购经验与家人或小伙伴分享,做个健康生活的“小小宣传员”。

相关知识链接

1.食物的概念

广义地来说,食物就是可供食用的东西。生物学上,食物是指能够满足机体正常生理和生化需求,并能延续正常寿命的物质。对人体而言,能够满足人们的正常生活活动需求并利于寿命延长的物质称为食物。

根据其来源可分为植物性食物和动物性食物两大类。前者包括谷类、薯类、豆类、蔬菜、水果等,主要提供能量、蛋白质、碳水化合物、脂类、大部分维生素和矿物质;后者包括肉类、蛋类、乳类等,主要提供优质蛋白质、脂肪、脂溶性维生素和矿物质等。

“民以食为天”,人们每天每一餐都要选择多种营养丰富的食物,合理搭配,同时,还应该注意食品卫生安全,防止“病从口入”,吃新鲜卫生的食物。

2.小学生应养成的食品卫生习惯

(1)讲究个人卫生,勤洗手。特别是饭前便后,可用除菌香皂、洗手液洗手。

(2)保持教室及校园环境的清洁卫生。

(3)少吃、不吃冷饮;不喝生水;少吃、不吃零食;不多吃辛辣食品;不随便吃野果,吃水果后不急于喝饮料;不吃不洁瓜果、不吃腐败变质食物、不吃未经高温处理的饭菜;不暴饮暴食。

(4)剧烈运动后不要急于吃食品和喝水。

(5)购买食品时注意识别食品标签:查看基本标识,看厂家厂址、电话、生产日期是否标示清楚、合格;查看食品生产许可证编号(SC)。

(6)不去无照经营的摊点、饭店购买食品,不到无证摊点购买油炸、烟熏食品。

第5课 水痘的预防

【教学目的】

使学生了解水痘的传播途径和危害,懂得预防方法。

【教学内容与分析】

1.教学内容解读

水痘是小学生常见的一种急性呼吸道传染病。水痘通过病人咳嗽、打喷嚏、讲话等产生的飞沫传播,症状表现为:身上出现小红疹和水疱,并伴有瘙痒感,得了水痘,会引起发热、咳嗽、精神萎靡、全身乏力等。一旦得了水痘,要立即隔离,避免传染。只要减少接触,接种疫苗,坚持锻炼身体等,就可以预防水痘!在教学时,要让学生充分了解水痘的危害和它通过哪些途径传播,怎样去预防;可通过身边的实例进行现身说法,让学生从小养成讲卫生的良好习惯。

2.相关知识点

(1)认识水痘。

(2)水痘的危害和传播途径。

(3)如何预防水痘。

3.教学重点和难点

水痘的危害和预防。

教学过程参考

1.课程讲授过程建议

活动设置 1

播放一段视频(没视频的教师可讲解):清晨,明明一起床,发现自己身上长了许多小痘痘,用手一抓,里面全是水,而且越抓越痒。他急着大喊:“妈妈,妈妈,我这是怎么啦?”

教师:同学们,你们知道这是怎么回事吗?这就是今天我们这节课要学习的内容,通过这节课的学习,希望每个同学都掌握水痘有哪些危害,它是通过哪些途径进行传播的,又该如何去预防(板书课题:水痘的预防)。

活动设置 2

(1)认识水痘:结合课本上第 21 页上的内容进行介绍,这部分可用录音,也可用视频。这部分主要是让学生了解水痘到底是怎么一回事,使其在生活中能正确认识。

(2)水痘的危害:结合课本上第 22 页上的内容进行。

教师:同学们,看了以上录音或视频,你有什么想法?说出来和大家一起交流交流吧。

活动设置 3

教师:刚才通过录音或视频,同学们知道了水痘有哪些危害,那么,水痘是通过什么途径传播的呢?请看视频(播放课本上第 22 页上的相关内容,让学生了解水痘的传播途径和方法,使其明白在生活中遇到有水痘的病人能自觉预防)。

活动设置 4

如何预防水痘?教学时,可将学生分成学习小组进行讨论,然后结合学生汇报,教师进行总结归纳:①患水痘的人要立即隔离;②要接种水痘疫苗;③讲究卫生;④坚持锻炼身体……

这部分内容也可让得过水痘的同学来讲自己是如何预防水痘的,这样更有说服力,更贴近学生实际。

教师:不过,假如得了水痘,也不要害怕,可以采取以下方法治疗:见课本第 25 页的内容。

活动设置 5

出水痘时要注意哪些事项?参见课本第 25 页的内容。

2.课堂小结建议

(1)通过这节课的学习,你有什么收获?

(2)水痘是小学生常见的一种传染病,但只要我们懂得预防方法,按时接种疫苗,讲究卫生,就可以避免。不过,得了水痘,也不可怕,只要及时就医,就可以康复。

3.教学评价建议

通过这节课的学习,学生对水痘的危害、水痘的传播途径以及如何预防等知识掌握得怎样,可通过以下方法评价:

(1)教师可出一些判断题,让学生进行识别,如果都能识别,说明本节课的教学目的已达到。

(2)结合水痘特点,自编儿歌,其目的是让学生通过儿歌轻松愉快地掌握知识。

相关知识链接

水痘

水痘俗称出痘，是由水痘带状疱疹病毒初次感染引起的一种急性呼吸道传染病，多见于2~6岁幼儿，中小学生也较多。它以发热及成批出现周身性红色斑丘疹、疱疹、痂疹为特征。水痘的传染性较强，由发病起直至疹后第7天都有传染性，病毒一旦传入学校等集体单位，就会传播迅速，易造成暴发流行，易感人群接触后80%~90%都会发病。水痘一年四季均可发病，多见于冬春季节，高峰在3~5月。病愈后能终身免疫，发生第二次的人少见。

1.临床表现

传染上水痘病毒一般要经过2~3周的潜伏期后才出现症状，感染早期有低热、头痛、咽痛、食欲减退和全身不适症状，1~2天后出现皮疹。皮疹的特点：①成批出现红色皮疹，迅速发展为清亮、卵圆形、泪滴状小水疱，周围有红晕，经24小时水疱内部物质变为浑浊。水疱很容易破溃，水疱持续3~4天，然后从中心开始干缩，迅速结痂，经1~2周脱落；②皮疹呈向心性分布，集中在皮肤受压或易受刺激处，开始为躯干，以后至面部、头皮部，四肢远端很少，瘙痒感重。黏膜皮疹可出现在口腔、结膜、生殖器等处，易破溃形成浅表性溃疡。

2.预防措施

(1)管理传染源。传染源管理是预防的重点。患儿应隔离至疱疹全部结痂为止；易感儿接触后应隔离观察3周。

(2)保护易感儿。保持室内空气新鲜，学校应做好晨间检查和空气消毒，防止病毒扩散。接种水痘减毒活疫苗可获得持久的免疫力，是有效的预防措施。对有接触史的高度易感者可在72小时内肌内注射水痘带状疱疹免疫球蛋白，以减少发病的危险性。

(3)切断传播途径。体质虚弱、免疫力低下或因慢性病正在应用肾上腺皮质激素类药物治疗的孩子，应尽可能避免与水痘患儿密切接触。加强教室、宿舍通风，注意个人卫生，勤洗手。病人污染的空间、被子、用具等可通过通风、紫外线照射、太阳照射、煮沸、使用消毒液等方法进行消毒。

第6课 预防流行性腮腺炎

【教学目的】

使学生了解流行性腮腺炎的危害及传播途径,掌握预防方法。

【教学内容与分析】

1.教学内容解读

流行性腮腺炎是一种儿童易患的呼吸道传染病，在小学生中实施预防流行性腮腺炎教育,无论是对孩子本身的健康还是对社会的流行性腮腺炎防控工作,都有着十分积极的作用。本课内容由“病情引入”、“健康指南针”、“健康加油站”、“健康碰碰车”组成。

“健康指南针”是课文的重要部分,包含4个方面内容:流行性腮腺炎的传播途径、症状、危害及预防。

“健康碰碰车”主要是为了检验学生对知识的掌握和运用情况,尤其是侧重对流行性腮腺炎的预防,共提出两个问题(也是两种行为)让学生思考、判断:一是开窗通风,二是如何对待流行性腮腺炎病人。这两个问题同时也是促使学生养成健康生活方式的训练。为了让家长参与,本课设计了与家长互动的活动——了解疫苗接种的情况,并提出了如果没有接种腮腺炎疫苗应该怎么办的思考。

2.相关知识点

(1)流行性腮腺炎的危害。

(2)流行性腮腺炎的传播途径。

(3)流行性腮腺炎的预防方法。

3.教学重点

本课的教学重点应该放在“健康指南针”部分,尤其是有关“流行性腮腺炎传播途径”及

“预防方法”的内容，其中“预防方法”又是重中之重。

4.教学难点

让学生掌握预防流行性腮腺炎的知识，并能在生活中运用，是教学的难点。

教学过程参考

1.课程讲授过程建议

1)引入

从“妞妞患病”入手，启发学生的思考，教师可以问学生，知道不知道流行性腮腺炎是怎么回事？进入“健康指南针”后，引导学生进入感性认识。教师提问“咱们班有没有同学患过这样的病？”如果有，请这位同学谈谈自己患病时的感受；如果没有，则看谁的生活圈子里有人患这样的病。明确病名后，传播途径便是教学的重点，要让学生明白，流行性腮腺炎容易在学校发生流行，这是因为：第一，流行性腮腺炎通过空气飞沫传播，这是最容易引起传染病流行的一种传播途径；第二，学校人群集中，教室、寝室空间都相对狭小而且比较密闭，加上小学生抵抗力比较弱，一旦出现病人，就很容易传染开来。教师要引领学生从图文中联系自己的生活实际，对预防流行性腮腺炎的方法等进行交流，了解学生已有的知识基础。

2)体验活动

教学时，教师要充分发挥学生的主体作用，放手让他们通过勾画重要文字、讨论交流、角色扮演等，引导学生自主获得预防流行性腮腺炎的简单方法，并知道最有效、最直接的预防方法是按时接种腮腺炎疫苗。

3)教学方法建议

教学中可采用讨论、角色扮演等方法，如学生分组讨论“流行性腮腺炎是怎样传染的”，然后各组选代表阐述小组意见；学习预防方法时，可以让学生扮演病人、同学、医生等不同角色，然后让同学自己评判各角色行为的正误。另外，对一些知识的教学，要把握好“度”，如流行性腮腺炎的危害，既要谈到可能发生的并发症，又要避免学生产生恐慌心理。课文中列举的并发症，是流行性腮腺炎并发症中最严重的并发症，并不是所有病人必然都会如此，这一点一定要讲清楚，不能让学生有误解。谈并发症危害的目的，是要提醒大家应该及早治疗，避免并发症的发生。

2.课堂小结建议

本课通过教学过程的实施，向学生传播了腮腺炎的相关知识，其中必须让学生明白的几个观念是:①流行性腮腺炎是一种传染病,而且容易在学校引起流行;②流行性腮腺炎是可以预防的。

3.教学评价建议

本课教学的目的是让学生学到知识并运用这些知识。通过这一课时的教与学,学生对流行性腮腺炎相关知识的了解、掌握情况如何,可以在课堂作些评价,其方法可以是:

(1)请学生提出更多的预防方法,大家进行评判是否正确,教师总结。

(2)教师设计一些问题,让学生进行评判。

相关知识链接

流行性腮腺炎

流行性腮腺炎简称"流腮",俗称"痄腮",是由流行性腮腺炎病毒引起的以腮腺肿大为特征的急性呼吸道传染病。

1.流行病学

(1)传染源:病人和隐性患者均为传染源,患儿自发病前6天直至肿胀消退为止均有传染性,其中腮腺肿前1天和肿大后3天内传染性最强。

(2)传播途径:主要通过空气飞沫传播,也可通过病人唾液及被污染的衣物传播。

(3)易感人群:人群普遍易感,主要侵犯儿童和青少年。

(4)流行季节:全年均可发病,但以冬春季节为主,2~3月为发病高峰期。

2.预防措施

(1)管理传染源。早期隔离患者至肿大的腮腺完全消退为止。如果患儿出现持续高热、头痛、呕吐、排大小便异常及腹痛、浮肿等异常情况时,应及时带孩子去医院就诊,以明确有无并发脑膜脑炎、胰腺炎、肾炎的可能,并尽早采取相应的治疗措施。学校等集体单位的接触者留验3周,对可疑者立即隔离。

(2)切断传播途径。由于腮腺炎病毒对紫外线极敏感,照射半分钟即可被杀灭,故对病人衣物、被褥要经常日晒消毒;幼儿园则采用紫外线照射。在本病流行期间,不要带孩子到电影院、商场等人群密集的公共场所去,家庭居室要做到经常开窗通风换气。

(3)保护易感人群。易感儿出生后14个月常规给予腮腺炎减毒活疫苗接种,可皮内皮下注射,也可用喷鼻或气雾吸入法,还可接种麻疹风疹腮腺炎三联疫苗。

第7课 科学饮水益健康

【教学目的】

让学生认识饮水对于身体健康的重要性,了解科学饮水的方法,养成良好的饮水习惯。

【教学内容与分析】

1.教学内容解读

水是生命之源,也是组成人体的重要成分。它是人类赖以生存和发展的不可缺少的最重要的物质资源之一。人的生命一刻也离不开水,科学饮水对身体健康尤为重要,所以要让学生从小了解科学饮水的方法,养成良好的饮水习惯。本课内容由“生活情境”“健康指南针”“健康加油站”“健康碰碰车”组成。

课文由一个学生由于常生喝自来水而患急性肠炎的生活情境引出,使学生从感性上认识到有的水是不能直接饮用的,并且饮水也讲究科学。“健康指南针”是课文的重要部分,主要介绍了地球上各种各样的水,水对人体的重要性以及怎样科学饮水。“健康加油站”拓展介绍了不宜饮用的水有哪些。“健康碰碰车”主要检验学生对知识的掌握和运用情况,请学生判断在生活中经常会出现的错误饮水行为,从而进一步巩固掌握科学饮水的方法,养成良好的饮水习惯。

2.相关知识点

(1)认识水对身体的重要性。

(2)学习科学饮水的方法,养成良好的饮水习惯。

3.教学重点

学习科学饮水的方法,养成良好的饮水习惯。

4.教学难点

让学生能够将所学到的选择饮用水的方法运用到平时的生活中,养成良好的饮水习惯。

教学过程参考

1.课程讲授过程建议

引入新课

以展示生活情境的直观图片开课,用讲故事的方式来激发学生的学习兴趣。

教师:同学们,喝水是我们生活中最普通不过的一件事了,但这件最普通的事却并不简单,它还有很多的学问呢!今天,我们来学习“科学饮水益健康”(板书)。

活动设置 1

课堂讨论:让学生依据个人的生活经验,先来谈谈对生活中水的认识。

分小组讨论

问题 1:我们生活中常见的水有哪些呢?

问题 2:你知道地球上的水分为哪两类吗?

问题 3:哪些水是可以直接饮用的呢?

活动设置 2

水是生命之源,它对我们人体到底有多重要呢?人如果没有了水又会怎样呢?

为了增加学生的直观感受,建议用直观的统计图展示不同的人体脱水比例对人体造成的危害。再让学生结合自己的生活体验说说口渴的感觉,让他们深刻认识到喝水的重要。

活动设置 3

在前面认识和体验的基础上,教师引入科学饮水的概念:是啊,水对我们很重要,科学饮水有益我们的身体健康。那么,科学饮水要注意些什么呢?

阅读课本“健康指南针”,老师引导学生认识科学饮水,包括要关注每天饮水量,什么时候饮水以及饮用哪种水更有益几方面。

在学生自主阅读指南针的知识点后,组织学生讨论,巩固所学知识点。特别要强调“提倡饮用白开水,少喝含糖饮料。”

老师要在此处根据学生的生活实际,展示几种学生们最常喝的饮料,如可乐、雪碧、奶茶等,引导学生展开讨论“生活中的含糖饮料有哪些?”然后结合最新研究结论和国家卫健委关于给儿童青少年“减糖”的要求，给孩子说明过度食糖的危害，从而让学生明白喝白开水更有益健康的道理。

活动设置4

学习“健康加油站”，认识不宜饮用的水。根据学生的年龄特点，建议以视频资料等直观的形式给学生展示生活中的真实事例，以便引起学生的深刻认同，形成正确的意识，养成良好的习惯。

2.课堂小结建议

同学们，通过这节课的学习，你懂得了什么？说说自己怎样去做到科学饮水？

3.教学评价建议

完成“健康碰碰车”中的练习，检测学生是否掌握了知识。

(1)看图想象情境，选择饮品。

(2)讨论科学饮水要注意些什么？

相关知识链接

小孩吃糖过多对身体有哪些危害

糖、蛋白质、脂肪是人体不可缺少的三大营养素之一，糖在体内代谢后，能为人体提供所需要的能量。但是，进食过多的糖类物质后，也会影响身体健康。那么，小孩吃糖过多对身体有哪些危害呢？

1.小孩吃糖过多会导致肥胖

在进食甜食后会产生热量，一部分热量用于运动、学习，另外一部分过多的热量则转变成脂肪类物质存储在体内。孩子进食过多的甜食，会影响体内脂肪的代谢，使更多的脂肪存储起来。

2.小孩吃糖过多，会增加骨折发生的概率

因为在进食过多糖类物质后，会影响体内钙质的代谢。

3.小孩吃糖过多，还有可能会引起龋齿的发生

因为孩子在进食过多的甜食后，甜食中的糖类物质会黏附在牙齿上，如果没有及时清除，会形成牙菌斑，久而久之，会导致龋齿的发生。

4.孩子经常吃糖还有可能会导致近视、糖尿病等疾病的发生

因为孩子在进食过多的甜食后，会使体内胰岛素分泌增多，使得体内碳水化合物和脂肪的代谢发生紊乱，久而久之，导致体内血糖水平增高。

第8课 天气寒冷防冻疮

【教学目的】

让学生认识什么是冻疮，了解冻疮的形成原因，学会预防冻疮的方法。

【教学内容与分析】

1.教学内容解读

冻疮是冬季比较常见的皮肤病，是由于人的脸、手、脚、耳等部位长期暴露于寒冷环境中，造成皮肤血管收缩、局部皮肤缺血缺氧，进而导致血管扩张，血浆渗出，局部组织水肿、坏死、溃烂而产生的病变。本课内容由“生活情境真实照片”引入、“健康指南针”、“健康加油站”、“健康碰碰车”组成。

课文由一个双手生冻疮的小女孩图片这样一个生活情境引入，然后用文字为学生描述了冻疮的样子及冻疮的概念。“健康指南针”是课文的重要部分，深入浅出地为学生介绍了冻疮的形成原因、病理表现以及易发冻疮的部位。“健康加油站”拓展介绍了冻疮的预防和治疗方法。“健康碰碰车”主要检验学生对如何正确预防和治疗冻疮是否掌握，请学生判断在生活中的一些做法是否正确，从而进一步促进学生养成良好的卫生习惯。

2.相关知识点

(1)什么是冻疮及其形成原因。

(2)冻疮的预防方法。

3.教学重点

学习冻疮的预防方法，养成良好的卫生习惯。

4.教学难点

让学生能够将所学到的冻疮预防方法运用到平时的生活中。

教学过程参考

1.课程讲授过程建议

引入新课

出示生活情境的直观图片——一双手生冻疮的小女孩开课。

教师提问：小女孩的手怎么啦？

展示更多冻疮的图片，介绍：这就是冻疮，在冬天里，有些人的手脚耳朵上会出现一些紫红的肿块，瘙痒、刺痛，有的还会破皮、溃烂。

今天，我们就来认识冻疮并学习预防冻疮(板书课题“天气寒冷防冻疮”)。

活动设置1

提问：

(1)你或身边的人长过冻疮吗？课堂讨论：让学生依据个人的生活经验，先谈谈对冻疮的认识。

(2)冻疮是怎样形成的呢？引导学生读教材“健康指南针”。

老师可用直观图片将医学术语形象地表现出来，帮助学生理解。

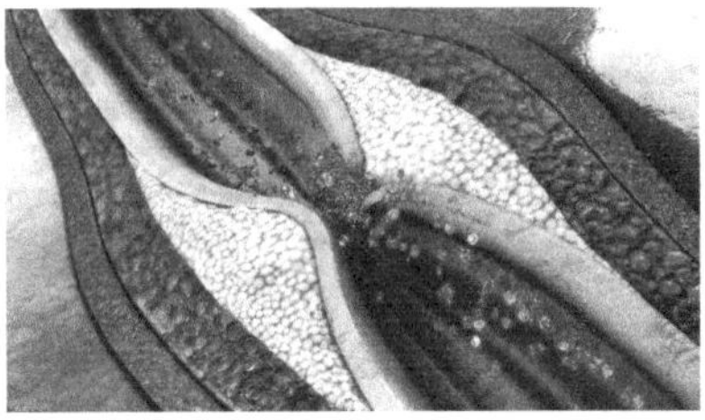

血管收缩图

活动设置2

患冻疮的症状

一是讲清楚容易出现的皮肤病变，二是讲清楚最容易生冻疮的部位，如手指、手背、足缘、面颊、耳廓等。讲解时要配以图片、视频资料。

活动设置3

在前面学习的基础上，教师引入学习冻疮的预防方法学习：冻疮虽不是什么大病，一旦患上还是非常难受，也会给我们的学习生活带来不便，所以我们要积极预防。

阅读课本“健康加油站”，老师引导学习预防冻疮需注意的5个方面。

应特别强调均衡营养及加强锻炼，给学生讲清楚营养和锻炼对预防冻疮的科学道理。让学生牢固树立正确的健康观。

现在城市生活条件较好的孩子患冻疮的较少，所以主要针对农村地区的学生讲冻疮的治疗。一是要重视，教育学生一定不要轻视冻疮对身体的伤害；二是要找专业的医生诊断、治疗。

活动设置4

老师引导：我们城里的同学生活条件好了，很少有患冻疮的同学了，但在农村，寒冬里还是有很多孩子患冻疮。让我们都来帮帮他们，给他们送去一些温暖，预防冻疮。

小组讨论：自己准备为农村的同学做点什么？

将学习与公益活动结合。

2.课堂小结建议

同学们,通过这节课的学习,你知道冻疮是怎样引起的吗?说说自己怎样去做到有效预防冻疮、治疗冻疮?

3.教学评价建议

完成“健康碰碰车”中的练习,检测学生是否掌握了知识。

(1)判断一些生活习惯和做法是否正确,是否能有效地预防和治疗冻疮。

(2)班级开展一次为农村同学“冬日送温暖”的活动。

相关知识链接

冻疮的治疗

1.系统治疗

冻疮严重的同学应按医生的要求全身用药。

2.局部治疗

可用氦—氖激光和红外线照射,或作激光穴位照射(足三里、复溜等)后,对冻疮局部行散焦普遍照射。未破溃者可外用复方肝素软膏、多磺酸粘多糖乳膏、维生素E软膏等。可用桂附煎药液浸泡患处,每日3次,每次20~30分钟,边浸泡边用药渣揉搓患处。

第9课 流鼻血别慌张

【教学目的】

了解流鼻血的原因,学会流鼻血的处理方法。

【教学内容与分析】

1.教学内容解读

鼻是气体进出的通道,鼻黏膜可以调节吸入空气的温度,能分泌水分,防止呼吸道干燥。鼻黏膜和鼻毛能沾住灰尘和细菌,净化吸入的空气。鼻出血是学生经常出现的现象,医学上称为“鼻衄”。鼻子的出血部位绝大部分是在鼻腔前部。用手指挖鼻孔,或者外界空气燥热,使得鼻黏膜干燥,血管容易破裂而流血。本课内容包括课本第46~51页,由“引入”“健康指南针”“健康加油站”“健康碰碰车”组成。

2.相关知识点

(1)流鼻血的原因。
(2)鼻子出血的正确处理方法。

3.教学重点

鼻子出血的正确处理方法。

4.教学难点

流鼻血的原因。

教学过程参考

1.课程讲授过程建议

1)导入课题,揭示课题

开课时,让学生猜谜语,从而引出话题:鼻子突然出血,你该怎样处理?

2)了解鼻子出血的原因

在教学此部分时,教师先提出问题:你们流过鼻血吗?为什么流鼻血?在学生交流的基础上教师首先引导学生阅读课本第46页对鼻子功能描述的话语,让学生意识到鼻子是人体重要的器官,起着重要的作用。

接着,教师出示鼻子内部结构图,讲述鼻子的内部构造,让学生知道由于鼻黏膜血管分布丰富,容易遭受外界的刺激或损伤出血(可用挂图或视频展示各种导致鼻子出血的原因,如挖鼻孔、气候干燥、偏食、患有疾病等都易导致鼻子出血)。也可让学生联系自己的鼻子出血经历讲讲原因。

3)掌握鼻子出血的紧急处理方法

教师提问:你知道流鼻血的处理方法吗?让学生自由表演或讲述,让学生发表意见,由其他同学作出判断。接着教师用挂图或视频展示鼻子出血的处理方法,让学生分成学习小组当堂演练。教学时,教师要充分发挥学生的主体作用,放手让他们通过勾画重要文字,讨论交流,角色扮演等,引导学生自主学习。

4)判断对错

让学生认真阅读课本中的说法,经过自己的思考,做出判断,并在全班交流,教师强调正确的说法,纠正错误的说法。

2.课堂小结建议

通过这节课的学习,我们知道了鼻出血的原因以及鼻出血的紧急处理方法,同学们要保护好自己的鼻子,不要动手挖鼻孔,合理饮食,才能减少鼻出血的发生。

3.教学评价建议

让学生分小组开展鼻出血紧急处理的竞赛或者情景模拟,让学生通过竞赛加深对学习内容的理解。教师可以适当补充有关的知识。

相关知识链接

防治鼻出血

1.鼻子的功能

(1)鼻子具有保护功能,能够对空气进行加温、加湿,并阻滤部分病原体、粉尘等进入呼吸道,保护人体的健康。

(2)鼻子具有呼吸功能,能够吸入氧气,并排出肺内的废气。

(3)鼻子还具有嗅觉功能、发音功能,鼻窦还可减轻颅骨质量,缓冲暴力对脑部的冲击,维持头部平衡等。

2.鼻出血的原因

(1)气候因素。气候干燥导致鼻黏膜干燥结痂所致,以秋冬季节为多。

(2)外伤。过于用力挖鼻孔可能会损伤鼻黏膜血管,导致鼻出血。鼻部受外力撞击,也可能会导致鼻黏膜血管破裂,引起出血。

(3)上呼吸道感染引起的发热也可能导致鼻出血。

(4)鼻腔和鼻窦的炎症也会使鼻黏膜血管破裂而出血。

(5)鼻腔内存在异物,如孩子把纸团、果皮、瓜子、玩具小零件等东西塞进鼻腔,容易造成继发感染,引起黏膜糜烂出血。

(6)缺乏某些维生素,如维生素C缺乏时易引起鼻黏膜病血管破裂而出血。

3.鼻出血的处理方法

(1)指压止血法:如出血量小,可让病儿坐下,用拇指和食指紧紧地压住病儿的两侧鼻翼,压向鼻中隔部,暂让病儿用嘴呼吸。同时在病儿前额部敷以冷水毛巾,一般压迫5~10分钟,出血即可止住。

(2)压迫填塞法:如果出血量大,或用上法不能止住出血时,可采用压迫填塞的方法止血。具体做法是:用脱脂棉卷成如鼻孔粗细的条状,向鼻腔充填。不要填塞得太松,因为填塞太松,达不到止血的目的。

注意:捏鼻止血时,要安慰病儿不要哭闹,要张大嘴呼吸,头不要过分后仰,以免血液流入喉中。经上述处理后,一般鼻出血都可止住。如仍出血不止者,需及时送医院,在医院除继续止血外,还应查明出血原因。

4.预防孩子鼻出血

(1)冬季室内空气干燥时,可使用加湿器增加室内湿度,每天开窗通风。夏季要让孩子多喝水,在室外活动时尽量避免在太阳底下暴晒。

(2)在季节转换时,可以给孩子的鼻腔滴少许石蜡油、甘油滴剂,使鼻腔保持湿润。

(3)纠正孩子偏食的习惯,多喝水,多吃蔬菜,少吃煎炸食物,必要时可适量服用维生素C、维生素A等。

(4)不要让孩子经常用手指抠鼻子,大人给孩子清洁鼻腔时,也不能直接用手抠。

(5)注意预防感冒和其他呼吸道疾病。

(6)及时治疗孩子的鼻腔和鼻窦炎症。

(7)告诉孩子不能往鼻子里塞纸团、塑料珠子、玩具、纽扣电池等。

第10课 预防狂犬病

【教学目的】

使学生知道狂犬病是一种人畜共患疾病,死亡率极高,了解狂犬病的传播方式和危害,树立预防为主的思想。

【教学内容与分析】

1.教学内容解读

狂犬病又名恐水症,是一种侵害中枢神经系统的急性病毒性传染病,所有温血动物包括人类,都可能被感染,是迄今为止人类病死率最高的急性传染病。因此,对学生进行预防狂犬病的教育,了解狂犬病的传播方式和危害,树立预防为主的思想,是非常有必要的。本课内容由“引入”“健康指南针”“健康加油站”“健康碰碰车”组成。

“引入”部分向学生介绍了“世界狂犬病日”在哪一天,设立“世界狂犬病日”有什么特殊的意义,以引起学生对预防狂犬病的重视。

“健康指南针”是课文的重点部分,主要介绍狂犬病的传播方式和危害,告诉学生应当如何预防狂犬病。如果不幸被狗等家禽致伤后,应当采取正确的方法对伤口进行紧急处理。

“健康加油站”则是对本课内容进行了拓展,主要介绍狗患狂犬病的症状。

“健康碰碰车”主要为检验学生对知识的掌握和运用情况,共提出两个问题让学生思考、判断:一是狂犬病病毒是不是狗的唾液中才有;二是如果不小心被猫、狗等抓伤应当如何处理,以检测学生是否能正确掌握预防狂犬病的方法。

2.相关知识点

(1)狂犬病是一种人畜共患疾病,死亡率极高。

(2)狂犬病的传播方式和危害,以及预防为主的思想。

(3)被狗咬伤时如何正确处理伤口。

3.教学重点

本课的教学重点应该放在“健康指南针”部分,使学生了解人患狂犬病的症状,尤其是在遇到被猫、狗等家禽致伤后,能够及时采取“一挤二洗三打针”的紧急处理方法。

4.教学难点

让学生掌握“一挤二洗三打针”的紧急处理方法。

教学过程参考

1.课程讲授过程建议

1)引入

由于狂犬病离多数学生的生活实际比较遥远,因此,教师从“世界狂犬病日”入手,启发学生的思考,可以问学生:知不知道世界狂犬病日是哪一天?人们为什么要把这一天定为世界狂犬病日?如果有学生的家人或周围的人注射过狂犬疫苗,还可以让学生谈谈自己对狂犬病的认识。这样,既尊重了学生已有的知识储备,又激发了学生学习的兴趣。

2)学习新课

在了解狂犬病的定义以及人患狂犬病的主要症状这部分时,可以让学生先自行读课文,然后全班交流,谈谈自己读了这部分内容有什么收获。教师在总结学生的发言时,要强调狂犬病的临床表现分为:潜伏期、前驱期、兴奋期和昏迷期。在教学“被狗咬伤的紧急处理时”,要理论联系实际,让学生动手试一试。

3)教学方法建议

教学中可采用讨论、角色体验等方法,如让学生分组讨论“狂犬病的危害和传播方式”,然后各组选代表阐述小组意见。学习“被狗抓伤的紧急处理”时,可以让学生扮演病人、同学、医生等不同角色,然后让同学们自己评判各角色行为的正误。

2.课堂小结建议

本课通过教学过程的实施,向学生传播了预防狂犬病的相关知识,其中必须让学生明白的几个观念是:①狂犬病是一种人畜共患疾病,死亡率极高;②我们一定要预防狂犬病,被狗咬伤时要正确处理伤口;③注意不要被宠物咬伤和抓伤,否则要及时注射狂犬疫苗。

3.教学评价建议

通过本课的学习，使学生能够了解狂犬病的传播方式和危害，教师可以通过一些判断题、实际操作题的方式进行评价。

相关知识链接

世界狂犬病日的由来

2007年，在国际狂犬病控制联盟的倡议下，世界卫生组织、世界动物卫生组织、世界动物保护协会、美国疾病预防控制中心等机构共同发起了“世界狂犬病日”，并提出“共同努力，让狂犬病成为历史”的口号，其宗旨是唤醒社会对狂犬病危害的认识，整合和动员社会各方力量，预防人间狂犬病，控制动物狂犬病。

第一个“世界狂犬病日”是2007年9月8日，相关的各项活动获得里程碑式的成功，将全球的狂犬病预防和控制工作向前推进了一大步。这个结果，使该项活动的主要发起者和组织者国际狂犬病控制联盟倍受鼓舞，决定将每年的9月28日正式设立为世界狂犬病日。通过设立世界狂犬病日，将集合众多的合作者和志愿者，群策群力，尽快使狂犬病成为历史。

近年来，我国年报告狂犬病死亡人数仅次于印度，居世界第二位，防治任务十分艰巨，希望通过开展“世界狂犬病日”等宣传活动，动员全社会，共同关注和参与狂犬病防治工作，及早消除狂犬病对我国的危害，为实现到2020年全球消除人间狂犬病的目标，保障中国和世界人民的健康福祉做出贡献。

世界狂犬病日不变的口号：共同努力，使狂犬病成为历史。

世界狂犬病日历年宣传主题：

2016年，宣教、疫苗接种、消除。

2017年，文明养犬，消除狂犬病。

2018年，分享信息，拯救生命。

2019年，接种疫苗以消除狂犬病。

2020年，通过协作和接种疫苗消除狂犬病。

2021年，知真相，不恐狂。

第11课 预防蚊虫叮咬

【教学目的】

了解蚊虫的危害及其传播疾病的种类和途径。知道驱蚊和消除蚊虫的正确方法，学习必要的自我保护技能。

【教学内容与分析】

1.教学内容解读

本课内容包括引入、健康指南针、健康加油站和健康碰碰车。引入部分通过一个有趣故事引入蚊虫叮咬的话题，激发学生的学习兴趣。健康指南针是课文的重要内容，分为两个部分。第一部分介绍了蚊虫的危害及其传播的疾病种类，传播疾病的途径。第二部分介绍了驱蚊和消除蚊虫的正确方法，教学生一些必要的自我保护技能和被蚊虫叮咬后的处理办法。健康加油站拓展了关于雌蚊和隐翅虫的一些知识。

健康碰碰车主要是让学生联系生活实际谈驱蚊的方法，引导学生学以致用，并在教师的引导下学习用科学知识对这些方法加以辨别。

2.相关知识点

(1)蚊虫的危害及其传播疾病的种类和途径。

(2)驱蚊和消除蚊虫的正确方法。

3.教学重点和难点

(1)了解蚊虫的危害及其传播疾病的种类和途径。

(2)知道驱蚊和消除蚊虫的正确方法，学习必要的自我保护技能。

教学过程参考

1.课程讲授过程建议

活动设置1:讲故事,揭示课题。

(1)老师讲解教材中的孙悟空战蚊虫的故事,引导学生边听边阅读。

(2)教师提问引入课题:面对飞来飞去的蚊子,悟空毫无办法,相信我们每个人都有被蚊虫叮咬,不胜其烦的经历。今天我们就来学习怎样有效预防蚊虫叮咬。(板书:预防蚊虫叮咬)

活动设置2:学习与交流

(1)让学生观看媒体资料,了解蚊虫的危害及其传播疾病的种类和途径。

(2)结合课件与课文,联系生活让学生分小组合作完成表格的填写。在这一环节中教师从扶到放,先重点辅导了解和提取蚊虫传播的疾病种类,然后放手让学生自行归纳蚊虫叮咬后的症状和危害,最后让学生去归纳驱蚊和灭蚊的方法。让学生在自主学习中完成学习任务,同时也使学生的能力也得到了锻炼。

蚊虫传播的疾病	
蚊虫叮咬的症状	
驱蚊和灭蚊的方法	

(3)各小组汇报表格填写的情况。

(4)教师对蚊虫叮咬的症状及危害进行更多实例的补充和拓展。如疟疾的危害及屠呦呦研制出的青蒿素能有效治疗疟疾,获得了诺贝尔奖。

(5)教师提问:被蚊虫叮咬后该怎么办呢?(指导学生观察教材中的插图,了解正确处理叮咬后红肿和瘙痒的方法。)

(6)学习“健康加油站”,拓展关于雌蚊和隐翅虫的知识。

A.老师播放雌蚊的生长和活动视频,让学生对生疏的知识有比较直观的了解。

B.课件出示隐翅虫的图片以及被隐翅虫伤害的皮肤的图片,让学生对隐翅虫这种危害较大的飞虫有一定了解和防范意识。

(7)教师小结:

①蚊虫最容易在哪些地方繁殖和生长?

②你知道哪些驱蚊的方法

板书:保持居住和公共环境卫生。

活动设置3:联系生活,拓展延申。

老师提问:你知道生活中还有哪些驱蚊的方法?学生讨论发言。

活动设置4:唱一唱“校园像我家”

校园真美丽呀,校园真干净,学生讲文明,不乱扔纸屑呀,不乱来涂画,保护环境讲卫生。

快乐成长,快乐学习,快乐歌唱,我们热爱,我们保护,我们自豪,校园是我们大家的,我们热爱校园热爱家!

2.课堂小结建议

通过这节课学习,同学们认识了蚊虫会传播疾病,以及一些驱蚊和防止蚊虫滋生的方法,同学们学习兴趣浓,知识掌握得好,老师坚信同学们是最棒的!

3.教学评价建议

教师通过查找有关蚊虫传播疾病的资料片根据需要选取相关内容制作媒体资料播放给学生看,使他们对蚊虫的危害有感性认识,可再要求学生结合他们的生活实际,介绍自己家里驱蚊的方法,让学生畅所欲言地进行讨论交流。

相关知识链接

1.经蚊子传播的疾病

经蚊子传播的疾病多达80余种!

(1)流行性乙型脑炎:主要流行区在亚洲远东和东南亚地区,我国华南华北东北地区可见,集中7、8、9月发病。它由病毒引起,经蚊传播。临床上发病急,有高热、意识障碍,惊厥,强直性痉挛和脑膜刺激特征。重型患者病后往往有后遗症。

(2)革热和登革出血热:由登革病毒引起,经蚊传播的急性传染病。登革热以发热,皮疹,肌肉和骨关节剧烈酸痛,淋巴结肿大,白细胞减少等为主要表现。病死率低。登革出血热以发热皮疹,出血,休克等为主要特征,病死率高。目前主要分布在我国南方沿海地区,长江以南为多。

(3)黄热病:是黄热病病毒所引起的急性传染病,经非洲伊蚊传播,主要流行于非洲和中南美洲。临床特征有发热,剧烈头痛,黄疸,出血,蛋白尿。我国尚未发现本病。

(4)疟疾:由按蚊传播,是疟原虫传播引起的传染病。夏季两季多见,常年可发病。国内多见于长江流域及其以南地区,可遍布全国,北方地区发病较少,临床表现为间歇性寒战,高热,出汗,脾肿大,贫血。临床可分间日疟疾,三日疟疾,恶性疟疾型。其中恶性疟疾可侵犯内脏,预后不良。

(5)丝虫病:通过蚊虫叮咬而传播,在我国仅有斑氏及巴来丝虫病流行长江以南地区流行。丝虫寄生在淋巴组织、皮下组织或浆膜腔,引起淋巴管炎症及阻塞,形成象皮肿,腹水等,临床还有丝虫热,肺部嗜酸粒细胞浸润综合征等。

(6)黑热病:是由白蛉叮咬而传播的,为杜氏利什曼原虫引起的地方性传染病。

由此可见,灭蚊避蚊是预防蚊媒传染病的一项重要措施。

2.屠呦呦和她研制的青蒿素

屠呦呦女士是我国著名的药学家。浙江宁波人,1951年考入北京大学医学院药学系生药专业。1955年毕业于北京医学院(今北京大学医学部)。毕业后接受中医培训两年半,并一直在中国中医研究院(2005年更名为中国中医科学院)工作,现为中国中医科学院首席科学家,青蒿素研究开发中心主任,博士生导师,共和国勋章获得者。

屠呦呦多年从事中药和中西药结合研究, 突出贡献是创制新型抗疟药青蒿素和双氢青蒿素。2011年9月,因发现青蒿素——一种用于治疗疟疾的药物,挽救了全球特别是发展中国家数百万人的生命获得拉斯克奖和葛兰素史克中国研发中心"生命科学杰出成就奖"。2015年10月,她获得诺贝尔生理学或医学奖,理由是她发现了青蒿素,该药品可以有效降低疟疾患者的死亡率。她成为首获科学类诺贝尔奖的中国人。也是第一位获诺贝尔科学奖项的中国本土科学家 。诺贝尔科学奖项是中国医学界迄今为止获得的最高奖项,也是中医药成果获得的最高奖项。

第12课 良好的饮食习惯

【教学目的】

让学生明白什么是良好的饮食习惯,并了解不良饮食习惯的危害,养成良好的生活习惯。

【教学内容与分析】

1.教学内容解读

良好合理的健康饮食习惯是保持身体健康的一个重要因素,可使身体健康地生长、发育;不良的饮食习惯则会导致人体正常的生理功能紊乱而感染疾病。同时,恰当的饮食也会对患病的身体起到积极影响,帮助人体恢复健康。

本课内容由引入、“健康指南针”、“健康加油站”、“健康面面观”、“健康碰碰车”组成。引入是根据现实情况创设的两位同学的情境对话，其中将挑食和饮食均衡的两个同学进行了对比。“健康指南针”是课文的重要部分,深入浅出地为学生介绍了有哪些不良饮食习惯的危害和良好的饮食习惯。“健康加油站”着重介绍了主要的几类食品,阐释了不同类食物对人体不同的作用。“健康面面观”为学生拓展了早餐的重要性,说明丰富的早餐应含有四类食物。“健康碰碰车”主要为检验学生对良好饮食习惯是否明确。一是创设了一个孩子的早餐和午餐情境,请学生判断他的一些做法是否正确;二是为自己设计几款早餐食谱;三是从重庆人早餐爱吃小面的情况入手,让学生讨论长期早餐只吃小面好不好。通过三个练习题,进一步引导学生养成良好的饮食习惯。

2.相关知识点

(1)什么是良好的饮食习惯?

(2)不良饮食习惯的危害。

3.教学重点

认识什么是良好的饮食习惯，应怎样养成良好的饮食习惯。

4.教学难点

让学生认识到不良饮食习惯的危害。

教学过程参考

1.课程讲授过程建议

导入新课

首先老师可组织学生以谈话引入：说说自己最喜欢吃什么？最不喜欢吃什么？

老师提问：怎样的饮食习惯才是良好的饮食习惯呢？

引导学生阅读教材引入部分的情境故事，说说甜甜和小娜谁的习惯好。

活动设置1

老师引导：同学们健康成长需要合理饮食。

提问：哪些习惯是不良的饮食习惯，这些习惯有哪些危害？

(1)吃荤不吃素。老师可根据最新膳食指引拓展一日三餐的荤素搭配比例，如粮谷类、蔬菜类、肉蛋类按3:2:1的比例搭配最好！

(2)喜欢零食和不健康食品。引导学生读教材“健康指南针”，可适当加入食用高糖食物对身体的危害。

(3)常光顾街边小食摊。这部分可举例一些新闻报道的小摊食品卫生事件。

(4)暴饮暴食增加胃肠负担。这部分内容先要引导学生从自己的真实感受来体会，老师再加入消化不良的病例进行阐释，如小儿积食引起发热，长期饮食不规律引发胃病等。

(5)高盐、过辛辣食物的危害。从医学科学方面讲清楚身体摄入过多盐对心脑血管的危害，食用过度辛辣的食品对消化道的伤害。讲解一定要深入浅出，用具体的图片或视频帮助学生理解。

活动设置2

学习“健康加油站”

老师可制作动画、配音介绍各种蔬菜水果的营养，更有益学生接受、喜爱，也更能引导他们养成良好的饮食习惯。

活动设置 3

学习“健康面面观”——如何吃好早餐。

(1)首先让学生谈谈自己的早餐都吃了些什么。老师为其评分,然后解释得分的原因。

(2)介绍营养充足的早餐应该含有四类食物。然后根据生活中的食品,介绍每类食物对应的是哪些早餐食物。

活动设置 4

阅读课本“健康碰碰车”。

2.课堂小结建议

同学们,通过这节课的学习,你知道哪些良好的饮食习惯?说说自己应怎样去做?

3.教学评价建议

完成“健康碰碰车”中的练习,检测学生是否掌握了知识。

(1)判断故事情境中的做法是否正确。

(2)老师给出部分食品名称,学生为自己设计几款营养的早餐食谱。

(3)讨论:早餐长期只吃小面好吗?建议进一步拓展到长期偏食一种早餐好吗?

相关知识链接

健康的膳食指引

1.食物多样,谷类为主,多吃薯类杂粮

每种食物都有其独特的营养价值,膳食必须由多种食物合理搭配,才能满足健康需求。建议平均每人每日摄入 12 种以上、每周 25 种以上的食物。在平衡膳食模式中,粮谷类食物是基础食物,应作为膳食的主体,它所提供的能量应达到总能量的一半以上。尽量做到平均每天 3 种、每周 5 种以上的谷及杂豆类食物的摄入,这样既能够提供充足的能量,又可避免摄入过多的动物性食物,有利于预防心脑血管疾病、糖尿病等。要注意粗细搭配,少吃过于精细的米面,加强全谷物食物的摄入,经常吃一些全麦、粗粮、杂粮和薯类食物。

2.多吃蔬果、奶类和大豆,适量吃鱼、禽、蛋和瘦肉

在适宜能量摄入的前提下,丰富、多样化的食物才能保证各种营养物质的充足、均衡。

蔬菜水果能量低,是身体摄入维生素、矿物质、膳食纤维和植物化学物质的重要来源。深色蔬菜的营养价值一般优于浅色蔬菜,富含胡萝卜素类物质,是维生素 A 的主要来源。

尽量做到餐餐有蔬菜、天天有水果,蔬菜水果分属不同类别食物,不能互相替换。

适量选择食用坚果,每周50~70克,宜食用原味坚果。奶类含丰富的优质蛋白质和维生素,也是补足膳食钙质的良好来源,可以吃各种各样的奶制品,相当于每天摄入液体奶300克。大豆及其制品含丰富的优质蛋白质、脂肪酸、多种维生素和膳食纤维,且含多种植物化学物质。儿童和青少年应多吃奶制品和豆制品,有利于其生长发育,增加骨密度,预防或延缓成年后骨质疏松的发生。患有高血脂疾病的人,以及肥胖者或超重者可以选择低脂或脱脂奶。鱼、蛋和肉是优质蛋白质、脂类、脂溶性维生素、B族维生素和矿物质的良好来源。但如果摄入过多,又不增加身体活动量,容易引发超重、肥胖,进而可能导致糖尿病、心血管病等疾病的发生,因此要适量食用,并且要优先选择鱼和禽类,适量的蛋和瘦肉,少吃肥肉、烟熏和腌肉制品。

3.三餐均衡,足量饮水,科学选择零食

吃好每日三餐,要定时定量,两餐可间隔4~5小时。应每天食用营养充足的早餐。不吃早餐或早餐量不足,不仅会影响消化系统的功能,还会影响学生的学习效果和体能。

每天要吃早餐,早餐提供的能量和营养素达全天的25%~30%。营养充足的早餐应包括谷类、禽畜肉蛋类、奶类或豆制品类、新鲜菜和水果类。午餐在一天中起承上启下的作用,能量和营养素摄入达全天的30%~40%。晚餐要适量,能量和营养素摄入占全天的30%~35%。午、晚餐的各类食物分配比例为“粮谷类:疏菜和菌类:禽畜肉蛋类及大豆制品”相当于“3:2:1”。早、中、晚正餐以外所吃的食物被称为零食。学龄儿童胃容量小,三次正餐的进食量可能不能满足身体需要,迎接中考、高考的学生往往睡觉比较晚,有时距离晚餐已经超过4~6小时,适当补充一些零食,既能补充营养,又有利于改善学习效果。

每天应喝800~1 400毫升水,天气炎热或运动出汗时可适当增加饮水量。饮水要少量多次,建议每个课间饮水100~200毫升,最好选择白开水。含糖饮料不仅会让人摄入过多能量,还容易导致青少年发生肥胖、龋齿、骨质疏松等疾病,建议不喝或少喝含糖饮料,禁止饮酒。

4.新鲜卫生,健康烹饪,少油少盐少糖

食品安全是健康膳食的前提。增强食品安全意识,吃新鲜卫生的食物是防止食源性疾病、实现食品安全的根本措施。

健康的烹饪方式既可减少营养物质的损失,避免或降低有害物质的产生,又可避免摄入过多油、盐、糖。尽可能地采用炖、焖、蒸或旺火快炒等烹调方式,使用盐、糖、胡椒等调料时要适量。

应当养成饮食清淡习惯,学会使用油壶、盐勺,到逐步量化用盐用油,并减少盐、糖的摄入。每人每日烹调油20~30克,食盐低于6克,添加糖不超过25克。

要学会使用食品标签和食品营养标签来选择包装食品。

(引用于《北京中小学生健康膳食指引》)

第13课 悄悄看自己

【教学目的】

让学生认识男女不同的地方，认识男生、女生的重要标记——生殖器官，培养学生的性别意识。学习外阴的清洁方法和自我保护的措施。

【教材内容与分析】

1.教学内容解读

儿童期是人生发展的重要阶段，也是儿童性角色发展的重要时期。做好小学儿童性教育工作，有利于青春期性教育的顺利开展。本课内容同样由引入、“健康指南针”、“健康加油站”、“健康碰碰车”、“小贴士”组成。

引入部分是通过观察男孩、女孩不同的解便方式提出疑问：“男孩和女孩有什么不同呢？”“健康指南针”是学习的重要部分，主要介绍了男孩、女孩最不同的身体结构，也就是生殖器官的不同。这部分内容用直观图片加简单解说，介绍了男女各自不同的生殖器官，在小贴士里对“生殖器官”给出了科学的概念。“健康加油站”介绍保持外生殖器的卫生的方法，同时还特意提示了防止性侵，教学生学会自我保护的措施。“健康碰碰车”主要为检验学生对知识的掌握和运用情况，请学生回家对照自己的身体认识外生殖器。说说怎样做好身体隐私部位的卫生。

2.相关知识点

(1)认识男生、女生的生殖器官，培养学生的性别意识。

(2)学习外阴的清洁方法和自我保护的措施。

3.教学重点

认识男生、女生的生殖器官，培养学生的性别意识。

4.教学难点

认识男生、女生的生殖器官，培养学生的性别意识。

学会自我保护的措施，有自我保护的意识。

教学过程参考

1.课程讲授过程建设

谈话引入新课

教师：双胞胎通常都长得很像，小菲和小凡就是一对龙凤胎，他们的样子很像，那男孩和女孩有什么不一样呢？今天，我们来学习"悄悄看自己"（板书）。

活动设置 1

展示图片，学生观察。

课堂讨论：男孩和女孩最大的不同在哪里？

活动设置 2

认识女性生殖器官。

(1)介绍什么是生殖器官，介绍时老师可先用科学的术语介绍，然后再用通俗的语言向学生解释。

(2)观察图画，逐一介绍外生殖器和内生殖器，并用婴儿的诞生来讲生殖器官对繁殖后代的作用，帮助学生理解。

活动设置 3

认识男性生殖器官。

同样引导学生观察图画，逐一介绍。

活动设置 4

学习"健康加油站"

过渡到清洁卫生：不管是男孩还是女孩，生殖器官都是我们非常重要的一部分，所以一定要养成良好的卫生习惯，保持清洁。

(1)女生生殖器官的卫生。讲解时注意引导学生对照老师的做法培养卫生习惯。

(2)男生生殖器官的卫生。在要点讲解时让学生自我检查,引导他们培养卫生习惯。

活动设置5

认识什么是自我保护,拒绝别人触摸自己的隐私。

此处老师可以用图片展示几个情境,如医生正常体检,父母搂抱亲吻,以及恶意的侵犯等。让学生学习该如何辨别哪些行为属于正常接触,哪些行为属于不正常接触,以及怎样采取正确的措施保护自己。

2.课堂小结建议

同学们,通过这节课的学习,我们认识了男孩和女孩有什么不一样,大家要注意清洁卫生,保护身体健康,也要学会保护自己安全的方法。

3.教学评价建议

完成“健康碰碰车”中的练习,检测学生是否掌握了知识。

(1)说说怎样做好隐私部位的卫生。

(2)回家对照自己的身体认认外生殖器。

第14课 健康的睡眠

【教学目的】

让学生认识到充足睡眠对身体的重要性，知道提高睡眠质量的方法，养成良好的生活习惯。

【教学内容与分析】

1.教学内容解读

良好的睡眠让人消除疲劳，能调整体内各器官的生理功能，促进儿童的生长发育。本课讲“健康的睡眠”，内容由引入、“健康指南针”、“健康加油站”、“健康面面观”、“健康碰碰车”、“小贴士”组成。

引入部分用一幅图片表现了生活中很多晚睡孩子的状态，睡懒觉，精神不振。“健康指南针”是学习的重要部分，主要从两个方面介绍了充足睡眠的重要性。“健康加油站”介绍提高睡眠质量的方法。“健康面面观”进行知识的拓展，介绍开灯睡觉的危害。“健康碰碰车”主要检验学生对知识的掌握和运用情况，让学生判断各种睡觉习惯正确与否，是否是健康的睡眠，然后检测自己睡眠是否健康。

2.相关知识点

(1)认识到充足睡眠对身体的重要性，知道提高睡眠质量的方法。

(2)养成良好的生活习惯。

3.教学重点

认识到充足睡眠对身体的重要性，知道提高睡眠质量的方法。

4.教学难点

养成良好的生活习惯。

教学过程参考

1.课程讲授过程建议

(1)课前调查,可发纸质问卷调查表,也可让学生准备好平板电脑及“问卷星”软件设备,在平板电脑上完成问卷调查。然后收集学生每晚入睡时间,分析数据引入新课。

教师:从同学们的睡觉时间来看……今天,我们来学习“健康的睡眠”(板书)。

(2)让学生看引入部分的图画,读故事,并对学生提问:毛毛的睡眠健康吗?

活动设置 1

“健康指南针”学习充足睡眠的重要性。

展示图片,学生观察,老师讲解。

充足睡眠能消除疲劳,调节身体器官功能,还能促进儿童的生长发育。

课堂讨论:你觉得怎样的睡眠才是充足睡眠?怎样的睡眠又才叫健康睡眠?

儿童睡够十小时叫充足睡眠。早睡早起,时间充足才是健康睡眠。

活动设置 2

“健康加油站”介绍提高睡眠质量的方法:

(1)按时睡觉,按时起床。

(2)睡前不吃太饱,情绪平稳。

(3)睡眠时间要充足。

活动设置 3

学习“健康面面观”

提问:有没有同学怕一个人睡的?睡觉怕黑怎么办呢?

调动学生一起来讲自己的亲身体验。

让话题过渡到“开灯睡觉的危害”。

小组讨论:睡觉不怕黑的小妙招。(小声播放轻音乐、给自己积极的心理暗示、由父母陪伴一会儿,直到睡着等。)

活动设置 4

了解“世界睡眠日”的知识,3 月 21 日为世界睡眠日,其目的是为引起人们对健康睡眠的关注。

2.课堂小结建议

同学们,通过这节课的学习,我们知道了什么是健康的睡眠,希望大家都养成良好的生活习惯,运用所学知识让自己拥有健康的睡眠。

3.教学评价建议

完成“健康碰碰车”中的练习,检测学生是否掌握了知识。

(1)判断这些睡觉习惯好不好。

(2)检测自己的睡眠质量,老师了解后可联系家长,以有效地帮助孩子进行调整。

相关知识链接

孩子睡觉怕黑怎么办?

和孩子说明世界上并没有鬼神,梦境中的东西都是假的。黑暗并不可怕,人对黑暗的恐惧主要是因为眼睛不能接收周围环境反馈的信息,对未知空间产生的一种不安全感。这个是很正常的,不用因此觉得孩子胆小。

平时多带孩子在比较黑的环境下活动,做好心理适应。比如夏天傍晚,天刚黑下来的时候,带孩子出去散步、玩耍;在家的时候也要鼓励孩子自己去黑暗的房间取玩具、拿食物等。

脱敏训练。怕黑,那就慢慢地去接受它,比如先陪孩子在黑暗的房间里面待一会儿,然后鼓励他自己待3分钟、5分钟、10分钟等。告诉他黑暗里没有什么能够伤害他,因为他在家里,家是安全的。逐渐延长在黑暗里的时间,经历多了就不会害怕了,就觉得黑暗不过如此。

也有可能孩子小时候的某些经历让他产生了心理阴影,那么上面的办法可能效果不会很好。可以尝试给孩子房间装一个比较暗的灯,孩子怕黑可以先开着灯睡。把房间布置得温馨点,不要放孩子不熟悉的东西。房间里的东西不要太多、太杂,不然晚上隐隐约约看到自己不熟悉的东西还是会有恐惧感。可以在床上放个毛绒玩具,当个“小伙伴”。告诉孩子自己就在附近,任何危险来临时他都会受到父母的保护,不要担心。

保证孩子的饮食健康,多活动,多晒太阳,把身体养得棒棒的。告诉孩子他很强壮,能保护自己了,还能保护爸爸妈妈了,是个小勇士。相信孩子一定能健康快乐地成长。

四年级

第1课 生活垃圾应该分类放置

【教学目的】

懂得什么是垃圾分类,养成维护环境卫生的习惯。

【教学内容与分析】

1.教学内容解读

本课内容主要有垃圾分类的好处、生活垃圾的分类方法及标准,垃圾的处理方法,本课通过具体的数据与图片让学生了解什么是垃圾分类以及进行垃圾分类的原因与方法,让学生学着运用了解的卫生健康知识去尝试垃圾分类,培养学生养成主动进行垃圾分类的卫生习惯。

2.相关知识点

(1)什么是垃圾分类。
(2)维护环境卫生的习惯。
(3)环保意识。

3.教学重点

垃圾分类的好处及方法,养成主动进行垃圾分类的卫生习惯。

4.教学难点

让学生通过学习,在日常生活中养成主动进行垃圾分类的好习惯。

教学过程参考

1.课程讲授过程建议

1)导入新课

(1)教师:同学们,在我们的生活中,每天都会产生许多垃圾,我们全球每年要产生450亿吨垃圾。而我们却只有一个地球,如果地球每个角落都散布着垃圾,被垃圾污染了,我们将无法在地球上继续生存下去。同学们有什么办法能改变这一现象呢？(学生讨论、交流。)

(2)教师小结：刚才同学们想到了很多办法，有同学还提到了垃圾的回收，其实垃圾是放错了地方的财富。垃圾中有许多可以再利用的物质，合理地利用它们可以造福人类，但对于不可再利用的垃圾，必须妥善处理，以免污染地球。今天这节课我们就来谈谈垃圾的分类吧。出示课题，齐读课题。

2)学习新课

(1)垃圾分类的好处。

①出示图片、文字资料。

变废为宝

我国每年使用塑料快餐盒达30亿个，方便面碗5亿~6亿个，废塑料占生活垃圾的3%~7%。1吨废塑料可回炼600千克无铅汽油和柴油。回收1 500吨废纸，可免于砍伐用于生产1 200吨纸的林木。1吨易拉罐融化后能结成1吨很好的铝块，可少用20吨铝矿。生产垃圾中有30%~40%可以回收利用，应珍惜这个小本大利的资源。

②看了这段文字、图片资料，说一说你有什么感想。指名请同学说自己的感想。

③将垃圾进行分类的好处可多了(减少占地、减少环境污染、变废为宝)。

④被我们认为是无用的垃圾应如何合理分类，再次利用？你还知道垃圾回收有哪些“变废为宝”的例子？指名请同学回答。

⑤小结：垃圾分类除了可变废为宝，还可以减少土地资源的消耗和环境污染，真是益处多多。

(2)生活垃圾分类与处理方法。

①教师：既然垃圾合理分类与利用有这么多好处，那么我们的生活与生产垃圾应怎样进行分类呢？请同学们谈谈自己知道的垃圾分类标准。

②教师设定居住区、单位办公区、公共场所区的具体垃圾来介绍垃圾分类标准。

③小结垃圾分类：

可回收物：指适宜回收利用的生活垃圾，包括纸类、塑料、金属、玻璃、织物等。

有害垃圾：指列入《国家危险废物名录》中的家庭源危险废物，包括废荧光灯管、废电池、废温度计、废血压计、废胶片等。

厨余垃圾：指易腐烂的、含有机质的生活垃圾，包括家庭厨余垃圾、餐厨垃圾和其他厨余垃圾等。

其他垃圾：指除可回收物、有害垃圾、厨余垃圾外的生活垃圾，如陶瓷、尘土、烟头、尿不湿、卫生间废纸等难以回收的垃圾。

④让学生完成“你来给垃圾分类”一题，集体评议。

⑤对于这些分类后收集起来的垃圾，我们该如何处理，才能让它们别污染到我们的地球妈妈呢？去课本上找找答案吧。让学生自学垃圾处理的主要方法。

⑥学生交流、讨论、回答。

⑦教师小结:我们不但需要对垃圾进行分类,还需要对不同的垃圾进行合理的处理,这样才能拥有更环保的环境。

(3)养成主动进行垃圾分类的好习惯。

①从街道上垃圾箱的变化谈起,说说你对垃圾进行分类的看法。

②小组讨论:结合你平时所闻、所见,你认为我国垃圾分类活动开展得顺利吗?不顺利的原因在哪里?你有哪些好的建议。请小组派代表发言。

③请结合本班实际情况,说说校园的垃圾如何分类,自己该怎么做。

④小组合作,完成一份"校园垃圾分类"倡议书。

⑤教师小结:垃圾分类创造的是一个环保的社会,一个使资源循环再生的社会,而这一切需要我们每一个人都行动起来,需要我们从日常生活的垃圾分类做起,而这也只需我们的举手之劳。

2.课堂小结建议

(1)通过这节课的学习,你学会了什么?你懂得了什么?

(2)随着时代的进步,请你设想:未来的生活垃圾能采用哪些更环保的方式进行分类放置和处理?

3.教学评价建议

教学目的是让学生学到知识并运用这些知识,通过对本课的教与学,学生对生活垃圾分类放置的相关知识了解、掌握情况如何,可以做一些评价,其方法可以是:让学生提出更多的行为和做法,大家进行评判是否,最后由教师总结,或教师设计一些情况,让学生进行评判。

相关知识链接

垃圾分类

垃圾分类,是将垃圾按可回收物、厨余垃圾、有害垃圾和其他垃圾分类法进行分类。

人们大量地消耗资源,大规模生产,大量地消费,又大量地产生着废弃物。这些垃圾它们到哪里去了?它们通常是先被送到垃圾堆放场,然后再送去填埋。垃圾填埋的费用是高昂的,处理1吨垃圾的费用为200~300元人民币。同时这些垃圾污染着环境。

难道我们对待垃圾就束手无策了吗?其实,办法是有的,这就是垃圾分类。垃圾分类就是在源头将垃圾分类投放,并通过分类的清运和回收使之重新变成资源。从国内外各城市对生活垃圾分类的方法来看,大致都是根据垃圾的成分构成、产生量,结合本地垃圾的资源利用和处理方式来进行分类。如德国,一般分为纸、玻璃、金属、塑料等;澳大利亚,一般分为可堆肥垃圾、可回收垃圾、不可回收垃圾;日本,一般分为可燃垃圾、不可燃垃圾,等等。

如今中国生活垃圾一般可分为四大类：可回收物、厨余垃圾、有害垃圾和其他垃圾。目前常用的垃圾处理方法主要有综合利用、卫生填埋、焚烧和堆肥。

1.垃圾分类

(1)可回收物，主要包括废纸、塑料、玻璃、金属和布料五大类。废纸：主要包括报纸、期刊、图书、各种纸盒等，但是要注意纸巾和厕所纸由于水溶性太强不可回收。塑料：主要包括各种塑料包装物、矿泉水瓶等。玻璃：主要包括各种玻璃瓶、镜子、灯泡、暖瓶等。金属物：主要包括易拉罐、罐头盒、牙膏皮等。布料：主要包括废弃衣服、洗脸巾、书包、鞋等。通过综合处理回收利用，可以减少污染，节省资源。如每回收1吨废纸可造好纸850千克，节省木材300千克，比等量生产减少污染74%；每回收1吨塑料饮料瓶可获得0.7吨二级原料；每回收1吨废钢铁可炼好钢0.9吨，比用矿石冶炼节约成本47%，减少空气污染75%，减少97%的水污染和固体废物。

(2)厨余垃圾，也叫生物类垃圾，就是剩饭生菜，蛋壳果皮，菜帮菜叶一类的厨房垃圾。这些剩菜剩饭、骨头、菜根菜叶、果皮等食品类废物，经生物技术就地处理堆肥，1吨可生产0.3吨有机肥料。我们可以用它种花养草，施种出的蔬菜，比起化肥食品来，既安全又健康。生物垃圾通常占了垃圾总量的40%，如果它们都能变成有机肥，既省下用作填埋场的土地，还防止它们滋生蚊蝇和细菌，减少环境污染，还能得到很好利用。

(3)有害垃圾，包括废电池、废日光灯管、废水银温度计、过期药品等，这些垃圾对环境污染严重，需要特殊安全处理。

(4)其他垃圾，包括除上述几类垃圾之外的砖瓦陶瓷、渣土、卫生间废纸、纸巾等难以回收的废弃物，采取卫生填埋可有效减少对地下水、地表水、土壤及空气的污染。

2.为什么要对垃圾进行分类

垃圾处理的方法还大多处于传统的堆放填埋方式，占用良田土地，虫蝇乱飞，污水四溢，臭气熏天，严重地污染环境。进行垃圾分类收集可以减少垃圾处理量和处理设备，降低处理成本，减少土地资源的消耗，具有社会、经济、生态3方面的效益。垃圾分类处理的优点如下：

(1)减少占地。垃圾分类，去掉能回收的、不易降解的物质，减少垃圾数量达50%以上，减少垃圾填埋所需土地。

(2)减少环境污染。废弃的电池含有金属汞、镉等有毒的物质，会对人类产生严重的危害；土壤中的废塑料会导致农作物减产；抛弃的废塑料被动物误食，导致动物死亡的事故时有发生。因此回收利用和特殊处理，可以减少环境污染。

(3)变废为宝。中国每年使用塑料快餐盒达40亿个，方便面碗5亿~7亿个，废塑料占生活垃圾的3%~7%。1吨废塑料可回炼600千克的柴油。回收1 500吨废纸，可免于砍伐用于生产1 200吨纸的林木。1吨易拉罐熔化后能结成1吨很好的铝块，可少采20吨铝矿。生产垃圾中有30%~40%可以回收利用，应珍惜这个小本大利的资源。同学们也可以利用易拉罐制作笔盒，既环保，又节约资源。

通过对同学们进行垃圾分类处理的概念、方法、意义等的讲解，使同学们懂得在日常生活中应该怎样做，为把我们社会建设成为一个无垃圾的社会，一个使资源循环再生的社会作出自己的贡献。

只有这样才可以让我们的地球变得更加美丽。

第2课 人体所需的主要营养素

【教学目的】

帮助学生了解人体所需要的主要营养素有哪些,懂得合理膳食的重要。

【教学内容与分析】

1.教学内容解读

本课主要向学生介绍各种人体所需要的主要营养素,让学生初步了解这些营养素对人体的重要性和它们各自不同的作用,帮助学生树立合理膳食的概念,知道哪些营养素缺一不可,并且让他们知道哪些食物里包含了这些营养素。

2.相关知识点

人体所需主要营养素:蛋白质、脂肪、碳水化合物、矿物质、维生素、水和纤维素。

3.教学重点和难点

让学生了解人体所需主要营养素是哪些,应该从哪些食物中去获取,懂得合理膳食的重要性,养成不挑食的好习惯。

教学过程参考

1.课程讲授过程建议

活动设置1:谈话引入

教师:同学们,你知道植物生长需要什么吗?(让学生自由讨论,说出自己的想法)接下来,教师带学生一起阅读课本第 6 页上的小故事，引入“小朋友要健康成长也需要各种人体必需的营养”的话题。

活动设置 2：竞赛抢答

教师：人需要哪些营养物质呢？让我们一起走进“健康指南针”去看看吧！

引导学生阅读“健康指南针”中的介绍，然后回答问题，可以以竞赛抢答的方式激发学生的学习兴趣：

①人体每天需要的主要营养物质有哪些？

②蛋白质在人体中的主要作用是什么？

③什么是人体的高能量来源？

④人体的主要能源物质是什么？

⑤哪几种维生素和我们的营养状况关系密切？

⑥为什么说水是人生命的摇篮？

活动设置 3：说说自己最喜欢吃什么

教师可组织学生一起讨论自己平常的饮食习惯，然后教师出示合理的膳食宝塔，让学生明白不能挑食、偏食。

活动设置 4：考考你游戏

教师：我们所需要的营养素都藏在哪里呢？让我们一起走进“健康加油站”去看看吧！(学生自主阅读课本第 9~10 页的内容。)接下来，教师出示各种食物的图片，让学生说说其中主要有哪些营养物质。

2.课堂小结建议

(1)通过这节课的学习，你知道什么是合理膳食了吗？

(2)愿大家都做不挑食、偏食的好孩子，拥有健康强壮的身体！

3.教学评价建议

(1)评评哪些同学的饮食习惯最好，身体最健壮，让这些同学讲讲自己的健康秘诀。

(2)结合本课所学知识，让学生同爸爸妈妈一起制订一周的营养食谱。

相关知识链接

1.蛋白质的生理功能

(1)构成和修复组织。

蛋白质是构成机体组织、器官的重要成分，人体各组织、器官无一不含蛋白质。细胞中，除水分外，蛋白质约占细胞内物质的80%。因此，构成机体组织、器官的成分是蛋白质最重要的生理功能。身体的生长发育可视为蛋白质的不断积累过程。蛋白质对生长发育期的儿童尤为重要。身体受伤后也需要蛋白质作为修复材料。

(2)调节生理功能。

机体生命活动之所以能够有条不紊地进行，依赖于多种生理活性物质的调节。而蛋白质在体内是构成多种重要生理活性物质的成分，参与调节生理功能。如酶蛋白具有促进食物消化、吸收和利用的作用；免疫蛋白具有维持机体免疫功能的作用；血红蛋白具有携带、运送氧的功能；由蛋白质或蛋白质衍生物构成的某些激素，如垂体激素、甲状腺素、胰岛素及肾上腺素等都是机体的重要调节物质。

(3)供给能量。

蛋白质是人体能量来源之一，但这种功能可以由碳水化合物、脂肪所代替，所以，供给能量是蛋白质的次要功能。

2.脂肪的生理功能

脂类是人体必需的一类营养素，是人体的重要成分，包括脂肪和类脂。通常所说的脂肪包括脂和油，常温情况下呈固体状态的称作“脂”，呈液体状态的叫作“油”。日常食用的动、植物油，如猪油、菜油、豆油、芝麻油等均属于脂肪和油，也就是说，日常的食用油就是脂肪。类脂是与脂和油很类似的物质，种类很多，主要有：卵磷脂、神经磷脂、胆固醇和脂蛋白等。

(1)供给能量。合理膳食的总能量有20%～30%由脂肪提供。人体储存的脂肪常处于分解(供能)与合成(储能)的动态平衡中。

(2)构成身体成分。正常人体内脂类总体重的14%～19%，胖人约含32%，过胖人可高达60%左右。人体内脂类绝大部分是以甘油三酯形式储存于脂肪组织内。脂肪组织所含脂肪细胞，多分布于腹腔、皮下、肌纤维间。这一部分脂肪常称为储存脂肪，因受营养状况和机体活动的影响而增减，故又称为可变脂。类脂包括磷脂和固醇类物质，是组织结构的组成成分，约占总脂的5%。这类脂类比较稳定，不易受营养和机体活动状况影响，故称为定脂。类脂的组成因组织不同而有差异。

(3)供给必需脂肪酸。必需脂肪酸是磷脂的重要成分，而磷脂又是细胞膜的主要结构成分，故必需氨基酸与细胞的结构和功能密切相关。必需脂肪酸缺乏，可引起生长迟缓、生殖障碍、皮肤受损(出现皮疹)等。另外，还可引起肝脏、肾脏、神经和视觉等方面的多种疾病。

此外，脂肪还可提供脂溶性维生素并促进脂溶性维生素的吸收；保护脏器和维持体温；节约蛋白质；增加膳食的美味和增加饱腹感；具有内分泌作用，构成参与某些内分泌激素。

3.碳水化合物的生理功能

碳水化合物是生命细胞结构的主要成分及主要供能物质，有调节细胞活动的重要功能。

(1)供给和储存能量。膳食碳水化合物是人类获取能量的最经济和最主要的来源。维持人体健康所需要的能量中,55%~65%由碳水化合物提供。碳水化合物在体内释放能量较快,供能也快,是神经系统和心肌的主要能源,也是肌肉活动时的主要燃料,对维持神经系统和心脏的正常供能,增强耐力,提高工作效率都有重要意义。

(2)构成组织及重要生命物质。碳水化合物是构成机体组织的重要物质,并参与细胞的组成和多种活动。

(3)节约蛋白质作用。机体需要的能量,主要由碳水化合物提供,当摄入足够量的碳水化合物时则能预防体内或膳食蛋白质消耗,不需要动用蛋白质来供能,即碳水化合物具有节约蛋白质作用。

(4)解毒作用。葡萄糖醛酸是体内一种重要的结合解毒剂,在肝脏中能与许多有害物质如细菌毒素、酒精、砷等结合,以消除或减轻这些物质的毒性或生物活性,从而起到解毒作用。

(5)增强肠道功能。非淀粉多糖类能刺激肠道蠕动,增加结肠内的发酵,发酵产生的短链脂肪酸和肠道菌群增殖,有助于消化和增加排便量。

4.人体所需的维生素

维生素是维持人体正常生命活动所必需的一类有机化合物。在体内其含量极微,但在机体的代谢、生长发育等过程中起着重要作用。

它们的化学结构与性质虽然各异,但有共同特点:

(1)均以维生素本身,或可被机体利用的前体化合物(维生素原)的形式存在于天然食物中。

(2)非机体结构成分,不提供能量,但担负着特殊的代谢功能。

(3)一般不能在体内合成(维生素D例外)或合成量太少,必须由食物提供。

(4)人体只需少量即可满足,但绝不能缺少,否则可引起维生素缺乏病。水溶性维生素摄入过多时,常以原形从尿中排出体外,几乎无毒性,但常干扰其他营养素的代谢;脂溶性维生素大量摄入时,由于排出较少,可致体内积存超负荷而造成中毒。为此,必须遵循合理原则,不宜盲目加大剂量。

5.人体中的矿物质

人体内含有60多种元素。其中,维持机体正常生理功能所必需的元素,称为必需元素,有20多种,人体内含量较多的有氢、碳、氧、氮、磷、硫、氯、钠、镁、钾、钙等,约占体重的99.95%。这些生命必需元素中,除碳、氢、氧、氮主要以有机物质形式存在外,其余各元素均为无机的矿物质。

人体必需的微量元素共分为三大类:第一类为人体必需的微量元素,有铁(Fe)、碘(I)、锌(Zn)、硒(Se)、铜(Cu)、钼(Mo)、铬(Cr)、钴(Co)8种;第二类为人体可能必需的微量元素,有锰(Mn)、硅(Si)、镍(Ni)、硼(B)、钒(V)5种;第三类具有潜在毒性,但在低剂量时对人体可能具有必需功能的微量元素,包括氟(F)、铅(Pb)、镉(Cd)、汞(Hg)、砷(As)、铝(Al)、锂(Li)、锡(Sn)。

6.青少年膳食指南

根据儿童青少年生长发育的特点及营养需求,在一般人群膳食指南基础上还应强调以下4条内容:

(1)三餐定时定量,保证吃好早餐,避免盲目节食;

(2)吃富含铁和维生素C的食物;

(3)每天进行充足的户外活动;

(4)不抽烟,不饮酒。

第3课 吸烟危害健康

【教学目的】

让学生了解吸烟对人体健康和环境的巨大危害，主动远离香烟。

【教学内容与分析】

1.教学内容解读

当今许多青少年长期处于被动吸烟的状态，主动吸烟的青少年也越来越多，年龄越来越小，所以及时地让学生了解香烟的危害，教育他们主动远离香烟是非常重要的。本课内容由"引入""健康指南针""健康加油站""健康碰碰车"几个主要部分组成。

"健康指南针"是课文的重要部分，包含3个方面的重要内容：香烟对人体健康的危害、烟草对青少年的危害、被动吸烟的危害。

"健康碰碰车"主要指导学生将知识运用到生活中，强化他们远离香烟、勇敢拒绝被动吸烟的意识。

2.相关知识点

(1)烟草中含有许多对人体有害的成分。
(2)烟草对人体健康危害大。
(3)远离烟草可以让我们拥有健康。

3.教学重点

本课的教学重点应该放在"健康指南针"部分，尤其是有关"烟草对青少年的危害""被动吸烟的危害"内容。

4.教学难点

让学生勇敢拒绝吸烟和被动吸烟是教学的难点，也是学生形成健康行为的关键。

教学过程参考

1.课程讲授过程建议

从“世界无烟日”入手,启发学生的思考,可以问学生:为什么要设世界无烟日呢?你的身边有吸烟的人吗?他们是谁?

活动设置 1

进入“健康指南针”阅读“可怕的香烟”一节,了解香烟中到底含有哪些有害物质,他们对人体健康的危害究竟有多大。

对课文进行阅读和理解后,可给学生观看科学实验的视频——用注射器将 0.5 毫升浸泡过烟叶的水注入小白鼠的体内,小白鼠很快出现行动迟缓、抽搐等现象,不久后死亡(或是其他直观反映烟草危害巨大的视频)。这样可给学生以生动形象的说明,让他们感受更深。

活动设置 2

阅读“健康指南针”中“烟草对青少年的危害”一节。

教师提问:现在,青少年中也有一些人抽烟,烟草对青少年又有哪些危害呢?(让学生自己阅读然后回答问题。)

教师补充介绍:所以,为了保护未成年人,各国的法律都规定禁止向未成年人出售香烟。

活动设置 3

教师提问:被动吸烟是指什么?你经常被动吸烟吗?(让学生结合自己的生活实际来谈谈)

当你被动吸烟时,你有什么感受呢?你能勇敢地拒绝被动吸烟吗?教师可就这些问题进行课堂小调查的活动,课后可让学生写成调查报告。

活动设置 4

教师带领学生阅读“健康加油站”中的内容,了解世界卫生组织为帮助人们认识烟草的危害所做的努力。

2.课堂小结建议

同学们,让我们从小远离烟草,保护自己和他人的身体健康。

3.教学评价建议

本课学习之后可让学生根据对同学的调查,写一份关于被动吸烟情况的调查报告。

相关知识链接

吸烟的危害

1.香烟中的有害物质

香烟在燃烧时，烟雾中含有5 068种化学物质，其中致癌、促癌物质达69种之多。对人体危害最大的是尼古丁、烟焦油、一氧化碳和放射性物质等。

(1)尼古丁，又称烟碱，是一种无色透明的油状挥发性液体，具有刺激的烟臭味，是主要的成瘾源。

(2)一氧化碳：是一种无色无味的气体。一氧化碳与血红蛋白的亲和力比氧气高250倍，容易造成组织和器官缺氧，进而使大脑、心脏等多种器官产生损伤。

(3)烟焦油：是一种棕黄色具黏性的树脂，含多种致癌物和促癌物。

(4)苯丙芘：强致癌物。

(5)放射性物质：吸烟时可被吸入肺并沉积体内，它们不断放出射线，损伤肺组织。

(6)刺激性化合物：烟雾中含多种刺激性化合物，其中有氰化钾、甲醛、丙烯醛等。

(7)有害金属：如镉，可积蓄体内，引起哮喘、肺气肿。

(8)其他有害物质：如致癌物质二甲亚硝胺，一些促癌物质如甲醛苯醇、脂肪酸等。

2.烟草对人体健康的影响

吸烟易引起的疾病：恶性肿瘤、心脏病(冠心病)、中风、慢性肺部阻塞病、肺炎、哮喘、消化道溃疡、外周动脉病、主动脉血管瘤、骨质疏松、白内障、牙周病等。

3.青少年吸烟的害处

第一，从青少年的生理解剖特点来看：青少年正处于迅速生长发育阶段，身体各系统、各器官还未成熟，比较娇嫩，因而对有害、有毒物质比成人更容易吸收，受毒害更深。医学科学证明，烟草在点燃后，烟雾中含有害物质达几十种。这些有害物质首先对呼吸器官的天然防病机能进行破坏。青少年的大支气管比较直，当烟雾带着烟尘的微粒(非常小)和有害物质进入呼吸道时，更容易长驱直入达到细的支气管和肺泡。据联合国世界卫生组织报道：吸烟的青少年患咳嗽、痰多、肺部感染以及肺功能受害的要比不吸烟的青少年显著增多。这就影响他肺部的正常发育，造成慢性支气管炎、肺气肿，甚至肺心病，严重影响健康，缩短寿命。吸烟开始的年龄越早，发生肺癌的年龄也随着提前，发病率也越大。青少年吸烟还可能导致早衰、早亡以及影响下一代的发育。吸烟会引起少女的月经紊乱和痛经。

第二，吸烟损害人脑，使智力受到影响。在烟雾中一氧化碳含量很高，一氧化碳吸入人体后，与血液中的血红蛋白结合成碳氧血红蛋白，使血红蛋白不能正常地与氧结合成氧合血红蛋白，因而失去携氧的功能。由于人的大脑对氧的需要量大，对缺氧十分敏感，吸多了烟就会感到精力不集中，甚至出现头痛、头昏现象。长久，大脑就要受到损害，使思维变得迟钝。

第三,青少年吸烟易引发犯罪,吸烟易促成不良交往,诱发不良行为。有的青少年为了弄到买烟的钱,不惜偷窃、敲诈勒索、抢劫,造成犯罪。据调查吸烟的青少年在学校的缺课率、病假率、住院日都显著高于不吸烟者,而学习成绩则显著低于不吸烟者。

4.被动吸烟的害处

被动吸烟是指不吸烟者吸了吸烟者吸烟时所造成的环境香烟烟雾。吸二手烟对健康的危害程度虽不如主动吸烟,但也相当严重,足以危及生命,故应给以充分重视。

(1)引起肺癌:据权威性长期追踪调查结果显示,生活在吸烟家庭中的不吸烟妇女与生活在非吸烟家庭中的相比,患肺癌几率要高出2~3倍。在工作间、酒吧间长期暴露于二手烟的不吸烟者患肺癌几率与非被动吸烟者相比要高出40%~50%。

(2)引起心脏病:不吸烟的被动吸烟者与无被动吸烟者相比,患冠心病危险性高出25%~30%。

(3)引起呼吸道疾患:长期接触二手烟可引起各种慢性呼吸道疾患。美国一研究报道,被动吸烟者呼吸困难危险率增加45%,患慢性支气管炎危险率增加65%,患哮喘危险率增加39%。

(4)引起婴幼儿疾病:婴儿被动吸烟患婴儿猝死综合征的危险率增加20多倍。我国一项随访调查表明,婴儿被动吸烟患上呼吸道感染和气管炎的危险率增加37%和45%,幼儿被动吸烟还会引起中耳炎和哮喘多发。

5.吸烟对男性健康的危害

吸烟导致男性性无能风险增加50%;精子数减少;精子形状异常;精子活动能力减弱。

6.吸烟对女性健康的危害

妇女吸烟会导致不孕、流产、胎儿生长障碍(出生体重减轻)、初生婴儿死亡、提早停经等。

(1)生育能力下降:吸烟女性患不孕症的机会比不吸烟女性高2.7倍;如果夫妇双方都吸烟,则不孕的可能性比不吸烟的夫妇要高5.3倍。吸烟女性较易发生流产、早产或宫外孕,吸烟女性卵子的受精率大大减弱。

(2)可殃及后代:烟草中的有毒物质可通过胎盘进入胎儿体内,从而影响胎儿的发育。因此,吸烟的孕妇常会出现胎儿发育迟缓、发育畸形及低体重儿。

(3)可致早衰:香烟中的尼古丁能刺激微血管发生痉挛收缩,使皮肤供血供氧不足,影响正常的新陈代谢,加速衰老。吸烟女性的皮肤往往较为干涩、粗糙、弹性降低、皱纹多、面容憔悴、色泽带灰,尤其是两眼角、上下唇部及口角处皱纹明显增多,因而容貌显得比实际年龄苍老。

(4)月经失调:烟草中的尼古丁能减少性激素的分泌量,出现月经失调,使月经初潮推迟、经期紊乱,更年期综合征提前到来。

第4课 预防眼外伤

【教学目的】

让学生了解造成眼外伤的原因,知道眼外伤的救治方法以及预防眼外伤的方法。

【教学内容与分析】

1.教学内容解读

眼睛是心灵的窗户,由于小学生年幼无知,眼外伤屡有发生,轻则引起视力下降,影响双眼视觉发育;重则致盲,引起眼球萎缩、斜视或摘除眼球,影响外观,会给他们造成生理上、心理上的严重伤害。

本课内容由“引入”“健康指南针”“健康碰碰车”几部分组成。

“引入”部分由一则谜语导入,把学生带入学习中,激发学生的学习兴趣。

“健康指南针”是课文的重要部分,包含3个方面的重要内容,即造成眼外伤的原因、眼外伤的救治、预防眼外伤。

“健康碰碰车”主要为检验学生对知识的掌握和运用情况,让学生判断说法的对与错,讨论正确的做法。

2.相关知识点

造成眼外伤的原因、眼外伤的救治、如何预防眼外伤。

3.教学重点

让学生了解造成眼外伤的原因,知道眼外伤的救治方法以及预防眼外伤的方法。

4.教学难点

让学生了解造成眼外伤的原因、预防眼外伤的方法。

教学过程参考

1.课程讲授过程建议

1)导入课题,揭示课题

开课时,让学生猜谜语,从而引出话题:眼睛有时也会受到意外伤害,怎样预防眼外伤呢?

2)了解造成眼外伤的原因

在教学时,教师先出示眼睛的内部结构图,让学生了解眼睛由瞳孔、角膜、晶状体、视网膜、视神经等组成,让学生意识到眼睛对于人体的重要性。然后,教师出示挂图(或视频),让学生思考:同学们,看了这些挂图(或视频),你有什么感受?在学生交流的基础上,引导学生认识到眼外伤发生通常是由于平时生活中的疏忽和不慎造成的。

3)学习眼外伤的救治方法

教师播放视频或者讲述遇到眼外伤时,要及时、正确处理的情况包括:化学药品烧伤眼睛要尽快用清水冲洗,然后再送往医院;发生机械性眼外伤,一定要及时就医;若遇开放性伤口,避免挤压和涂擦眼膏,应简单保护后尽快送医院。然后让学生分小组交流救治的方法。

4)学习预防眼外伤的方法

教师出示挂图(或视频),让学生思考:同学们,看了这些挂图(或视频),你知道如何预防眼外伤吗?在学生交流的基础上,教师明确预防眼外伤的方法,让学生增强自我保护意识。

5)判断对错

让学生认真阅读课本“健康碰碰车”中的说法,经过自己的思考,做出判断,并在全班交流,教师强调正确的说法,纠正错误的说法。

2.课堂小结建议

通过这节课的学习,我们知道了造成眼外伤的原因、发生眼外伤时的救治方法以及预防眼外伤的方法。在今后的学习生活中,同学们要有安全防范意识,减少事故的发生。

3.教学评价建议

让学生对照检查自己的行为,明确正确的做法,加深对学习内容的理解。教师可以适当补充有关的知识,让学生了解一些眼外伤的典型案例,加强安全防范意识。

相关知识链接

避免眼外伤

1.眼外伤的概念

机械类、物理类和化学类等物质因素直接作用于眼部，引起眼球或附属器的结构和功能损害，统称为眼外伤。

2.眼外伤的分类

国际眼外伤学会理事会将眼外伤分为两类：

(1)闭合式：包括挫伤和板层裂伤。

(2)开放式：包括破裂伤和撕裂伤。撕裂伤又包括穿入伤、眼内异物、穿通伤。

3.眼外伤的处理

一旦发生眼外伤，其处理原则包括：若合并有休克或其他严重征象，应先抢救生命，再做眼部处理；开放性眼外伤，应肌肉注射抗破伤风血清；若有酸、碱类物质溅入眼内，应分秒必争地用大量的清水冲洗，至少30分钟。

4.眼外伤的预防

(1)勤剪指甲，以免不由自主地用过长指甲划破自己的眼睛。

(2)不要玩玻璃杯、瓶等容易破损的物品，以防走路跌跤时摔破刺伤眼睛或面部。

(3)不要玩刀、剪、锥子等尖锐物品，以免刺伤眼睛。

(4)农村孩子常见眼外伤中有谷壳、麦糠、麦芒、草秆、树枝叶刺破伤，或被公鸡啄伤、猫爪划伤，石灰和砂土及蜜蜂蜇伤，玩竹弓箭误伤等。如果得不到正确及时治疗，会造成严重后果。

(5)不要玩弹弓、飞刀以及火药枪等有害性游戏。

(6)不要砸雷管、旧弹壳等物，不能将鞭炮火药放在火中点燃，不要看电焊发出的弧光，不要比赛凝视太阳，不要裸眼观察日蚀等，以免损害眼睛。

第5课 认识传染病

【教学目的】

使学生了解各种传染病的危害及传播途径，掌握基本的预防方法。

【教学内容与分析】

1.教学内容解读

传染病种类很多，近年来常有一些传染病大范围流行，且学校往往成为“重灾区”，因此，应当把学校作为传染病防控的重点区域。通过健康教育课向学生传播预防传染病知识，对学校的传染病防控工作有积极的推动作用。本课根据小学四年级学生的认知能力，将传染病的一些基本知识向学生做了初步介绍，包括“什么是传染病、传染病是怎样传染的、传染病传播的必备条件以及怎样预防传染病等，本课由“引入”“健康指南针”“健康加油站”“健康碰碰车”等板块组成。

“健康指南针”内容较多，包含传染病的定义、传染病流行必须具备的条件、传染病的种类(按传播途径分类，也是传播途径的简单介绍)。“健康加油站”介绍了传染病的基本预防方法，是本课的教学重点之一。“健康碰碰车”则可作为拓展训练的材料。

2.相关知识点

(1)引起传染病流行的3个必备条件：传染源、传播途径、易感人群。

(2)传染病的主要传播方式。

(3)预防传染病的主要措施。

3.教学重点

本课的教学重点应该放在“健康指南针”中的传染病传播方式和“健康加油站”中的预防

传染病的有效措施上。

4.教学难点

传染病的传播方式。

教学过程参考

1.课程讲授过程建议

1)学习新课

(1)可以用讲故事的方式进入课题,内容为某次传染病流行情况,例子可以是本校、本市、外地或者国外的,有条件的学校可以用多媒体播放视频。讲述或播放故事时,要注意引领学生产生疑问,以激发学生的学习兴趣。接下来进行“什么是传染病”的教学,此内容课本中虽然只有4行,但教学有一定难度,教师一定要向学生讲清楚:一是传染病的概念,但又不能太“专业化”,要抓住传染病的最主要特点——“要传染”。教师可以列举一些非传染病作对比,如成年人易患的高血压、心脏病,小学生常见的近视、营养不良等。二是对“病原体”的解释,既要讲清楚,也要避免太“专业化”,让学生明白能引起传染病的微生物才叫病原体,不是所有的微生物都是病原体,尤其是细菌、真菌,有的还对人体有益的呢。所以这里一定要把握好“引起各种传染病”这一关键。

(2)“传染病的传播方式”是本课的教学难点。教学中,教师要注意把握:第一,传染源、传播途径、易感人群是引起传染病流行的必备条件,医学上称“三大环节”缺一不可,只要其中任何一个条件不具备,传染病就不会传染和流行。因此,对所有传染病的防控措施,都是针对这“三大环节”制订和采取的。第二,讲传染源时一定要把握“人和动物”这一关键词,而且人作为传染源时,不仅仅是传染病病人,还有“病原携带者”。第三,“易感人群”不是固定不变的,因为人的免疫水平是变化的。

(3)“各种传染病”部分,按不同传播途径分别介绍了一些主要的传染病。教学中,要注意选择学生熟悉的,或者小学生中容易传染的病如流行性腮腺炎、水痘、细菌性痢疾、甲型肝炎等作重点教学。

(4)“预防传染病的有效措施”是学生应该掌握的内容,也是本课的重点。可以通过该内容的教学,检验学生对前边内容的学习和掌握情况。需要注意的是,第一,课本所列举的预防措施,不是针对某一种传染病的措施,而是对所有传染病的一些简单、基本的预防方法。第二,教给学生预防方法的目的,是要让他们掌握并运用这些方法,自觉养成爱卫生的好习惯。

2)教学方法建议

教学时,教师要充分发挥学生的主体作用,注意引领和启发学生思考,并对照日常生活检验自己的知识和行为。本课教学可考虑采用游戏,头脑风暴等方法。

①游戏:如实施了“传染病的传播方式”“各种传染病”的教学后,可以让学生扮演传染病人(各种传播途径的病都要有人扮演),然后请同学说出这种病是通过什么途径传播的。

②头脑风暴:在实施“预防传染病的有效措施”教学时,可以请同学说出自己知道的预防传染病措施,学生说一条,教师在黑板上记一条,无论正误都记下来,其他人包括教师均不做评判,然后再换人说。最后教师和同学们一起对学生说出的预防方法进行评判,说得好的可以给予“奖励”。

2.课堂小结建议

请学生自己总结,通过这节课的学习,你懂得了什么?

3.教学评价建议

在“预防传染病的有效措施”教学结束后,请学生根据课本和同学们列举的预防方法,对照自己的日常行为,看看自己做到了多少?每做到一点,就给自己画上一颗星(也可以是其他方式的奖励),然后相互交流。如果没有做到,要让学生谈今后该怎么做?活动中教师要注意引领学生“实事求是”地评价自己。

相关知识链接

预防传染病

1.法定传染病

《传染病防治法》将全国发病率较高、流行面较大、危害严重的40种传染病列为法定管理的传染病,并根据其对人类危害程度的不同,分为甲、乙、丙3类,实行分类管理。

(1)甲类传染病:为强制管理的传染病,包括鼠疫、霍乱。

(2)乙类传染病:为严格管理的传染病,包括传染性非典型肺炎、新型冠状病毒肺炎、艾滋病、病毒性肝炎、脊髓灰质炎、人感染高致病性禽流感、麻疹、流行性出血热、狂犬病、流行性乙型脑炎、登革热、炭疽、细菌性和阿米巴性痢疾、肺结核、伤寒和副伤寒、流行性脑脊髓膜炎、百日咳、白喉、新生儿破伤风、猩红热、布鲁氏菌病、淋病、梅毒、钩端螺旋体病、血吸虫病、疟疾。

(3)丙类传染病:包括流行性感冒、流行性腮腺炎、风疹、急性出血性结膜炎、麻风病、流行性和地方性斑疹伤寒、黑热病、包虫病、丝虫病,除霍乱、细菌性和阿米巴性痢疾、伤寒和副伤寒以外的感染性腹泻病。

2.传染病的流行过程

传染病的流行过程是指传染病在人群中不断传播蔓延的过程。构成流行过程必须具备3个基本条件,即传染源、传播途径和易感人群,此3个条件缺一不可,也称为3个环节。因此,无论传染病的预防还是传染病疫情的控制都是从3个环节加以阻断。

(1)传染源:是指能够排出病原体的人或动物,包括传染病的病人、病原携带者以及受感染的动物。病原携带者是指没有任何临床症状但能排出病原体的人,如乙肝表面抗原携带者。

(2)传播途径:从传染源排出的病原体,在外环境中要借助空气、水、食物等某些媒介物质,才能侵入到易感者体内,造成新的感染。病原体在外环境中所经历的全过程即传播途径。根据传播介质的不同,常见的传播途径包括经空气传播、经水传播、经食物传播、经接触传播、经土壤传播、医源性传播等。

3.传染病的预防与控制

(1)加强传染病的监测报告:我国的传染病防治法明确规定了各类传染病报告的程序、方式及时间要求。加强传染病的监测报告可以随时掌握不同地区人群传染病疫情的动态变化,指导传染病的预防与控制工作。

(2)针对传染源的措施:

①病人:做到早发现、早诊断、早报告、早隔离和早治疗。

②病原携带者:做好登记、管理和随访,促使其养成良好的个人卫生习惯。

③传染病病人的密切接触者:进行必要的医学检查和处理,甲类传染病的接触者还必须强制隔离观察。

④动物传染源:危害大且无经济价值的如鼠类应彻底消灭,对有经济价值的病畜视情况予以隔离治疗、捕杀、焚烧或深埋等。另外,要做好家畜和宠物的预防接种。

(3)针对传播途径的措施:主要是做好消毒工作,消灭传染源散播在各种传播媒介上的病原体,以切断传播途径。另外,要消灭蚊子、苍蝇等传播疾病的媒介昆虫。

(4)针对易感人群的措施:

①加强预防接种。这是降低人群易感性,减少或消灭传染病的重要手段。

②做好个人防护。如戴上口罩预防呼吸道传染病。

③针对某些传染病,还可开展药物预防,但要在医生指导下使用,避免药物滥用。

第6课 身体的红绿灯

【教学目的】

让学生了解身体哪些部位是可以接触的部位，哪些是不能让外人随意接触的隐私部位。要保护好自己身体的隐私部位，遇到性侵犯行为时，能够正确地自救和求救。

【教学内容与分析】

1.教学内容解读

本课内容主要是让学生正确认识自己身体的隐私部位，学会防范以及应对性侵害。“健康指南针”详细讲解了身体的“红灯区”和“绿灯区”，并配有相关部位的具体图示；还讲解了什么是性侵犯，帮助学生正确区分哪些行为属于性侵犯。“健康加油站”讲解了预防性侵，自我保护的方法。“健康面面观”展示了具体的场景，告诉学生遇到性侵时，要学会拒绝、反抗、逃离和处理的办法。“健康碰碰车”是让学生参与交流和判断的环节，判断哪些行为是正当接触。

2.相关知识点

红灯区：是身体的禁区，只有自己才可以触碰。臀部、胸部、阴部等是身体的红灯区，不可随意被别人触碰。

性侵犯：任何以肢体、语言、图画暗示或者其他方式试图挑逗我们，接触或看我们的隐私部位，或者展露自己的隐私部位，在我们的面前讲下流话和黄色笑话，给我们看色情图片等行为，都属于性骚扰或者性侵犯。

3.教学重点和难点

教学重点：让学生正确认识自己的隐私部位，学会防范以及应对性侵犯。

教学难点：

(1)敢于正视自己的隐私部位，知道哪些行为属于性侵犯。

(2)遇到性侵犯时，学会安全反抗，安全拒绝和安全逃跑并及时告诉家人。

教学过程参考

1.谈话导入

(1)认识红绿灯

(出示课件:红绿灯)师:你们认识它吗?(板书:红绿灯)

师:你在哪儿见过?(马路上)

师:马路上的红绿灯有什么作用呢?(红灯停,黄灯等一等,绿灯行)

(2)揭示课题

师:除了马路上有红绿灯,我们的身体上也有“红绿灯”。(板书:身体的)

师:我们身体的“红绿灯”在哪里呢?想知道吗?

教师小结:这节课我们一起来寻找我们——《身体的红绿灯》。

2.游戏:亲密接触

(1)我们先来做个小游戏。(出示课件:亲密接触)

(2)来看看游戏规则。(出示课件:游戏规则)

游戏规则:根据老师的指令做动作,学生进行相应的身体接触。

友情提示:学生双方对老师要求的动作感到不舒服时,可以不做。

①全班进行游戏。

(老师的指令:a.请单组的同学给双组的同学揉揉太阳穴—摸摸他的脸—按摩肩膀—捏捏手臂。b.请双组的同学给单组的同学轻轻捶捶背—按摩一下腰—拍拍他的屁股。c.请同桌两个同学握握手,拥抱一下。)

②全班交流游戏后的感受。师:在刚才的游戏中,你有什么感受呢?(舒服的、难受的、尴尬别扭的、感到厌恶的)

③师小结:适当的身体接触可以增进感情,让人与人之间的关系更加密切、和谐。但是,男孩、女孩的身上有一些私密的部位,是我们身体的禁区,就是最亲密的人也不可以跨越,因此我们要给自己的身体拉起一条警戒线。

3.健康指南针——区分红灯区、绿灯区,认识什么是性侵犯

(1)师:你觉得我们身体的哪些部位是可以被别人触碰的?哪些部位是不可以被别人触碰的呢?

(2)分组给男生和女生的身体图贴上“红灯”“黄灯”和“绿灯”。小组讨论贴红黄绿灯。

红灯区——你觉得男孩子与女孩子身体的哪些部位是不能让别人触碰的?请在这些部位上画上红灯。

黄灯区——哪些部位是只有跟你很亲密的人才能触碰的?请画上黄灯。

绿灯区——哪些部位是一般朋友可以触碰的？请画上绿灯。

(3)交流展示。师：哪组愿意和大家分享一下你们的讨论结果？

(4)小组代表上台展示，并交流身体的红灯区和绿灯区。(将身体图贴在黑板上)

(5)师：其他小组有不同或补充的意见吗？

(6)师：下面，我们来看看安全小博士是怎么说的？(出示课件)

我们可以将身体分为红灯区和绿灯区。红灯区是禁区，背心和裤衩所遮盖的地方，如胸部、臀部、阴部、阴茎、阴囊等，是红灯区，属于个人的身体隐私部位。每个人都要保护好这些隐私部位，不能让别人随便触摸和侵犯。

男生的红灯区就是男生穿游泳裤的部位，女生的红灯区则是女生穿游泳衣的部位。不管是男生还是女生，我们的红灯区都是私密的，是自己的隐私。别人的红灯区，一定不要触碰，自己的红灯区一定要严加防护。如果有人侵犯，不论他是谁(即使是长辈)，都要断然拒绝。不仅生殖器官不能随便让人看、摸，也不能暴露自己的身体，自己的脸和嘴也不能随便让人摸、亲。

绿灯区——身体的安全区，一般人都可以触碰的地方，如头、手、脚等。

(7)再次出示安全小博士：讲解性侵犯。

任何以肢体、语言、图画暗示或以其他方式试图挑逗我们，妄想闯入我们身体红灯区的行为，都属于性骚扰或性侵犯。

有些特殊情况，他人也有可能进入我们的红灯区，但并不属于性骚扰或性侵害行为。比如医生在给你诊断病情时，他有可能需要进入你的红灯区。这时候，为了自己的身体健康，你应该配合医生进行检查，但最好要有亲人在你身边。

你们成年以后会像爸爸妈妈一样成家立业，爸爸妈妈之间身体接触是非常正常的现象，进入爸爸妈妈或别人的房间前要先敲门。

4.健康加油站站——自我保护

未成年女孩或男童的身体还没有发育成熟，是非常脆弱的，一旦遭到性侵害，会造成巨大的伤害，甚至造成死亡。同学们，我们应该如何防范和应对性侵犯呢？(教师出示相关的图片或视频，学生小组交流后回答)

(1)背心和裤衩所遮盖的地方，是身体隐私部位，不能让别人随便触摸和侵犯。

(2)如果有人找借口靠近你，乘机侵犯乱摸你个人身体的隐私部位时，你敢于说“不”。

(3)不要独自去偏僻的地方玩，外出要征得家人的同意。

(4)别人给的食物和饮料不要随便接受；不跟陌生人走，不要与陌生人独处。

(5)如果被别人侵犯了身体，要立即告诉老师、父母或报警。不要洗澡，以便保留证据，并在家人的陪同下去医院检查身体和进行治疗。

5.游戏：对或错

(1)下面我们来做个小游戏(出示课件：对或错)，你觉得哪些动作行为是可以接受的，哪些是不可以接受的。

(2)游戏规则:可以接受请举绿牌,说“对”;不可以接受请举红牌,说“错”。

(3)师出示情境:(出示课件)

①家人喜欢你,亲亲你的脸。

②老师表扬你,摸摸你的脸。

③在医院,护士阿姨让你脱裤子,给你打针。

④医生叔叔让你躺在医院的床上检查身体。

⑤女生玲玲的臀部长了一个疮,她的女同桌想帮她抹药。

(4)师小结:看来,同学们都有一双火眼金睛,能正确地辨别对与错。

6.健康面面观——你该怎么办?

我们身边存在拿别人身体开玩笑或性侵的现象。老师总结了几个例子,大家思考下,如果是你,你会怎么做?

(1)上体育课时,几个同学恶作剧似地掀开我的裙子或脱我的裤子。(拍开他的手,告诉他:“我不喜欢你这样做。”)

(2)父母不在家时,一位男性亲戚突然来访,对我表现亲密,亲吻、搂抱、抚摸我,让我感觉不舒服。

(3)我正在排队买东西,有一位男士目不转睛地盯着我的胸部看,让我觉得很不自在。

(4)放学了,云云独自回家。一位熟悉的叔叔骗云云说爸爸在某宾馆等她一起吃饭,云云相信了,结果遭到了性侵犯。云云没告诉父母,心里难受极了。

(5)一个晚上,忙着赶路的丽丽在一个小巷子里遇见了歹徒,丽丽拼命挣扎,歹徒拿出了一把雪亮的匕首,这时丽丽该怎么办?

学生情景模拟后讨论交流。

师总结:同学之间也不能随便拿别人的身体开玩笑,要懂得尊重别人的身体。很多时候伤害我们的不仅仅是陌生人,也有可能是认识的人,所以我们一定要学会保护自己的身体。同时,遭遇了性侵害后,当坏人或者熟人恐吓、威胁我们不许告诉其他人的时候,其实他们是做贼心虚,他们在害怕,我们一定要勇敢地告诉家人!在危急时刻,保住生命是最重要的,因为生命只有一次。即使遭遇了性侵害,你们依然像以前一样可爱,依然和别的小朋友一样。

6.活动总结

(1)师小结:一旦在生活中遇到有人触碰我们的红灯区,就要勇敢地拒绝,告诉你信任的人;情况严重的,还应该报警,让法律来制裁他。同时,同学之间也不能随便拿别人的身体开玩笑。总之,我们既要尊重别人,也要聪明地保护自己。

(2)老师送给大家一首保护歌,我们一起来读一读吧!(出示课件)

保护歌

红灯禁,绿灯行,我的身体我做主。

遇到有人闯红灯,拒绝喊叫都可行。

实力悬殊暂妥协,保住生命最重要。

被人伤害不隐瞒，告诉家长最安全。

自我保护意识强，健康成长有保障！

结束语：孩子们，我们每一个人的身体都是神圣的，保护好我们自己的身体是人人都拥有的权利！只要珍爱我们的身体，我们就能拥有一个美丽的人生！

(3)完成健康碰碰车的交流和判断。

7.教学评价建议

本节课是关于性健康教育中的初步对自己身体的认识，以及如何保护自己的身体不受侵犯。作为教师，课堂活动的有效组织以及对学生回答的过渡与引导至关重要。课堂上可以让同学们谈谈自己了解的一些性侵犯的案例，帮助学生加深对身体红灯区和绿灯区的认识，以及对正当接触和性侵犯行为的认识。

相关知识链接

法律上定义的性侵害、强奸和猥亵

1.性侵害

性侵害是指加害者以威胁、权力、暴力、金钱或甜言蜜语，引诱：胁迫他人与其发生性关系，或在性方面对受害人造成伤害的行为。性侵害包括猥亵、乱伦、强暴、媒介卖淫等，需要格外保护未成年人、信教人士、在校学生、实习生等。

2.强奸

强奸又叫性暴力、性侵犯或强制性交，是一种违背被害人的意愿，使用暴力的非法手段，强制与被害人进行性交，属于违法犯罪行为。在全世界大部分的国家，强奸行为都属于犯罪行为。当被害人因为酒精或药物或宗教影响等而无法拒绝进行性行为时，与其发生性行为也被视为强奸。

中国《刑法》第20条第3款规定：对正在进行行凶、杀人、抢劫、强奸、绑架以及其他严重危及人身安全的暴力犯罪，采取防卫行为，造成不法侵害人伤亡的，不属于防卫过当，不负刑事责任。

3.猥亵

猥亵是指以刺激或满足性欲为目的，用性交以外的方法实施的淫秽行为，如强制猥亵、侮辱妇女罪。对未成熟少年的性骚扰，即使在对象不明了意图和没有违抗乃至顺从的情况下，也可视为猥亵。猥亵行为的判断同社会习俗关系很大。性行为的道德标准与可以暴露的程度，由不同社会的性文化主流决定。

广义的猥亵包括除强奸、乱伦外所有妨害社会风化的色欲行为，如鸡奸、兽奸、当众手淫、散布淫秽书刊等。狭义的猥亵包括公开暴露生殖器官，强制在对方性敏感区进行抠摸、搂抱、吸吮、舌舐等行为。猥亵行为严重危害被害人身心健康、败坏社会风气。

第7课 认识流行性感冒

【教学目标】

使学生了解认识流感、甲型H1N1流感、禽流感的危害及传播途径,掌握预防方法。

【教学内容与分析】

1.教学内容解读

本课内容包括流感、甲型H1N1流感、禽流感的危害、传播途径传播途径、主要症状及危害、预防措施;流感的主要传播途径和症状,以及预防措施等。

2.相关知识点

(1)什么是流感病毒和流感。

(2)甲型H1N1流感、禽流感和流感的危害、传播途径。

(3)怎样预防流感。

3.教学重点

流感的预防措施。

4.教学难点

甲型H1N1流感、禽流感和流感的危害、传播途径。

教学过程参考

1.课程讲授过程建议

1)引入

可以用讲故事的方式进入课题,内容为我国某次禽流感疫情情况,有条件的可以用多媒体播放视频。讲述或播放“故事”时,要注意引领学生产生“疑问”,以激发学生的学习兴趣。

2)学习新课

(1)课本主要内容为流感,甲型H1N1流感和禽流感是如何传播的,在实施本内容教学时,可以先简要复习四年级第6课中传染源、传播途径的相关内容,以提高教学效果。禽流感的传播途径比流感复杂,教学中要重点把握住禽流感病毒主要存在于病禽的什么部位,是通过哪些途径排出体外,这有利于对禽流感传播途径的理解。此外,要说明目前没有发现人传人的现象。对于流感的传播途径,需要强调的是它的传染性强,容易造成大范围流行。

(2)“健康面面观”中,要重点介绍禽流感的危害。在“哪些人容易被感染得病”教学时,需简要说明“12岁以下儿童发病率较高,病情也比较重”。

(3)在“人患上禽流感有哪些症状”的教学中,要让学生对主要症状如高热、咳嗽、流鼻涕、肌肉痛等主要症状做一般了解,其目的是能够自己“尽早发现”。

(4)“健康加油站”是本课教学重点,教学中需要注意的是:第一,两种病的预防措施不能截然分开。简单地说,预防流感的措施,对预防禽流感同样有效;预防禽流感的一些措施,也可用于预防流感(如3、4项措施)。第二,两种病的预防措施应分别列出,强调“主要措施”。

(5)“健康碰碰车”可作为课后的拓展训练,也可根据教学进度,进行课堂练习。

3)教学方法建议

教学时,教师要充分发挥学生的主体作用,注意引领和启发学生思考。本课教学可考虑采用游戏、头脑风暴等方法。

①游戏:如实施“禽流感和流感的传播途径”教学时,可以让学生扮演病鸡、病鸭等传染源,或者扮演可疑的传染源,然后请其他同学讨论该怎样对待。也可以采用有奖问答的游戏,教师设计一些问题,请同学回答(可分小组比赛),答对一题加分(或加星)。如:小华和小明在外玩耍时,看见一只奄奄一息的野鸟,他们就把这只鸟带回家中;玲玲家养的鸡这几天有好多只病了,而其附近已经有患禽流感的鸡,妈妈准备把病鸡杀了拿到集市上去卖(在讲评此题时,要说明这样做不但会传播禽流感,自己接触了病鸡,更容易被感染得病);小强患了流感,为了不耽误学习,坚持到学校上课等。

②头脑风暴:在实施“预防措施”内容教学时,可以请学生说出自己知道的预防传染病措

施，要尽可能多说，学生说一条，教师在黑板上记一条，无论正误都记下来，旁边的人包括教师均不做评判，然后再换人说。最后教师和同学一起对学生说出的方法进行评判，说得多的可以给予适当“奖励”。

2.课堂小结建议

请学生自己总结，通过这节课的学习，你学会了什么？懂得了什么？然后分组总结汇报，看哪组学到的知识多。

3.教学评价建议

可在“头脑风暴”活动结束后，请学生根据课本和同学们列举的预防方法，对照自己的日常行为，看看自己做到了多少？每做到一点，给自己画上一颗星（也可以是其他方式的奖励）。最后请学生汇报交流，如果没有做到，让学生谈是什么原因没做到，今后该怎么做？活动中教师要注意引领学生“实事求是”地进行。

相关知识链接

1.什么是流行性感冒

流行性感冒简称流感，是由流感病毒引起的一种急性呼吸道传染性疾病。导致流感发生的病毒可分为甲(A)、乙(B)、丙(C)3 种类型。流感对人类的危害很大，迄今为止，世界上已发生过 5 次大的流行和若干次小流行，造成数十亿人发病，数千万人死亡，严重影响了人们的生活和社会经济的发展。世界上最严重的流感爆发于 1918 年，共造成 2 000 多万人死亡，超过第一次世界大战的总死亡人数，是造成死亡最多的一次传染病大爆发。

2.什么是禽流感

禽流感是禽类流行性感冒的简称，是由甲型流感病毒引起的禽类传染性疾病，容易在鸟类（尤其是鸡）之间引起流行，民间常称作鸡瘟。

3.什么是人感染高致病性禽流感

禽流感可分为非致病性禽流感、低致病性禽流感和高致病性禽流感。高致病性禽流感传播快、危害大、发病率高，病死率接近 100%。世界动物卫生组织将其列为 A 类动物疫病。其病原体不断进化，寄生宿主范围不断扩大，甚至可以直接感染人类，从而引起人感染高致病性禽流感。1997 年，在我国的香港地区，高致病性禽流感病毒 H5N1 型导致了 18 人感染，6 人死亡，首次证实高致病性禽流感可以危及人的生命。

第 8 课 预防风疹和麻疹

【教学目的】

了解风疹、麻疹的传播途径及其危害，树立预防为主的思想。

【教学内容与分析】

1.教学内容解读

风疹和麻疹都是冬、春季常见的呼吸道传染病。风疹是一种儿童轻症急性传染病，发病年龄以 5~15 岁多见，上呼吸道炎疹及全身症状较轻。麻疹，俗称痧子，是由麻疹病毒引起的急性传染性疾病，通过呼吸道飞沫途径传播，可并发肺炎，危及婴幼儿生命。由于学校人口比较集中，空气流通差，因此，风疹和麻疹都特别容易在学校中流行。对小学四年级学生实施预防风疹和麻疹的专题健康教育，不仅对学生本身的健康有着十分积极的作用，而且对传染病的防控工作也有着重要的意义。

“引入”部分选取一个生活当中的事例：一个学生发现自己身上长了许多红点，还发现几个同学也有同自己一样的症状。经过医生诊断，原来这是风疹。这是一个生活中学生熟悉的场景，暗示了风疹具有传染性的特点。

“健康指南针”主要介绍了风疹和麻疹的定义和预防的方法。其中，两个“小贴士”还补充介绍了风疹和麻疹的传播途径、所造成的危害等专业知识。对这两种传染病的预防，要认真组织学生学习课本上提到预防方法，教师要给学生强调预防麻疹、风疹最有效的措施是接种疫苗。特别是一次注射麻疹、风疹、腮腺炎三联疫苗(MMR)不仅可以预防风疹和麻疹，还可以预防腮腺炎，是一种既经济又有效的预防手段。

“健康碰碰车”是检验学生对健康知识的掌握情况，看看学生能不能运用自己掌握的知识对题目中的行为进行判断，说出正确的做法。同时，拓宽了学生的学习渠道，让学生通过上网、访问等多种途径了解预防传染病的方法。

2.相关知识点

(1)什么是风疹和麻疹？它们有什么特点？
(2)风疹和麻疹的主要症状。
(3)风疹和麻疹的预防方法。

3.教学重点

通过学习了解风疹和麻疹的相关知识，使学生对这两种传染病不恐慌，建立良好的心态，采取科学方法积极预防。

4.教学难点

风疹和麻疹的概念带有一定的专业性，学生理解起来有一定困难。

教学过程参考

1.课程讲授过程建议

1)引入

充分利用课文前面的“引入”，使学生从感性上初步认识到风疹是一种极易在学生中流行的传染病。对于风疹和麻疹相关知识的学习，可以以学生的阅读勾画和教师的讲解为主，还可以请曾经患过病的同学谈自己的切身体会。为了增强学习的趣味性，教师可以把“健康碰碰车”里要求学生判断的题目请学生进行表演。

2)体验活动

教学时，教师要充分发挥学生的主体作用，放手让他们通过勾画重要文字、讨论交流、角色扮演等，引导学生自主学习风疹和麻疹的预防方法，并知道可以通过更多的途径获取预防传染病的知识。

3)教学方法建议

本课知识较抽象，学生理解起来有一定难度，因此，本课教学前教师可以布置学生搜集资料，拓展思维。教学时，可以以故事引入、观看多媒体短片、教师的讲解为主要形式，避免空谈道理，激发学习兴趣。

2.课堂小结建议

本课通过教学过程的实施，向学生传播了预防风疹和麻疹的相关知识，其中必须让学生明白：

①什么是风疹和麻疹？它们有什么特点？

②风疹和麻疹的主要症状。

③风疹和麻疹的预防方法。

3.教学评价建议

教师可以设置多种情景，让学生能够运用知识，对可能造成风疹和麻疹传播的行为进行判断。

相关知识链接

麻疹和风疹的免疫

对麻疹、风疹患者要做到早发现、早报告、早诊断、早隔离、早治疗。发现病人后，立即让病人停课，回家进行隔离治疗。病人隔离至出疹后5天，伴有呼吸道并发症者隔离期延长至出疹后10天。接触麻疹的易感者应检疫观察3周。曾进行被动免疫注射者，应延长至4周。

1.麻疹的免疫

按免疫程序接种麻疹疫苗，是预防麻疹的主要措施。

主动免疫：对8个月以上小儿，凡未患过麻疹者都应接种麻疹减毒活疫苗，可有效地预防麻疹。其免疫期4~6年，5~6岁时可复种。

被动免疫：6个月至2岁体弱或有慢性病的易感儿在接触麻疹后5天内应进行被动免疫。常用人丙种球蛋白0.25毫克/千克，肌注。若接触6~9天才注射以上制剂，仅能减轻症状。被动免疫力可维持3~4周。

2.风疹的免疫

给易感儿童注射减毒风疹疫苗是预防关键。

主动免疫：对15个月至青春发育期间的女性或未孕妇女证实抗体阴性而且能在接种后3个月内不怀孕者，都应接种风疹疫苗。注射疫苗后，98%易感者可获得终身免疫。

被动免疫：妊娠3个月内孕妇，如接触风疹患者，不愿或不能流产者，应于接触后5天内肌注特异性高效价免疫球蛋白20~30毫升。

第9课
预防红眼病

【教学目标】

让学生认识什么是红眼病,红眼病的传播途径及症状,如何预防红眼病。

【教学内容与分析】

1.教学内容解读

本课内容主要是让学生认识红眼病,红眼病的传播途径及症状,了解预防红眼病的方法。“健康指南针”详细讲解了什么是红眼病,红眼病的症状及传播途径。“健康加油站”讲解了预防红眼病的方法,“健康面面观”告诉学生得了红眼病怎么办。“健康碰碰车”是让学生参与交流和实践的环节,交流预防红眼病的方法。办一期“预防红眼病”的板报。

2.相关知识点

红眼病,医学上称为“急性出血性结膜炎”,俗称“红眼”或“火眼”,是由细菌或病毒感染引起的一种常见的急性流行性眼病,多发生于夏秋季节,为我国法定丙类传染病。

红眼病的传播途径:其传播途径主要是通过接触传染。病人是主要传染源,其眼部分泌物及泪液均含有病菌。一般是通过与病人共用毛巾、脸盆、洗脸水和手帕等物品来传播的。有时接触病人接触过的枕头、棉被、衣服、门把手、电话机、遥控器等,以及与病人握手或用脏手揉擦眼睛等都可能会被传染。

3.教学重点和难点

教学重点:红眼病的症状、传播途径及预防措施。

教学难点:红眼病的病因、症状及预防措施。

教学过程参考

1.导入新课

夏天到了,小东兴致勃勃地到游泳池游泳后,他感觉眼睛又痛又痒,还怕光、流泪,令人很难受,医生说他得红眼病了。

现在正是红眼病流行的季节,你知道红眼病是一种什么样的病吗?它是由什么引起的呢?我们又应如何去预防呢?希望通过今天的学习能使同学们有所收获。

2.讲授新知

1)什么是红眼病?

充分利用文本和图画,让学生了解什么是红眼病。红眼病在医学上被称为“急性出血性结膜炎”,俗称“红眼”或“火眼”,是由细菌或病毒感染引起的一种常见的急性流行性眼病。它多发生于夏秋季节,为我国法定丙类传染病。

2)患红眼病时有哪些感觉呢?

教师提问:红眼病有哪些症状呢?让学生进行交流,并出示相关的视频,让学生了解红眼病多是双眼先后发病。患病早期,病人感到双眼发烫、烧灼、畏光、眼红,像进入沙子般疼痛难忍;紧接着眼皮红肿、眼屎多、怕光、流泪,早晨起床时,眼皮常被分泌物粘住,不易睁开。有的病人结膜上出现小出血点或出血斑,分泌物呈黏液脓性;有时在睑结膜表面形成一层灰白色假膜,角膜边缘可有灰白色浸润点;严重的可伴有头痛、发热、疲劳、耳前淋巴结肿大等全身症状。

红眼病一般不影响视力,但如果大量黏液脓性分泌物黏附在角膜表面时,可有暂时性视物模糊或虹视(眼前有彩虹样光圈),一旦将分泌物擦去,视物即可清晰。如果细菌或病毒感染影响到角膜时,则可能发生畏光、流泪、疼痛加重等症状,视力也会有一定程度的下降。

3)红眼病是通过什么途径传染的呢?

这部分的内容较难,可以采用专家解疑或视频的形式帮助学生理解该病的主要传播方式是接触传播,最常见的就是“眼—手—眼”的传播。另外接触病人用过的毛巾、手帕、洗脸用具、电子游戏机、电脑的键盘等,或到病人去过的泳池、浴池等地方游泳、洗浴,也有可能感染此病。教学要结合大量的视频、图片进行。

4)红眼病怎么预防呢?

请学生自主看相关图片后与小组交流,或结合自己的生活实际,谈一谈红眼病的预防方法。教师需要强调以下几点:

①要养成良好的个人卫生习惯,勤剪指甲,饭前、便后要用流动水洗手,严禁用脏手揉眼睛。

②不要与别人共用毛巾或个人卫生用品,不要接触病人用过的洗脸用具、手帕、药物、化妆品等。洗脸用具需要定期消毒。

③在红眼病高发期,少去游泳场等公共场所,以免感染病菌。

④使用公用水龙头、电梯扶手、门把手、电话、用具、玩具等后要注意洗手。

5)得了红眼病怎么办？

学生通过视频自主学习，知道一旦患上红眼病，应尽快到医院检查，明确病原微生物的类型，使用适宜的抗生素药。不论是眼药水还是眼药膏，均应专人专用，以免交叉感染。

除了接受医生治疗外，还要学会自我保健，注意保持眼部清洁。由于患急性结膜炎时眼部分泌物较多，所以不能单纯依靠药物治疗。应细心地护理眼部，经常保持清洁。

初期冷敷，慎用激素类眼药。急性结膜炎患者的眼部在初期宜作冷敷，有助于消肿退红。相反，热敷会使眼球充血，可能导致炎症扩散并引起并发症。

3.教学小结

(1)完成“健康碰碰车”，与同学交流红眼病的预防措施。

(2)课后办一期以预防红眼病为主题的板报。

4.教学评价建议

本节课主要是引导学生认识什么是红眼病，红眼病的传播途径及症状，以及了解预防红眼病的方法。课堂上可以让有亲身经历的同学谈谈自己实际患病的情况，让学生进行交流评价。可以结合大量的图片、视频辅助学习。利用健康碰碰车让学生交流红眼病的预防措施。

相关知识链接

红眼病的治疗方法

1.保持眼部清洁

由于患急性结膜炎时眼部分泌物较多，所以不能单纯依靠药物治疗。细心地护理眼部，经常保持清洁很重要，用生理盐水或3%的硼酸液洗眼或做眼浴，再滴入眼药才能充分发挥其药效。

2.初期冷敷，慎用激素类眼药

在急性结膜炎初期眼部宜作冷敷，有助于消肿退红。相反，热敷则会使眼球充血，可能导致炎症扩散引起并发症。在炎症没有得到控制之前，忌用激素类眼药。因此，激素类眼药的使用与否应听从眼科医生的建议，切勿自行使用。

3.避光避热，少用眼

患有严重急性结膜炎的病人畏光流泪，为减轻不适，要避免光和热的刺激。不要勉强看书或看电视，出门时可戴太阳镜，避免阳光、风、尘等刺激。为了使眼部分泌物排出通畅，降低眼部温度，避免病菌繁殖生长，眼部不可包扎或戴眼罩。

4.遵照医嘱用药

眼药水一般每1~2小时滴一次，每次每只眼滴1~2滴。因为眼药水的作用一般维持30分钟，滴药太频或太疏均不适宜。睡前涂用眼药膏，还可防止结膜分泌物黏着在结膜囊里。不论眼药水还是眼药膏均应专人专用，以免交叉感染或传播眼病。

第10课 烧伤、烫伤的预防与处理

【教学目的】

让学生知道导致烧伤烫伤的原因；懂得烫伤烧伤的紧急处理、危害和预防，提高学生的安全意识，增强自我保护能力。

【教学内容与分析】

1.教学内容解读

烫伤烧伤的现象在学生中时有发生，因此要让学生了解如何预防烫伤烧伤，怎样进行紧急处理。本课内容包括“引入”“健康指南针”“健康加油站”“健康碰碰车”几个板块。

“引入”部分，由一则童话故事导入，激发学生的学习兴趣。

“健康指南针”是课文的重要部分，包含3个方面的重要内容：什么是烧伤、烫伤，烧伤、烫伤的处理，预防烧伤、烫伤的方法。

“健康加油站”告诉学生烫伤、烧伤后的一些注意的事项。

“健康碰碰车”为检验孩子对知识的掌握和运用情况，让学生进行综合分析判断，明确正确的做法。

2.相关知识点

(1)什么是烫伤、烧伤。

(2)烫伤、烧伤的处理。

(3)预防烫伤、烧伤的方法。

3.教学重点

懂得烫伤烧伤的紧急处理，烫伤烧伤的危害和预防。

4.教学难点

导致烫伤烧伤的原因，烫伤烧伤的危害和预防。提高学生的安全意识，增强自我保护能力。

教学过程参考

1.课程讲授过程建议

(1)导入课题,揭示课题。请学生读故事,让学生思考:山羊医生赶来后会怎样做?让学生知道,猴子的尾巴烧得黑黑的,皮也破了,他急忙跑到小溪冲洗是不对的。小鹿的角烧伤了,她请小兔帮她揉搓也不正确。小山羊身上只烧伤了一点,她也来到小溪边把受伤的腿泡在溪水水里是正确的。

(2)认识什么是烫伤、烧伤。烫伤、烧伤的定义难懂,学生大致了解后教师可结合课本上的图画进行补充讲解,明确两者的不同之处。烫伤就是开水、热油等使身体受到的损伤,烧伤就是火焰以及强酸、强碱等使身体受到的损伤。

(3)烫、烧伤的处理。这一部分内容分成两点讲,先讲烫伤的处理,再讲烧伤的急救方法。可采取先让学生自行阅读,小组交流再全班交流的形式,并结合前面小动物的故事进行补充说明。可在学习这部分内容后,开展知识竞赛,明确烫伤、烧伤不同的处理方法。教师也可准备一些物品,如湿冷毛巾、消毒纱布、酱油、牙膏、肥皂等,让学生进行正确的选择。

(4)讲解预防烫、烧伤的方法。让学生观察图画上的内容,进行讨论交流,明白应慢慢地倒接开水,避免开水溅到身上。揭锅盖时,应朝着手臂相反的方向掀,脸和身体要尽量离锅远一点,端烫的食物时,一定要用厚布隔着。

(5)了解烫伤、烧伤后的注意事项。让学生自己阅读课本相关的内容,知道引起疤痕的原因,杜绝不正确的行为。

(6)分析、判断。首先让学生阅读张大爷的故事,分析他的做法是否正确,让学生知道涂抹酱油可能导致感染,接着让学生进行综合分析判断,明确正确的做法。

2.课堂小结建议

今天,我们一起学习了烫伤、烧伤的预防与处理,希望同学们能把课堂上学到的知识运用到生活中,避免烫伤、烧伤的发生,健康快乐地成长!

3.教学评价建议

让学生对照检查自己平时的行为或者讲述自己的经历,教师学生也可适当补充一部分内容,如生活中造成烫伤烧伤的典型案例。

相关知识链接

1.烧伤深度的识别

Ⅰ度烧伤:烧伤表面红斑状、干燥,有烧灼感。

浅Ⅱ度烧伤：烧伤局部红肿明显，有大小不一的水疱形成，水疱内含淡黄色澄清液体，水疱皮若剥脱，创面红润、潮湿，疼痛明显。

深Ⅱ度烧伤：介于浅Ⅱ度和Ⅲ度烧伤之间，也可有水疱，但去疱皮后，创面微湿、红白相间，痛觉较迟钝。

Ⅲ度烧伤：全皮层烧伤甚至达到皮下、肌肉或骨骼。创面呈蜡白或焦黄色甚至炭化，痛觉消失，局部温度低。

2.烫伤、烧伤处理

(1)日常生活中，人们通常在烫伤或烧伤以后使用牙膏涂抹，事实上用牙膏涂抹是错误的。因为牙膏本身没有抗感染的作用，而且常常带有一定数量的细菌，反而会导致感染。并且，牙膏中的摩擦剂是一种细的矿物质粉末，对创面是一种刺激物，发泡剂和调味剂对创面也无治疗作用，反而会刺激创面引起肉芽增生和创面感染。

(2)烫伤或烧伤后创面也不能使用紫药水、红药水。因为紫药水、红药水抗感染能力都不强，不能很好地控制创面感染。并且，紫药水、红药水遮盖创面，使医生不能了解烧伤、烫伤的深浅程度，影响治疗方案的制订。另外，紫药水、红药水里面含有化学成分汞，有毒的汞用在烧伤创面，易引起过敏，大面积应用还会导致汞中毒。

(3)烧伤后不要直接往创面上涂药。直接在创面上涂药会刺激创面并造成剧烈疼痛。如果把药涂在纱布上，再轻轻贴在创面上，这样就不会出现剧烈疼痛。

(4)如果被酸、碱、磷等化学物质烧伤后，应该立即解脱被化学物质浸渍的衣物，用清水冲洗，时间应该较长。值得特别注意的是：如果是刚刚将浓硫酸弄到身上，应该立即用抹布擦拭硫酸(切忌扩散硫酸与皮肤的接触面积)，然后再用大量清水冲洗。因为如果将水加入浓硫酸中会引起产热，进而使烧伤情况加重。最好用肥皂水冲洗，然后立即送往医院。

另外，磷烧伤有它自己的特点。因为磷与空气接触即会自燃，且磷是细胞浆毒物，吸收后能引起肝、肾、心、肺等脏器损害。所以磷烧伤后应将伤处浸入水中，以隔绝氧气，切忌暴露于空气中，以免继续燃烧。然后在水下移除磷。

(5)伤口愈合时会产生痒的感觉。人的皮肤分为多层，在表皮的最底层细胞称为生发层，它们的生命力很强，能不断地生长繁殖，表皮损伤的浅伤口，就是靠生发层长好的。在伤口愈合的过程中，由于伤口很浅，神经受不到什么刺激，所以，一般不会有痒的感觉。但是，范围比较大和损伤比较厉害、深达真皮的伤口愈合时常会发痒。因为在愈合过程中会有一种被称为结缔组织的新的组织补上去，就是从伤口里长出来的肉芽。新生的血管神经都要长进结缔组织，由于长进结缔组织里的血管特别密，在快速生长时很容易刺激周围的新生神经。新生的神经很敏感，稍受刺激，就会产生痒的感觉。

(6)烧伤以后要尽快脱离热源。迅速脱去燃烧的衣服，就地卧倒翻滚或者跳入水池，熄灭火焰。施救时可用棉被、毛毯覆盖，隔绝灭火。千万不要奔跑呼叫，因为奔跑会导致风大加重燃烧，烧伤头面部和呼吸道。也要避免双手扑打火焰，以免造成双手烧伤。在烧伤现场附近，可用干净的布类保护创面，以免污染伤口。另外要保持呼吸道通畅。

(7)烧伤以后切忌揉搓创面，否则会引起创面破皮，引发感染。破皮以后也不宜将伤口用清水冲洗，以免引起感染。

第11课 饮食与疾病

【教学目的】

让学生了解饮食与疾病的关系，学会科学选购食物，知道如何选购零食，少吃油炸烧烤类食物和饮料等，养成良好的饮食习惯。

【教学内容与分析】

1.教学内容解读

本课内容主要是让学生了解饮食与疾病的关系，学会科学选购食物，养成良好的饮食习惯。“健康指南针”讲解了饮食与疾病的关系，以及科学选购食物的方法。“健康加油站”告诉学生要养成良好的饮食习惯。“健康碰碰车”是让学生交流和实践的环节：和小组同学讨论，怎样养成良好的饮食习惯；利用周末，和父母一同到商场购买食品。

2.相关知识点

(1)了解不良饮食容易导致多种疾病。

(2)学会科学选购食物。

(3)养成良好的饮食习惯

3.教学重点和难点

教学重点：掌握饮食与疾病的关系，了解正确选购食物的方法，明确购买小包装食品的要领，养成良好的饮食习惯。

教学难点：养成良好的饮食习惯。

教学过程参考

1.导入新课

(1)出示视频。10岁的乐乐从小胃口就特别好,邻居们经常夸奖他长得好。乐乐的奶奶很宠爱小孙子,经常去超市给他买甜点和零食。乐乐逐渐变得挑食,越来越喜欢吃零食,身体也越长越胖。奶奶觉得自己孙子吸收好,一点不在意。近期,乐乐的肚子越长越大,甚至出现了腹痛。乐乐奶奶心急如焚,带他来到了医院看病。医生仔细检查了乐乐的身体,发现乐乐皮下脂肪较厚且伴有腹痛等症状,诊断他为非酒精性脂肪肝。医生给他开了一些治疗的药物,并嘱咐乐乐家长日常生活应注意合理膳食,荤素搭配,并适当加大乐乐的运动量。

(2)教师小结:造成这种现象的主要原因是乐乐没有良好的饮食习惯。由此看来,饮食直接影响到人们的身心健康。在路边、街头、学校周围,常常可以见到一些流动摊贩兜售麻辣烫、臭豆腐、凉面、羊肉串等食品,让人馋涎欲滴。但这些食品往往会导致疾病的发生。

2.探究学习

活动设置1:交流自己的饮食习惯,探究习惯的优劣。

(1)师小结过渡:人是铁,饭是钢,一顿不吃饿得慌。食物是我们生存的必备条件,也是身体健康的保证。谁来说一说平时你都喜欢吃哪些食物?不喜欢哪些食物?

(2)让学生讨论:如果你喜欢吃的食物天天吃,不喜欢吃的食物就不吃。这种做法对吗?说说你的理由。

你认为周围朋友的饮食习惯有哪些不合理的地方?为什么?

(3)教师小结:人的生长和各种活动都需要消耗大量的能量,这些能量是由各种营养物质提供的,它们就存在于我们日常吃的各种食物中,所以不能偏食、挑食,也不能暴饮暴食,要均衡饮食,否则会导致疾病的发生。

活动设置2:研讨洋快餐的利与弊

(1)出示肯德基图片:在众多的食品当中,有一类食品是最受同学们欢迎的,那就是“洋快餐”。你能根据经验和搜集到的资料谈谈这些“洋快餐”对我们的身体健康会产生哪些影响吗?

教师着重讲解用汉堡包、炸薯条等“洋快餐”来代替一日三餐是非常不健康的饮食习惯。经研究发现,这类“洋快餐”可引起人体内激素的变化,如果经常食用的话很容易导致青少年难以控制食量,长此以往可能会出现营养不良的情况。“洋快餐”不仅含有大量的脂肪以及热量,而且还含有一定的激素,并且含有的营养成分非常少。如果青少年经常食用“洋快餐”的话,不仅会导致肥胖,还有可能会因为其中含有的激素从而导致性早熟。

(2)让学生针对食用“洋快餐”好不好进行交流。

(3)师:刚才有的学生认为洋快餐对我们的身体有好处,有的学生则认为没有好处。我相信看完下面的视频,你就会找到答案。(播放视频)

(4)学生看完后谈谈自己的感受。

(5)教师小结:花花绿绿的“洋快餐”让有些同学馋涎欲滴。鸡肉又香又嫩,饮料香甜可口,冰淇淋绵软冰爽,但由于它们富含油脂、糖分,并且没有营养或是营养单一,所以这一类食品又被称为垃圾食品。

活动设置3:调查生活中的垃圾食品与疾病的关系

(1)请同学们说说你知道生活中还有哪些食品是“垃圾”食品,它们会对人体造成哪些危害。

(2)学生相互交流,教师小结。

垃圾食品,是指仅仅提供一些热量,而别无其他营养素的食物;或是提供超过人体需要,变成多余成分的食品。

(3)现在我们一起来看一下垃圾食品包括哪些种类。(出示课件)(世界卫生组织公布的全球十大垃圾食品分别为油炸类食品、腌制类食品、加工肉类食品、饼干类食品、汽水可乐类食品、方便类食品、罐头类食品、话梅蜜饯类食品、冷冻甜食类食品、烧烤类食品)

(4)师:那么这垃圾食品究竟对人体有哪些危害呢?(学生交流)老师这里也有一些资料,我们来具体看一下。

油炸类食品:用于煎炸的油经长时间加热,脂肪酸发生有害化学变化,会引入多种有害成分;为改善口感,常常在其中添加明矾,是食品中铝污染的来源。食品经过高温处理后会破坏其含有的维生素,使蛋白质变性。经常食用油炸类食品可引发癌症。同时,它也是导致心血管疾病的元凶。

腌制食品:腌制食品中含有大量三大致癌物质中的亚硝酸盐和亚硝胺,长期食用这类食品可引发肿瘤,并可导致高血压、溃疡和胃炎,增加肾负担。

加工肉制品(如肉干、肉松、香肠等):含有三大致癌物质之一的亚硝酸盐(起防腐和显色作用),可加重肝脏负担。

饼干糖果类食品(低温烘烤饼干、全麦饼干除外):其中含有的食用香精和色素过多,严重破坏维生素。这类食品的热量过多,营养成分含量低。话梅蜜饯类食品含亚硝酸盐、防腐剂、香精等不良辅料。

汽水可乐类饮料:这类饮料含糖量过高,喝后有饱胀感,影响吃正餐。可乐、奶茶、咖啡、酒精饮料(啤酒等)等含磷酸盐、碳酸盐,与体内的钙结合,会带走体内大量的钙。

方便面类食品:油炸方便面的油、盐成分含量过高,主要是热量,其他营养成分很少。

罐头类食品:厂家在生产罐头类食品时,为了保持色佳味美,经常要添加一些辅料,如人工色素、香精、甜味剂等。制作肉类罐头食品时还要添加一定量的硝酸盐和亚硝酸盐。经常食用对肝、肾均有损害,更有造成胚胎畸形的危险。另外,罐头类食品的营养价值不高,经高温处理后,食品中的维生素和其他营养成分都已受到一定程度的破坏。

冷冻甜品(冰激凌、冰棒等):含奶油,极易引起肥胖,同时含糖量过高,也影响正餐。

烧烤类食品:含有大量三大致癌物质之首的3–4苯丙吡,如一只烤鸡腿的毒性相当于60支香烟。烧烤类食物导致蛋白质碳化变性,身体无法利用,加重肝、肾负担。

(5)教师小结:学到这里,你明白了什么?(学生交流)是的,在生活中食物的选择上,我们要注意营养饮食,远离垃圾食品。

活动设置4:了解科学选购食物的方法。

(1)师:请根据你的了解谈谈怎样科学选购食物。

(2)学生交流,同时播放视频。强调:

①尽量选择当地的当季食品,避免激素、防腐剂等化学药品带来的负面影响。

②到正规商场购买食品,不买“三无”产品。

③要仔细查看食品包装上的食品配料表、厂名和厂址、生产日期、保质期、QS标志等。

④不买破损包装的食品或发霉、变色、被污染的食品。

活动设置5:养成良好的饮食习惯。

(1)师:科学饮食很重要,我们要养成良好的饮食习惯,保证我们身体发育每天所需要的营养,这样我们才能健康成长。

(2)学生发言交流。

(3)教师小结:通过本节课的学习,我们了解了许多关于饮食与疾病的知识,知道了饮食安全问题无处不在。在生活中我们不但要重视食物的选择,而且要养成良好的饮食习惯,只有这样才能保证我们健康成长。

3.教学评价建议

本节课主要是引导学生掌握饮食与疾病的关系,正确选购食物的方法,养成良好的饮食习惯。课堂上可以通过播放视频、图片,以及让学生参与活动的方法,让学生进行交流讨论。

相关知识链接

青少年的日常饮食要均衡

中小学生正处于快速生长发育期,膳食中某些营养素,如蛋白质、铁、钙、锌、碘摄入不足的现象在某些地区时有发生。因此,青少年日常饮食应多样化,以提供充足、全面、均衡的营养，保证身体发育所需。青春期饮食应注意：

1.多吃谷类、供给充足的能量

青少年对能量的需要高于成人，且男性高于女性，每日需 10 040~11 720 千焦耳(2 400~2 800 千卡)。

2.保证鱼、肉、蛋、奶、豆类和蔬菜、水果的摄入

青春发育期对蛋白质的需求尤为突出，所以膳食中应有足够的动物性食物和大豆类食物。维生素 A、D、C、B 族及钙、磷、锌、铁等矿物质对青少年的体力及脑力发育也具有重要的作用。其中，对于钙的摄入，据全国营养调查资料表明，平均每人每日为 341~374 毫克，仅为供给量标准的 38.9%~52.5%，所以膳食中不可缺少奶及奶类食品。

3.避免暴饮暴食、偏食挑食及盲目节食，少吃零食，养成良好的饮食卫生习惯

对于女孩子来说，由于过多注重自己的体型，盲目减肥甚至节食，可能会严重影响身体对营养的吸收，而女孩子的生理发育特点又要求每日摄入的脂肪类食物不能过少。少女每天能量供给的 25%~30%应该来自脂肪，其中动物性脂肪和植物性脂肪的比例为 1:2 最好。有益健康的零食有牛奶、酸奶等奶制品，各种新鲜蔬菜和水果及花生、核桃等坚果类食品。此外，吃零食的量不要过多，不要影响正餐。

4.养成吃早餐的良好习惯

营养充足的早餐不仅能保证青少年身体的正常发育，对其学习效率的提高也能起到不容忽视的作用。

5.参加体力活动，加强体育锻炼

适量运动和合理营养相结合可促进青少年生长发育，改善心肺功能，提高人的耐久力，减少身体脂肪和改进心理状态等。这种经济、实用、有效、非药物又无副作用的措施，对于提高我国人民生活质量和健康水平起着重要的作用。

第12课 被蛇咬伤怎么办

【教学目的】

使学生知道被蛇咬伤后该怎么办,掌握蛇伤的现场紧急处置措施和预防被蛇咬伤的一些基本方法。

【教学内容与分析】

1.教学内容解读

蛇咬伤主要发生在农村,近年来城市也有蛇咬伤情况的发生。本课介绍了被毒蛇咬伤后的紧急处置措施。本课由“引入”“健康指南针”“健康加油站”“健康碰碰车”几大板块组成,主要介绍了如何辨别毒蛇和无毒蛇、毒蛇咬伤后的现场紧急处置措施、怎样防止被蛇咬伤等知识。

“健康指南针”包含的内容较多,也是本课的教学重点难点所在,包括怎样辨别毒蛇和无毒蛇、被毒蛇咬伤后该怎么办两大内容;“健康加油站”主要介绍了防止被蛇咬伤的基本预防方法;“健康碰碰车”则主要作为学生的知识拓展训练材料。

2.相关知识点

(1)毒蛇和无毒蛇咬伤的鉴别。

(2)蛇咬伤的紧急处置措施。

(3)预防蛇咬伤的方法。

3.教学重点和难点

被毒蛇咬伤的现场紧急处置措施,是本课的教学重点和难点。

教学过程参考

1.课程讲授过程建议

本课内容实践性、操作性较强,教学中,教师在尽可能引导学生动脑的同时,一定要让学生有更多的动手时间。

(1)可以利用课文的“引入”,从“蛇伤事件”开始进入课题,也可以教师自己收集材料作“引入”。有条件的可以制作多媒体课件,没条件的可以采取教师口述等方法。

(2)“健康指南针”的内容较多,而且操作性较强,其中“被蛇咬伤怎么办”是整个教学活动的重点和难点。教学中要把握“防毒液扩散”“排毒”“尽快服用蛇药和送医院”的知识点。在怎样辨别毒蛇和无毒蛇的教学中,要把握住一点,即“如果一时分不清是被毒蛇咬伤还是被无毒蛇咬伤,应当按毒蛇咬伤处理。”也就是说,宁可将无毒蛇错当成毒蛇,也不能将毒蛇误当成无毒蛇。

(3)“健康加油站”主要介绍了预防被蛇咬伤的几项简单措施,是需要学生掌握的,并要让学生同时了解蛇伤发生的主要季节,以便在现实生活中采取措施防止被蛇咬伤。

(4)教学方法建议:学习本课的主要目的,是要让学生掌握被毒蛇咬伤后的现场紧急处置措施。因此,本课的教学要注重“实做”,要放手让学生参与实际体验。课前教师应做必要的物质准备,如小绳、布带、小玻璃杯、火柴(或打火机)、酒精灯、矿泉水以及笔等。

教学时,将学生分成几个小组(根据实际情况确定组数)。

①识别毒蛇和无毒蛇教学:可先让学生分组讨论、归纳、总结,然后请各小组派代表发表意见,其他同学做点评(此时教师要注意引领学生抓住主要知识点)。

②实施“防毒液扩散”教学时,让一组学生上台操作“捆扎”方法,然后请全班同学做点评。“排毒液”训练也可采取这样的方法,由于“排毒”方法较多,不必让一个小组操作完,可以一组操作一个方法,操作结束后也让全班点评。操作过程中,教师要及时指导学生掌握要领。此过程要注意动作的规范,如捆扎的部位(找准近心端)、捆扎的方法和松紧等。“作十字形切口”的操作,可以用笔代替小刀,在“毒牙”处画一“十字”即可。

用茶杯或玻璃杯“拔毒”实际上是利用传统中“拔火罐”的技术。这有一定的难度,教师要先做示范,教学生怎样操作。此时需注意别被意外烧伤。

最后要强调的是,无论现场怎样正确处理过的毒蛇咬伤者,都要尽快送往医院治疗。

2.课堂小结建议

本课我们学习了毒蛇咬伤后如何进行现场处置以及怎样预防蛇咬伤的相关知识,重点是要掌握现场处置的措施。同学们要牢记几点:一是“防(毒液)扩散”;二是“排毒液”;三是“快服药”;四是“送医院”。

3.教学评价建议

教学的目的是让学生学到知识并运用这些知识,通过一课时的教与学,学生对防蛇咬和毒蛇咬伤后的现场处置措施的掌握情况如何,除可以在课堂操作中进行评价外,还可以采取以下方式:

(1)让学生自己评判,对“现场处置”方法,掌握了多少?

(2)让学生提出更多的防蛇咬方法,大家进行评判是否正确,教师总结。

(3)教师设计一些问题,让学生进行评判。

相关知识链接

1.蛇的简介

蛇是无足的爬虫类冷血动物的总称。身体细长,四肢退化,无足,无可活动的眼睑,无耳孔,无四肢,无前肢带,身体表面覆盖有鳞。部分有毒,但大多数无毒。目前世界上的蛇约有3 000种,其中毒蛇有600多种。中国境内的毒蛇有蟒山烙铁头、五步蛇、竹叶青、眼镜蛇、蝮蛇和金环蛇等。蛇的捕食本领相当高强,能吞进比自己大许多倍的食物。我国古代早就有巴蛇吞象的传说,说巴地有能吞食大象的巨蛇,三年之后才吐出骨头。蛇的记忆力很好,也非常记仇,能准确地认出曾经伤害过它的人,多年以后还会伺机进行报复。蛇的同类受到侵犯时,有时也会群起而攻。

2.蛇的用途

蛇全身是宝。蛇胆、蛇肝、蛇皮、蛇毒、蛇油、蛇蜕,乃至蛇血、蛇肠杂等均可入药治病。蛇胆非常名贵,能祛风除湿、明目益肝。蝮蛇干粉可治恶性肿瘤、风湿症,若配以草药,有延年益寿的奇功。蛇毒是稀世之宝,可制成镇痛、抗毒、抗凝血的良药。蛇毒远比黄金还贵,1克蛇毒价值数万元,所以我们要保护蛇。

3.蛇的生活习性

蛇类喜居荫蔽、潮湿、人迹罕至、杂草丛生、树木繁茂、有枯木树洞或乱石成堆、具柴垛草堆和古埂土墙,且饵料丰富的环境,这些都是它们栖居、出没、繁衍的场所,也有的蛇栖居水中。蛇有冬眠的习性,到了冬天盘踞在洞中睡觉,一睡就是几个月,不吃不喝,一动不动地保持体力。待到春暖花开,蛇就醒了,开始外出觅食,而且脱掉原来的“外衣”。

4.被毒蛇咬伤后的症状

(1)蛇毒的有效成分:①神经毒:主要作用于神经系统;②心脏毒:主要作用于心脏引

起心衰；③溶细胞毒：可使血细胞破坏，血管内皮细胞发生坏死；④凝血素：可引起血栓形成；⑤各种酶：可引起溶血和组织破坏。

(2)被毒蛇咬伤后，病人出现症状的快慢及轻重与毒蛇种类、蛇毒的剂量与性质有明显的关系。当然咬伤的部位、伤口的深浅及病人的抵抗力也有一定的影响。毒蛇在饥饿状态下主动伤人时，排毒量大，后果严重。主要的临床表现有以下几种：

①神经毒致伤的表现：伤口局部出现麻木，知觉丧失，或仅有轻微痒感。伤口红肿不明显，出血不多，约在伤后半小时后，觉头昏、嗜睡、恶心、呕吐及乏力。重者出现吞咽困难、声嘶、失语、眼睑下垂及复视。最后可出现呼吸困难、血压下降及休克，致使机体缺氧、发绀、全身瘫痪。如抢救不及时则最后出现呼吸及循环衰竭，病人可迅速死亡。神经毒吸收快，危险性大，又因局部症状轻，常被人忽略。伤后的第1~2天为危险期，一旦渡过此期，症状就能很快好转，而且治愈后不留任何后遗症。

②血液毒致伤的表现：咬伤的局部迅速肿胀，并不断向近侧发展，伤口剧痛，流血不止。伤口周围的皮肤常伴有水泡或血泡，皮下瘀斑，组织坏死。严重时全身广泛性出血，如结膜下瘀血、鼻衄、呕血、咳血及尿血等。个别病人还会出现胸腔、腹腔出血及颅内出血，最后导致出血性休克。病人伴有头昏、恶心、呕吐、腹泻、关节疼痛及高热等症状。由于症状出现较早，一般救治较为及时，故死亡率可低于神经毒致伤的病人。但由于发病急，病程较持久，所以危险期也较长，治疗过晚则后果严重。治愈后常留有局部及内脏的后遗症。

③混合毒致伤的表现：兼有神经毒及血液毒的症状。从局部伤口看类似血液毒致伤，如局部红肿、瘀斑、血泡、组织坏死及淋巴结炎等；从全身来看，又类似神经毒致伤。此类伤员死亡原因仍以神经毒为主。

5.防蛇咬的方法

(1)除眼镜蛇外，蛇一般不会主动攻击人。我们没有发现蛇而过分逼近它，或无意踩到蛇体时，它才咬人。遇到蛇，如果它不向你主动进攻，千万不要惊扰它，尤其不要震动地面，最好等它逃遁后再走，或者等人来救援。

(2)穿高帮鞋(皮靴)，穿长衣长裤，戴帽，扣紧衣领、袖口、裤口。

(3)尽量避免抓着树枝借力，在抓取灌木、采摘水果前要小心观察，一些蛇类经常栖于树木之上。翻转石块或圆木以及掘坑挖洞时使用木棒，不可徒手进行这类活动。

(4)若被蛇追逐时，应向山坡跑，或忽左忽右地转弯跑，切勿直跑或直向下坡跑。

(5)把手里的东西往蛇旁边扔过去，转移它的注意力，或把衣服朝它扔过去蒙住它，然后跑开。

(6)如果迫不得已要杀死毒蛇，可取一根具有良好的弹性的长棒，快速劈向其后脑门，因为那里是蛇的七寸，即心脏。

(7)警惕那种看上去已死的蛇，因为它们可能在窥视猎物而装死。

(8)如在野外露营，要注意保持营地的清洁，所有垃圾必须及时掩埋。因为只要有星点的油脂，就有可能把蚂蚁引来，蚂蚁又会将蜥蜴引来，而蜥蜴又会把蛇引来。注意不要用火烧鱼骨头，这种气味也会把蛇引来。

(9)自制防蛇药：将大蒜捣烂，雄黄碾成粉末，两样充分拌匀后，用纱布包住，扎成一小球状，以不出水为宜。使用方法为将雄黄大蒜球挂在腰间，若要更保险，制作两个球，分别绑在左右脚脖子上。

第13课 溺水的救护

【教学目的】

使学生了解溺水的严重后果,懂得如何预防和急救。

【教学内容与分析】

1.教学内容解读

游泳是一种非常好的锻炼方式,也是孩子们最喜欢的夏日休闲娱乐活动。但在现实中,每年夏天全国各地都要发生多起青少年溺水事件。溺水已经成为造成少年儿童意外死亡的一大因素,给无数家庭带来巨大的伤害。青少年对溺水严重后果的不了解及不懂得如何预防和急救使这种悲剧一再发生。因此我们要教育学生,让他们了解溺水的严重后果,懂得如何预防和急救。

课文从现实的惨痛教训引入课题,准确地解释了溺水的概念;在"健康指南针"中,图文并茂地讲述了发生溺水身亡的主要原因;"健康加油站"中,讲述了自救和救护的一些常用措施。

2.相关知识点

溺水就是气管内吸入大量水分阻碍呼吸,或因喉头强烈痉挛引起呼吸道关闭、窒息,造成死亡。

3.教学重难点

使学生了解溺水的严重后果,懂得如何预防和急救。

教学过程参考

1.课程讲授过程建议

引入

教师可通过谈话导入课题:同学们,游泳是我们都喜爱的一项运动,可是溺水也在儿童意外死亡事故中居于首位。什么是溺水呢?

请学生根据自己的了解来说,然后教师进行小结。

活动设置1

(1)让学生阅读“惨痛的教训”一文,这是一个真实的新闻报道。让学生感受惨剧就发生在我们身边,从思想上引起高度重视。

(2)引导学生展开讨论,说说自己还知道哪些类似事例。

活动设置2

(1)进入“健康指南针”,学习儿童青少年溺水的几大原因。这时,教师可让学生看课本第62页的图和文字。原因一:到水边玩耍时不慎掉入水中。原因二:私自到江河、水塘中游泳。

(2)分组交流:当你和小伙伴一同去游泳,你会怎么安排?让学生分小组讨论,然后互相评评哪里做得不好,可能会引发哪些危险。

(3)教师小结:同学们,千万不能偷偷结伴去河里游泳,也不能去“水深危险”和“禁止游泳”的地方游泳。

活动设置3

面对溺水我们应该怎么办呢?进入“健康加油站”学习自救与救护。

(1)阅读课本第64页,了解不会游泳和会游泳者的不同自救方法。

(2)讨论“见到别人溺水,应该怎么办?”教师在学生充分发表意见的基础上进行指导,并特别提醒:小学生即使会游泳,也不要盲目下水救人,最好先大声呼救,向大人求助,然后尽快拨打120急救电话。

活动设置4:出水后的救护问题

此部分内容除了让学生阅读课本内容外,教师一定要带领学生利用模型学习进行人工呼吸的方法。

2.课堂小结建议

生命对于我们每一个人只有一次,我们一定要珍爱生命,好好保护自己,愿平安幸福永远伴随着同学们!

3.课堂评价建议

本课学习结束后,可检测学生是否学会了压胸法和人工呼吸的救护方法。

相关知识链接

1.人工呼吸

人工呼吸是用人工的方法借外力来推动肺、膈肌或胸廓的活动,使气体被动进入或排出肺部,以保证机体氧的供给和二氧化碳的排出。正常人呼出气中含有二氧化碳和

16%~18%的氧,救护者以通常2倍的换气量吸气后,吹入病人气道。

(1)口对口人工呼吸:这是一种快捷有效的通气方法。人工呼吸时要确保气道通畅。捏住病人的鼻孔,防止漏气,急救者用口唇把病人的口全罩住,呈密封状,缓慢吹气,每次吹气应持续2秒以上,确保呼吸时胸廓起伏。如急救者只进行人工呼吸,那么通气频率应为10~12次/分。开始人工通气次数宜为2~5次/分。婴儿人工呼吸的频率为20次/分,8岁以下的儿童为15次/分。

(2)口对鼻人工呼吸:在病人不能经口呼吸时(如牙关紧闭不能开口、口唇创伤、口对口人工呼吸难以实施者),应推荐采取口对鼻人工呼吸。救治溺水者最好应用口对鼻人工呼吸方法,只要病人头一露出水面即可进行口对鼻人工呼吸。将一只手置于病人前额后推,另一只手抬下颌,使口唇紧闭。用嘴封住病人鼻,深吹气后口离开鼻,让呼气自动排出。必要时,间断使病人口开放,或用拇指分开口唇,这对有部分鼻腔阻塞的病人呼气非常重要。

2.胸外心脏按压

对心脏骤停病人,反复按压其胸骨,建立有效的人工循环。方法:使病人仰卧于地上,头后仰10°左右,解开上衣。救护者紧靠病人一侧。确定按压部位的方法是:救护者靠近病人足侧,一只手的食指和中指沿病人肋弓下缘上移至胸骨下切迹,另一手的食指紧靠在胸骨下切迹处,中指紧靠食指,靠近病人足侧手的掌根紧靠另一手的中指放在病人胸骨上,该处为胸骨中、下1/3交界处。操作时将另一只手平行重叠在已置于病人胸骨按压处的手背上,手指并拢或互相握持,只以掌根部位接触病人胸骨。操作者两臂位于病人胸骨正上方,双肘关节伸直,利用上身重量垂直下压,按压深度成人为5~6厘米,而后迅速放松,解除压力,让胸廓自行复位。按压频率为100~120次/分。对8岁以下儿童进行按压时,部位在胸骨下1/2处,按压时用一只手掌根,下线深度为2.5~4.0厘米,按压频率为100次/分。

第14课
中暑的救治与预防

【教学目的】

让学生知道中暑的成因及症状，掌握预防中暑的方法，了解中暑的简单救治方法。

【教学内容与分析】

1.教学内容解读

本课以大宝热爱体育锻炼，暑假坚持跑步引起中暑的例子来引出课题。本课内容包括中暑的原因、症状，如何预防中暑和中暑后怎么办等，通过学生相互交流亲身经历和感受，达到教学内容与实际生活相结合的目的。

2.相关知识点

(1)引起中暑的原因。

(2)如何判断中暑，以及预防中暑及中暑后的简单救治方法。

3.教学重点和难点

让学生了解中暑症状，掌握预防和正确救治的方法。

教学过程参考

1.教学过程建议

日晒下的户外活动和长时间学习工作的视频课件展示，由学生讨论交流引入新课(中暑的救治与预防)。

活动设置1:分组讨论

(1)视频情景说明了什么?(教师:中暑的原因,什么叫中暑?)

中暑是指在高温和热辐射的长时间作用下,机体体温调节障碍,水、电解质代谢紊乱及神经系统功能损害的症状的总称。中暑的原因有很多,例如:在高温作业的车间工作,如果再加上通风差,则极易发生中暑;从事农业及露天作业时,人受阳光直接暴晒,再加上大地受阳光的暴晒而引起的大气温度升高,易使人的脑膜充血,大脑皮层缺血,引发中暑,或空气中湿度的增强诱发中暑;在公共场所人群拥挤集中处,产热集中,散热困难,易引发中暑。

(2)怎么做才对,为什么?(教师:预防中暑的措施)

出行躲避烈日,夏日出门记得要备好防晒用具,最好不要在10点至16点时在烈日下行走等(教师:加以引导总结)。

活动设置2:体验感受自主合作学习

你中过暑吗?谈谈自己的感受?(教师:有目的地请学生汇报,最后由学生小结中暑的症状。)

在高温环境下,出现头痛、头晕、口渴、多汗、四肢无力发酸、注意力不集中、动作不协调等症状为先兆中暑症状,此时体温正常或略有升高,如及时转移到阴凉通风处,补充水和盐分,短时间内即可恢复。

轻症中暑症状:体温往往在38℃以上,除头晕、口渴外往往有面色潮红、大量出汗、皮肤灼热等表现,或出现四肢湿冷、面色苍白、血压下降、脉搏增快等表现。如及时处理,往往可于数小时内恢复。

重症中暑,顾名思义,是中暑中情况最严重的一种,如不及时救治将会危及生命。

活动设置3:全班抢答

要求学生认真阅读课文后进行全班抢答:

(1)有日晒时你是怎么做的?

(2)你是怎样安排作息时间的?

(3)中暑了怎么办?

(4)怎样使用防晒霜?

2.课堂小结建议

师生共同进行(讨论交流的形式)。

3.教学评价建议

学生分组模拟练习中暑的救治方法(人人参与)。

相关知识链接

中暑与防暑

中暑是指人体在高温或烈日下,引起体温调节功能紊乱、散热机能发生障碍,致使热能积累所致的以高热、无汗及中枢神经系统症状为主的综合征,是一种常见的季节性疾病。随着全球气候变暖,特别在夏季外环境的气温较高,中暑的发生率有呈逐渐升高的趋势。据不完全统计,中暑的病死率可高达20%~70%。所以在炎热的夏季,人们更需积极防治中暑。

1.中暑的表现

根据中暑的程度不同,可分为以下3种情况:

(1)先兆中暑:大量出汗、口渴、全身疲乏、头晕、心悸、注意力不集中、动作不协调、体温正常或稍高。离开高温环境进入阴凉通风的地方休息,短时即可恢复正常。

(2)轻症中暑:体温≥38.5℃;面色潮红,胸闷,皮肤灼热;出现呼吸及循环衰竭的早期症状:面色苍白,恶心呕吐,血压下降,脉搏细弱而快,不能继续工作或劳动。通常休息数小时后体温可恢复正常。

(3)重症中暑:除上述症状外,还出现了昏倒或痉挛,或皮肤干燥无汗,体温在40℃以上。

2.中暑的类型

根据中暑的成因不同,可分为3种类型,如下表所示。

中暑的种类	成　因	症　状
热痉挛	大量出汗,同时损耗掉大量盐分,若只补充水分,则造成水电解质平衡失调	各部骨骼肌肉发生疼痛性收缩、皮肤潮湿寒冷、全身抽搐、体温正常或稍增高
热衰竭	由于大量出汗,身体流失大量水分及盐分,导致有效血容量下降,影响心脏及血管功能	非常口渴、疲倦、四肢乏力、恶心、头痛、晕眩或短暂神志不清、皮肤湿冷、面色苍白、脉搏急速及微弱、体温正常或稍增高
热射病	刚开始时大量出汗进行蒸发散热,后来汗腺功能发生衰竭,出现闭汗,造成热在体内蓄积	患者体温很高,通常晕倒,检查肛温可达41℃以上,患者皮肤干燥无汗

在这3种类型的中暑中,以热射病最为严重,若不及时救治,会危及生命。

3.情景再现

在暑假一个炎热的下午,大宝的父母都上班去了,他跟同学在家附近玩耍,由于运动过度,汗水直流,站立不稳,有种要倒下的感觉。这时,同伴小明把他扶到了自己的家中,从冰箱里给大宝拿来了一大瓶冷冻白开水和一大碗水果沙拉……

猛地喝下那一大瓶冷冻白开水，吃下那一大碗水果沙拉后不一会儿，大宝感到腹痛难忍，肌肉抽搐疼痛，中暑的症状反而加重了……小明好心帮了倒忙呀！

那正确的做法是什么呢？中暑后饮食有什么禁忌吗？

4.中暑的救治方法

(1)转移。迅速将患者抬到通风、阴凉、干爽的地方，使其平卧并解开衣扣，松开或脱去衣服，若衣服被汗水湿透应更换衣服。

(2)降温。患者头部可捂上冷毛巾，可用50%酒精、白酒、冰水或冷水进行全身擦浴，然后用扇或电扇吹风，加速散热。当体温降至38℃以下时，要停止一切冷敷等强降温措施。

(3)补水。患者仍有意识时，可给一些清凉饮料，在补充水分时，可加入少量盐或小苏打水。

(4)促醒。病人若已失去知觉，可指掐人中、合谷等穴，使其苏醒。若呼吸停止，应立即实施人工呼吸。

(5)转送。对于重症中暑病人，必须立即送医院诊治。搬运病人时，应用担架运送，不可使患者步行。运送途中要注意，尽可能地用冰袋敷于病人额头、枕后、胸口、肘窝及大腿根部，积极进行物理降温，以保护大脑、心肺等重要脏器。

5.中暑后饮食四大禁忌

(1)忌大量饮水。中暑的人应该采取少量、多次饮水的方法，每次以不超过300毫升为宜，切忌狂饮不止。因为，大量饮水不但会冲淡胃液，进而影响消化功能，还会引起反射排汗亢进，结果会造成体内的水分和盐分大量流失，严重者可以促使热痉挛的发生。

(2)忌大量食用生冷瓜果。中暑的人大多属于脾胃虚弱，如果大量吃进生冷瓜果、寒性食物，会使脾胃运动无力，寒湿内滞，严重者会出现腹泻、腹痛等症状。

(3)忌吃大量油腻食物。中暑后应该少吃油腻食物，以适应夏季胃肠的消化功能。因为吃了大量的油腻食物会加重胃肠的负担，使大量血液滞留于胃肠道，输送到大脑的血液相对减少，人体就会感到疲惫加重，更容易引起消化不良。

(4)忌单纯进补。人们中暑后，暑气未消，虽有虚症，却不能单纯进补。如果认为身体虚弱需进补就大错特错了。因为进补过早会使暑热不易消退，或者是本来已经逐渐消退的暑热又卷土重来，得不偿失。

6.预防中暑有妙招

(1)躲避烈日。尤其应避免10点到16点这段时间在烈日下行走，因为这个时间段发生中暑的可能性是平时的10倍！尤其老年人、孕妇、有慢性疾病(特别是有心血管疾病)的人，在高温季节要尽可能地减少外出。

(2)穿浅色棉质衣服并遮光防护。棉花及聚酯合成的衣物能帮助透气散热。打遮阳伞，戴遮阳帽、太阳镜，涂抹防晒霜可防止皮肤被紫外线晒伤。

(3)补充水分。养成良好的饮水习惯，通常最佳饮水时间是晨起后、上午10时、下午

3—4时，分别饮1~2杯白开水或淡盐饮料(水2~5升加盐20克)。不要等口渴了才喝水，因为口渴表示身体已经缺水了。平时要注意多吃新鲜蔬菜和水果补充水分。

(4)睡眠充足。夏天日长夜短，容易感到疲劳。充足的睡眠可使大脑和身体各系统都得到放松，既利于工作和学习，也是预防中暑的好措施。

(5)多吃防暑的蔬菜果汁类食物。例如，各种瓜类：冬瓜利尿消炎、清热解毒；丝瓜解暑祛风、化痰凉血；苦瓜祛暑清心；黄瓜中的纤维素可以排出肠道中腐败的食物，降低胆固醇；南瓜补中益气，消炎止痛。

另外，吃苦味菜有利于泄暑热和燥暑湿，苦瓜、苦菜、苦丁茶、苦笋都是夏季防暑的上乘食品。

(6)夏季来临时备些防暑药。在外活动时可随身携带防暑药物，如人丹、十滴水、藿香正气水、清凉油、无极丹等。一旦出现中暑症状就可服用所带药品缓解病情。

7.巧识防晒霜，防晒更全面

防晒霜分为物理防晒和化学防晒两种：

(1)物理防晒。顾名思义，就是利用物理学原理来达到防晒目的。这种防晒霜微粒是片状的，当在脸上涂开的时候，就像镜子一样，反射阳光，达到防晒的目的。二氧化钛和氧化锌就都属于物理性防晒类产品，它们可以在皮肤上形成保护膜，使得紫外线无法穿透皮肤表面。

(2)化学防晒。这种防晒霜是利用吸收的原理来防晒，为一种透光物质，可吸收紫外线达到防晒的功效。如对氨基苯甲酸及其衍生物、肉桂酸等，涂在脸上后，其原子吸收阳光，以防止阳光接触皮肤。

理论上，物理防晒要好于化学防晒，但是目前市面上的防晒产品大多是化学防晒产品。

五年级

第1课 健康与健康的生活方式

【教学目的】

让学生了解什么是真正的健康与健康的生活方式，培养学生养成良好的、健康的生活习惯。

【教学内容与分析】

1.教学内容解读

健康对于每一个人都是重要的，很多人片面地认为健康就是指没有疾病或体格健壮。其实，健康是指生理、心理及社会适应能力3个方面全部良好的一种状况。本课教学就是要让学生首先建立一种正确的健康观，其次了解人的身心健康的基本标准，然后能结合自己的生活实际判断自己是否健康，并努力养成良好的生活习惯。

2.相关知识点

(1)健康是指生理、心理及社会适应能力3个方面全部良好的一种状况。

(2)心理健康指拥有良好的个性人格、处世能力和人际关系。

3.教学重点和难点

培养学生养成良好的、健康的生活习惯及培养良好的心理素质。

教学过程参考

1.课程讲授过程建议

活动设置1

教师引导学生讨论当自己生病的时候是什么样的感觉，生病对我们的学习、生活带来什么的影响。

接着教师出示课本上的图片或自备的反映健康阳光生活的图片，给同学们以直观的感受，并引入课题。教师：健康对于我们每一个人都十分重要。有了健康，我们才能愉快地生活，高效率地工作和学习，才能实现我们远大的理想。

活动设置 2

(1)教师提问：同学们，你觉得什么是真正的健康呢？让学生自由讨论对健康的理解。

(2)教师根据学生的回答加以引导，这时可让同学们一起看课本上第 2 页的关于健康的定义：健康是指生理、心理及社会适应能力 3 个方面全部良好的一种状况。

活动设置 3

(1)了解怎样叫生理健康。

①教师可引导学生一起看课本上对身体健康反映出的"五快"的解释，然后说说自己和身边的亲人是否健康。

②教师：要拥有健康的身体，首先要从养成良好的生活习惯开始！大家一起讨论良好的生活习惯是指哪些。

③参看课本第 6 页的世界卫生组织提出的"健康 10 条标准"。

(2)了解怎样叫心理健康。

①了解心理健康的"三良好"，学习课本第 4 页的内容。

②谈谈生活中所看到或听到的各种心理问题及表现。这部分可让同学们结合新闻事件来讨论，比如名人患"抑郁症"的事例，学生们迷恋网络等热点问题。

活动设置 4

(1)教师展示几张不同生活方式的图片，让学生说说，哪些是健康的生活方式，哪些不是。

(2)教师根据学生的回答加以引导，让学生们仔细思考课本上的十大健康标准，说说自己哪些生活方式是健康的，哪些还做得不够。

活动设置 5

学习课本中对社会适应能力的解读和克服胆怯害羞的方法。在学习了课本内容后，还要结合实际来谈社会适应能力怎样，准备怎样培养好的社会适应能力，或为别的同学出主意。

2.课堂小结建议

(1)通过这节课的学习，你最大的收获是什么？

(2)教师：愿大家都拥有健康、阳光的未来。

3.教学评价建议

可结合课本“健康碰碰车”的内容，让学生结合“健康10条标准”、健康生活方式的“四大基石”，看看自己做到了哪些。让学生为自己制订一个健康的作息时间表，请父母帮助，看看平常生活中是否都做到了！

相关知识链接

1.真正的健康

健康是人的基本权力，是幸福快乐的基础，是国家文明的标志，是社会和谐的象征。没有人会拒绝健康，可是，人们却把健康放在了不同的位置上。有人说在嘴上，有人记在心上，而最重要的是应该落实在行动上。所谓行动其实就是指正确地选择我们日常的生活行为方式，选择利于健康的方式生活就把健康放在了正确的位置上。

在把健康落实到行动之前，我们首先需要明白什么是真正的健康。

一个人感冒了，他健康吗？为什么？

一个人对自己学习没信心，他健康吗？为什么？

一个人不积极参加集体活动，他健康吗？为什么？

(1)什么是真正的健康？

英语中的健康“health”一词，源于公元1000年英国盎格鲁一撒克逊族的词汇，含义为安全的、完美的、结实的。在汉语词义中，“健”是身体强壮有力(《晋书·郭璞传》)，“康”为平安、安乐(《尚书·洪范》)。从词义上看，汉语对健康的定义更为全面，包含了躯体健康、心理健康、社会适应能力3个方面的内容。1947年，世界卫生组织(WHO)把健康定义为：“健康不仅仅是没有疾病和衰弱的状态，健康乃是一种在身体上、精神上和社会上的完好状态。”之后，在此基础上，世界卫生组织又对健康的概念不断加以补充：1968年，提出“健康就是身体、精神良好，具有社会幸福感”；1978年，提出“健康不仅是没有疾病或不虚弱，且是身体的、精神的健康和社会适应良好的总称”、“健康是基本人权，达到尽可能的健康水平，是世界范围内一项重要的社会性目标”和“2000年人人享有健康”的全球性战略目标。

1989年，世界卫生组织对健康作了新的定义，即“健康不仅是没有疾病，而且包括躯体健康、心理健康、社会适应良好和道德健康”。

躯体健康：指躯体的结构完好和功能正常。

心理健康：指人的心理处于完好状态，包括正确认识自我，正确认识环境和及时适应环境。

社会适应能力：指每个人的能力能在社会系统内得到充分的发挥，作为健康的个体能有效地扮演与其身份相适应的角色。

这种新的健康观念使医学模式从单一的生物医学模式演变为“生物—心理—社会医学”模式。概念中心理健康和社会性健康是对生物医学模式下健康概念的有力补充和发展。它既考虑到人的自然属性,又考虑到人的社会属性,从而摆脱了人们对健康的片面认识。

(2)健康的少年儿童有哪些表现?

①身体各部分发育正常,功能健全,没有疾病。

②体质状况好,对疾病有高度的抵抗能力,并能刻苦耐劳,担负多种任务,能经受多种考验。

③精力充沛,能经常保持清醒的头脑,全神贯注,思想集中,学习都有较高的效率。

④意志坚强,情绪正常,精神愉快。

2.健康的生活方式

(1)什么是生活方式,它与健康有什么关系,怎样选择健康的生活方式?

生活方式:是指人们在日常生活中所遵循的各种行为习惯,如饮食习惯、起居习惯、日常生活安排、娱乐方式和参与社会活动,等等。

生活方式与健康的关系:世界卫生组织对于人的健康与长寿有一个基本的估算,指出它15%取决于遗传,10%取决于社会条件,8%取决于医疗条件,7%取决于自然环境,而60%取决于一个人自己的生活方式。

健康生活方式的基础:选择健康的生活方式要有一定的基础,这就必须了解不健康的生活方式对人体健康的影响,并确立哪些生活方式是健康的。

(2)不健康的生活方式对人体健康有哪些影响?

长期不健康的生活方式最终会导致生活方式病的发生。

生活方式病:指由于人们衣食住行、劳动工作、社会交往、参与的社会群体和文化等日常生活中的不良行为,以及社会的、经济的、精神的、文化的各个方面的不良因素导致躯体或心理的疾病。如高血压病、肿瘤、糖尿病、痛风、肥胖、心理问题等。

生活方式病的发生, 发展和流行可随着社会与自然生活环境以及人们行为方式的改变而改变,也可以通过改变不良行为而降低其发病率。

(3)常见的不健康的生活方式有哪些?

不吃早餐、三餐饮食无规律、嗜麻辣如命、醉酒后饮浓茶、鱼刺卡喉后喝醋、用油漆筷子吃饭、睡前不刷牙不洗脸、久坐不动、面对电脑时间过久、缺乏体育锻炼、空腹跑步、长时间处在空调环境中、与家人缺少交流、睡眠时间不足等。

(4)怎样选择健康的生活方式?

要选择健康的生活方式,就要明白什么是健康的生活方式,它有哪些表现。健康的生活方式是指有益于健康的习惯化的行为方式,主要表现为:生活有规律,没有不良嗜好,讲究个人卫生、环境卫生、饮食卫生,讲科学、不迷信,平时注意保健,生病及时就医,积极参加健康有益的文体活动和社会活动等。

要选择健康的生活方式,就要从健康的“四大基石”做起。1992 年世界卫生组织提出的“合理膳食,适量运动,戒烟限酒,心理平衡”即是健康的“四大基石”:

合理膳食,是指能提供全面、均衡营养的膳食。食物要多样化,才能满足人体各种营养需求,达到合理营养,促进健康的目的。卫生部发布的《中国居民膳食指南》为合理膳食提供了权威的指导。

适量运动,是指运动方式和运动量适合个人的身体状况,动则有益,贵在坚持。运动量应适度,选择适合自己的运动方式、强度和运动量。健康人可以根据运动时的心率来控制运动强度,一般应达到每分钟 150~170(次)减去年龄为宜,每周至少运动 3 次。

戒烟限酒,是指吸烟的人,不论吸烟多久,都应该戒烟。戒烟越早越好,任何时候戒烟对身体都有好处,都能够改善生活质量。过量饮酒会增加患某些疾病的风险,并可导致交通事故及暴力事件的增加。

心理平衡,是指一种良好的心理状态,即能够恰当地评价自己,应对日常生活中的压力,有效率地工作和学习,对家庭和社会有所贡献的良好状态。保持乐观、开朗、豁达的生活态度,将目标定在自己能力所及的范围内,建立良好的人际关系,积极参加社会活动等均有助于个体保持自身的心理平衡状态。

这 4 句话,16 个字,能使高血压减少 55%,脑中风、冠心病减少 75%,糖尿病减少 50%,肿瘤减少 1/3,平均寿命延长 10 年以上。

(5)选择健康的生活方式为什么要从儿童和青少年开始?

选择健康的生活方式,应从儿童和青少年开始,因为:

①生活方式病是当前影响人类健康的主要疾病,必须引起青少年的关注。

②尽管大多数慢性病是在成年期发生的,但是,许多与之有关的不良生活方式在儿童和青少年时期就已经形成了。

③生活方式病患者的年龄有逐渐减小的趋势。

第2课
吃出健康来

【教学目的】

使学生了解科学膳食是人体健康的基础，懂得如何科学膳食。

【教学内容与分析】

1.教学内容解读

健康膳食应以谷类为主，多吃蔬菜水果和薯类，注意荤素搭配。本课在教学时，教师要注意通过实例向学生讲授哪些食物是人体必需的，怎样平衡膳食，均衡营养，人体必需的三大营养素、五大类食物在身体中的作用。同时，要学生注意生活饮食应适度，不暴饮暴食，不盲目节食，适当吃零食。

2.相关知识点

(1)食物主要有五大类：谷类和薯类、动物性食物、豆类及其制品、蔬菜水果类、纯热能食物。
(2)三大营养素：蛋白质、脂肪、碳水化合物。
(3)一日三餐，科学膳食，不暴饮暴食、不挑食等。

3.教学重点和难点

如何做到科学膳食。

教学过程参考

1.课程讲授过程建议

活动设置1

用故事或视频：早上8:00，明明一看要迟到了，就背起书包朝学校跑去，妈妈使劲喊：“明明，吃了早饭再上学！”明明匆匆回答：“不了，要迟到了！”中午放学刚一回家，明明就狼吞虎咽地吃起来，一会儿小肚子就鼓起来了。可是没过多久，明明就捂着肚子：“哎哟！哎哟！”直叫起来……同学们，你们知道这是为什么？

教师：民以食为天，我们天天都要吃饭，可是怎么吃才健康呢？通过今天这节课的学习，我们就会明白的。（板书课题：吃出健康来）

活动设置 2

录音或视频：介绍五大类食物。

教师：同学们，听了这段录音（或看了这段视频），你知道了什么？

教师：人体需要的这五大类食物里，该如何去均衡？它的主要营养成分是什么，我们一起来了解吧。

活动设置 3

让学生自学课本第8、9页上的内容并思考：这三大营养素对人体有什么好处？营养学家为什么要这样搭配？可采取小组交流的方式进行讨论。

教师：刚才我们知道了平时吃的五大类食物里面主要有三大营养素，营养学家建议每天该吃些什么，一日三餐该如何均衡呢？

活动设置 4

录音或视频：课本第9、10页上的内容。请学生思考：你认为一日三餐怎么做才算科学膳食？

活动设置 5

教师：假如不科学膳食，挑食或暴饮暴食，又会出现怎样的状况呢？请看视频。

视频：课本第11页的内容，可补充介绍其他不良的饮食习惯，如专吃零食不吃饭、不吃早餐、节食等。这部分内容要让学生明白挑食、暴饮暴食、不吃早餐等都是有害健康的。

也可由教师举出生活中自己挑食或暴饮暴食等坏习惯的例子，并让同学们说该如何改正，意在培养学生良好的饮食习惯。

活动设置 6

学生小组交流合作：制作一份一日三餐的膳食食谱。

2.课堂小结建议

(1)通过这节课的学习，你学会了什么？懂得了什么？

(2)生活中，我们每个人都要养成良好的健康生活方式，一日三餐的科学膳食很重要，不盲目节食、不暴饮暴食、不挑食。

3.教学评价建议

这节课的教学目的是让学生懂得如何科学膳食以及它的重要性，教师可采用以下内容进行评价：

(1)设计一些一日三餐没有科学搭配的例子让学生进行判断，检查学生掌握知识的程度。

(2)可抽学生举出自己家一日三餐是如何搭配的，让其余学生进行评判，看搭配是否科学。

(3)也可结合在“活动设置 6”中制作的一日三餐膳食食谱，让学生进行判断，看看食谱是否合理。

相关知识链接

“吃”的学问

1.我们吃什么？吃多少？

日常生活中，有五大类食物是维持人体健康的必需食物：

第一类是粮食类，是热量的主要来源。一般轻体力劳动者每天的摄入量以 250~400 克为宜，其余的热量由副食品供给，所以，粮食类食物占热能供给量为 60%~70%，约占膳食总量的 32%。

第二类是富含动物蛋白质的食物，包括瘦肉、蛋、禽、鱼等。据研究，人体对动物蛋白质的吸收率高于植物蛋白，较为理想的蛋白质摄入应是，动物蛋白占 1/4，豆类蛋白占 1/4，其余 2/4 则由粮食供给。因此，营养专家建议，每人每天应摄入禽、畜肉类 50~70 克，鱼虾类 50~100 克，蛋类 25~50 克。此类食物应占膳食总量 13%。

第三类是豆、乳及制品，因豆类富含蛋白质、不饱和脂肪酸和卵磷脂等，其蛋白质氨基酸的组成接近人体需要，所以每人每天应补充豆类 30~50 克，奶类 300 克，此类食物占总量的 9.5%。

第四类是蔬菜、水果，这是人体维生素、无机盐和食物纤维的主要来源，但因蔬菜品种很多，营养成分也存在很大差异。如：绿叶类蔬菜含大量的胡萝卜素、维生素 C 以及钙、磷等无机盐；根茎类蔬菜有丰富的淀粉、蛋白质和胡萝卜素；鲜豆类蔬菜中的碳水化合物、铁及硫胺素是其他蔬菜所不能比的，所以每人每天应摄入 300~500 克，总共绿叶菜应保持 1/2 以上。新鲜的水果是维生素 C 的良好来源，可以提供大量的蛋白质、磷、铁等无机盐，故而每人每天应摄入 200~400 克鲜果。此类食物应占总量的 40%。

第五类是油脂类，油脂类可供给热量，促进脂溶性维生素的吸收，供给不饱和脂肪酸。植物油所含的必需脂肪酸比动物油高，而动物油的饱和脂肪酸多，脂肪熔点也比较高，因此不易为人体消化吸收，故而应少吃动物脂肪，多吃植物油。因此，营养学家建议油脂的摄入比例为饱和脂肪酸与多稀不饱和脂肪酸及单烯不饱和脂肪酸各占 1/3。油脂每天摄入量不超过 25 克，约占总膳食比重的 1.5%。

以上五类食物长期缺乏任何一种都会影响身体健康，为保持均衡膳食，人们每天的膳食不宜吃得太精,更不应在节日中暴饮暴食,真正做到粗细搭配、有荤有素,健康就会更有保障。

2.《中国居民膳食指南》提出了十大建议

①食物多样,谷类为主,粗细搭配。

②多吃蔬菜,水果和薯类。

③每天吃奶类,大豆或其制品。

④常吃适量的鱼,禽,蛋和瘦肉。

⑤减少烹调油,吃清淡少盐膳食。

⑥食不过量,天天运动,保持健康体重。

⑦三餐分配要合理,零食要适当。

⑧每天足量饮水,合理选择饮料。

⑨如果饮酒应限量。

⑩吃新鲜卫生的食物。

3.食物中的营养素

五大类食物中含有维持人体健康所必需的6类营养素:

(1)蛋白质

蛋白质(protein)是生命的物质基础,没有蛋白质就没有生命。因此,它是与生命及与各种形式的生命活动紧密联系在一起的物质。机体中的每一个细胞和所有重要组成部分都有蛋白质参与。

成年人若缺乏蛋白质会出现:肌肉消瘦、机体免疫力下降、贫血,严重者将产生水肿。未成年人若缺乏蛋白质会出现:生长发育停滞、贫血、智力发育差,视觉差。蛋白质过量:蛋白质在体内不能贮存,多了机体无法吸收,而且会增加肝、肾代谢负担。

(2)脂肪

脂肪是生物体的能量提供者,也是组成生物体的重要成分。

脂肪摄入过量将产生肥胖,并导致一些慢性病的发生。

脂肪缺乏可导致必需脂肪酸和脂溶性维生素的缺乏,可引起生长迟缓、生殖障碍、皮肤受损等。

(3)碳水化合物

碳水化合物亦称糖类,是自然界存在最多、分布最广的一类重要的有机化合物,主要由碳、氢、氧所组成。葡萄糖、蔗糖、淀粉和纤维素等都属于糖类化合物。糖类化合物是一切生物体维持生命活动所需能量的主要来源。我国营养专家认为碳水化合物产热量占总热量的60%~65%为宜。

膳食中缺乏碳水化合物将导致人全身无力、疲乏、血糖水平降低,产生头晕、心悸、脑功能障碍等,严重者会导致低血糖昏迷。

若膳食中碳水化合物过多,就会转化成脂肪贮存于体内,使人肥胖而导致各类疾病如高血脂、糖尿病等。

(4)矿物质

矿物质(又称无机盐),是人体内无机物的总称,是地壳中自然存在的化合物或天然元素。人体必需的矿物质有钙、磷、钾、钠、氯等需要量较多的宏量元素,也有铁、锌、铜、钴、钼、硒、碘、铬等需要量少的微量元素,但无论哪种元素,和人体所需蛋白质相比,都是非常少量的。

(5)维生素

维生素是维持正常的生理功能而必须从食物中获得的一类微量有机物质，在人体生长、代谢、发育过程中发挥着重要的作用。根据其溶解性能分为脂溶性维生素和水溶性维生素两大类。

①脂溶性维生素:维生素A,维生素D,维生素E,维生素K。

②水溶性维生素:B族维生素,C族维生素。

③相应的维生素缺乏会导致相应的病症。

维生素A:夜盲症,角膜干燥症,皮肤干燥,脱屑。

维生素B_1:神经炎,脚气病,食欲不振,消化不良,生长迟缓。

维生素B_2:口腔溃疡,皮炎,口角炎,舌炎,唇裂症,角膜炎等。

维生素B_{12}:巨幼红细胞性贫血。

维生素C:坏血病,抵抗力下降。

维生素D:儿童的佝偻病,成人的骨质疏松症。

维生素E:不育,流产,肌肉性萎缩等。

(6)水

人体细胞的重要成分是水,水占成人体重的60%~70%,占儿童体重的80%以上。

水是生命的源泉。人对水的需要仅次于氧气,人如果不摄入某一种维生素或矿物质,也许还能继续活几周或带病活上若干年,但人如果没有水,却只能活几天。

以上6类营养素中,蛋白质、脂肪、碳水化合物是主要的供能营养素。只要我们合理地选择食物,做到科学膳食,平衡搭配,让以上六种营养素按比例,充足地通过“吃”的方式进入到人体内,健康就能吃出来啦!

第3课 诺如病毒的自述

【教学目的】

初步了解诺如病毒的特点及传播途径,知道被诺如病毒感染后的主要症状,掌握预防感染诺如病毒的措施,培养良好的卫生习惯。

【教学内容与分析】

1.教学内容解读

冬、春季是诺如病毒等常见传染病的高发季节。本课学习内容主要是让学生初步了解诺如病毒,知道诺如病毒通过什么途径传染,人被感染后会出现哪些症状等基础知识,让学生学会如何预防感染诺如病毒,促使学生养成良好的卫生习惯。

2.相关知识点

(1)诺如病毒的特点以及传播途径。

(2)被诺如病毒感染后的主要症状。

(3)应如何治疗诺如病毒感染性急性胃肠炎。

(4)预防感染诺如病毒的措施。

3.教学重点和难点

重点:掌握预防感染诺如病毒的措施,培养良好的卫生习惯。

难点:了解诺如病毒的特点和传播途径。

教学过程参考

1.课程讲授过程

1)谈话导入

2014年11—12月，广州市共报告13起诺如病毒感染性腹泻聚集性疫情，涉及7个区县，发病地点包括小学、幼儿园、公司、中心、大学、建筑工地等，发病病例936人，波及21 746人。

2014年11月从化市南洋理工职业学院诺如病毒感染性急性胃肠炎暴发事件，疫情持续26天，累计病例679例，因迟报疫情、防控措施落实不力，造成疫情迁延，引起省市区各级政府高度重视和各界媒体高度关注。

诺如病毒(诺瓦克样病毒)引起的病毒性胃肠道疾病发病急、传播速度快、涉及范围广；全年均发，冬春季高发；传染性强，常在学校、托幼机构暴发流行。

2)认识诺如病毒

出示诺如病毒在显微镜下的图片，老师配图解说：你们认识“我”吗？这是显微镜下的“我”——诺如病毒。“我”可做了不少坏事呢！

(1)“我”具有高度感染性

大约18个病毒颗粒就能引起感染。

感染性强，以肠道传播为主，可通过污染的水源、食物、空气等传播，常在社区、学校、餐馆、医院、幼儿园等处引起集体暴发。

(2)耐低温、耐酸，不易灭活

经室温(25 ℃)、低酸(pH2.7)环境暴露3小时，或者低温(4 ℃)、20%乙醚处理18小时后，仍具传染性。

用于饮用水消毒的氯水溶液也难以将“我”消灭。

在高浓度的氯离子(处理污水采用的浓度)中，才可以消灭“我”。

3)小组自主合作学习

展示诺如病毒的传播途径，被感染后的主要症状，以及说说诺如病毒感染性急性胃肠炎应如何治疗。

(1)传播途径：食物、水、接触

• 食物

①多见于贝类、蔬菜、水果、面点等食物。

②污染环节。

原料生产：被诺如病毒(卡通图)污染的水灌溉，清洗生鲜蔬菜及瓜果可使病毒附着于表面，贝类在受污染的水中养殖也会逐渐蓄积病毒。

食物加工：携带诺如病毒(卡通图)的食品加工制作人员裸手接触食物，可造成食物污染。

● 水

①可以通过未经处理的粪便污水排放或者污水溢流等途径进入游泳池水、饮用水等。

②人群接触或饮用未经彻底消毒的水。

● 接触

通过吸入或摄入混有病毒颗粒的气溶胶而感染得病。

(2)被感染后的主要症状

①诺如病毒感染性腹泻的潜伏期多在24~48小时，最短12小时，最长72小时。

②感染者发病突然，主要症状为恶心、呕吐、腹部痉挛性疼痛及腹泻。通常持续1~2天(可借鉴上图)。

③儿童患者呕吐普遍，成人患者腹泻为多。24小时内腹泻4~8次，粪便为稀水便或水样便，无黏液脓血。

(3)应如何治疗诺如病毒感染性急性胃肠炎

这种病为自限性疾病，2~3天可痊愈，无后遗症。但小孩、老人免疫力低下者可能导致严重脱水。主要治疗方法是对症治疗，目前尚无特效抗病毒药物，无须用抗菌素，也没有疫苗可预防。

4)如何预防

(1)注意个人卫生，饭前便后和处理加工食物前需认真洗手。

(2)注意饮食卫生，所有食物(特别是贝类海产品)均应彻底煮熟后才食用。

(3)有呕吐或腹泻症状的人士，切勿上班或上学，应及时就医。

2.课堂小结建议

防患于未然，希望同学们和老师一起做好疾病预防工作。

3.教学评价建议

担任一次“预防诺如病毒”的宣传大使，向家庭成员介绍诺如病毒及其传播途径和预防措施。

相关知识链接

两招防止诺如病毒攻击

1.把好“入口关”

● 家庭

注意个人卫生，餐前便后要洗手；

患者最好避免与其他人共同进餐，其使用过的餐具要洗净并高温消毒；

从患病到康复后3天内，患者都一定不要去做饭给他人吃；

所有食物(特别是贝类海产品)必须彻底煮熟后才可进食。

● 学校

食堂要严格按照食品安全部门的要求进行管理,注意生熟分开,搞好食堂内外环境的消毒和清洁卫生;

诺如病毒高发期间,暂停供应双壳贝类、凉菜、沙拉、冷加工糕点、烧腊熟食等高危食物,食物务必煮熟、煮透;

食堂员工及小卖部工作人员在加工处理食物及分餐时要戴口罩、戴手套,处理后要及时清洗和消毒厨房用具;

食堂员工要做好健康监测,厨房从业人员一旦发生呕吐、腹泻等症状或被检测出诺如病毒阳性时,要暂时离岗,且须连续2次诺如病毒检测都呈阴性才可以返岗工作。

2.避免接触

● 家庭

注意个人卫生,勤洗手;

患者尽量不要和其他健康的家人近距离接触;

患者住所要开窗通风或使用排气扇,保持室内空气流通;

及时清理患病家人的呕吐物和粪便,并清洗、消毒被污染的地方和物品;

进行消毒处理的时候,一定要戴口罩和手套,做好个人防护。

● 学校

做好学生和教职员工的晨、午检制度及因病缺勤登记追踪制度,及时发现病例;

一旦发现病例,应将病例立即进行隔离;

由经过培训的清洁人员及时、规范地清理患者的呕吐物和粪便,并清洗、消毒被污染的地方和物品;

患者去过的公共场所,例如教室、宿舍、卫生间等,以及接触过的课桌、床铺和门把手、马桶等物体表面,都要严格开展消毒;

保持学校环境卫生,保证学生和教职工有足够的洗手设施和用品,保持厕所清洁,生活垃圾应集中加盖存放,并定期清理。

第4课 远离毒品 珍爱生命

【教学目的】

让学生认识什么是毒品以及毒品的危害,学习后能在生活中提高警惕,避免无意识中受到毒品的危害,更要洁身自好,主动远离毒品。

【教学内容与分析】

1.教材内容解读

随着我国社会的开放以及整个时代的发展,社会环境越来越复杂,青少年接触到毒品、受到毒品危害的机会也越来越多。本课教学就是要让学生认识什么是毒品以及毒品的危害。课本第23页列举了一个真实的事例能让学生深刻地感受毒品的巨大危害。“洁身自好、远离毒品”部分对同学们怎样在生活中提高识别能力,避免误吸毒品提供了指导。

2.相关知识点

(1)毒品是指鸦片、海洛因、吗啡、大麻、可卡因以及国家规定管制的其他能够使人形成严重依赖性的麻醉药品和精神药品。

(2)毒品分为麻醉药品和精神药物两大类。

(3)毒品对个人的身心、对社会都有巨大的危害。

3.教学重点和难点

让学生能认识毒品的危害,在生活中能提高警惕,避免无意识中受到毒品的危害,更要洁身自好,主动远离毒品。

教学过程参考

1.课程讲授过程建议

活动设置1

教师出示罂粟花的图片,问:同学们,这朵花美吗?你们知道它是什么花吗?这朵鲜艳美丽的花结出的果实叫罂粟，它含有吗啡和其他生物碱，就是人们所说的毒品——鸦片。

活动设置 2

(1)教师提问：什么是毒品，你们都知道些什么？让学生谈自己从影视作品或新闻媒体中了解到有关毒品的名称、危害及打击买卖毒品的故事等(跟毒品相关的信息、知识都可以)。

(2)学习课本第 19、20 页“健康指南针”，了解什么是毒品以及毒品的分类。

(3)教师讲课本第 23 页的“小贴士”中的故事，让学生从中直观地感受到毒品的巨大危害；然后教师指导学生学习课本第 21、22 页的内容，了解吸毒对人的身心和对社会的危害。在这部分内容学习中，教师还可出示一些吸毒致死的图片和吸毒危害社会的新闻事例来加深学生的认识。

活动设置 3

可让学生先从课本第 21 页“小贴士”中了解青少年吸毒的诱因，再谈谈远离毒品应该注意些什么。教学这部分内容的关键是多给学生提供现实中青少年受毒品危害的事例，让学生充分认识到现实社会环境的复杂性，需要我们时刻提高警惕。

活动设置 4

有条件的学校可组织学生参观戒毒所，或请戒毒所的工作人员给学生讲毒品和戒毒情况。

2.课堂小结建议

同学们，毒品危害巨大，我们从小就要洁身自好，远离毒品。

3.教学评价建议

可结合课本第 24 页的“健康碰碰车”，布置学生办一期“远离毒品，珍爱生命”为主题的小报，促进学生掌握知识，了解社会，检查学生对本课学习的效果。

相关知识链接

关于毒品的小知识

(1)麻醉药品：是指对中枢神经有麻醉作用，并且连续使用后身体易产生依赖性的药品。它包括鸦片类、可卡因类、大麻类、合成麻醉药类及国家食药监局指定的其他易成瘾癖的药品、药用源植物及其制剂。麻醉药品正常使用有利健康，但是若连续使用、滥用或者不合理使用，易产生身体依赖性和精神依赖性，形成瘾癖。因此，国家对它的使用和贮存进行了严格管理。

(2)传统毒品：

①罂粟：为罂粟科一年生或两年生草本，内含吗啡、可卡因、罂粟碱等 30 多种生物碱，具有镇痛、止咳、止泻的作用，医学上用于肺虚久咳不止、胸腹筋骨各种疼痛、久痢常泻不止等疾病；也可用于肾虚引起的遗精、滑精等症状。同时，罂粟是提取毒品海洛因的主要毒品源植物，长期应用容易成瘾，导致慢性中毒，严重危害身体。所以，我国对罂粟种植严加

控制，除药用科研外，一律禁植。罂粟，大麻和古柯并称为三大毒品植物。

②鸦片：又称为阿片，俗称大烟，是罂粟果实中流出的乳液经加工而成，呈黑色或褐色，味苦，吸食时有一种强烈的香甜气味。吸食者初吸时会感到头晕目眩、恶心或头痛，多次吸食就会上瘾。

③海洛因：化学名称“二乙酰吗啡”，俗称白粉，由吗啡和醋酸酐反应而制成，其镇痛作用是吗啡的4~8倍，医学上曾广泛用于麻醉镇痛，但成瘾快，极难戒断，长期使用会破坏人的免疫功能，并导致心、肝、肾等主要脏器的损害。同时，注射吸食海洛因还能传播艾滋病等疾病。因此，海洛因被称为世界毒品之王，是我国目前监控、查禁的最重要的毒品之一。

④吗啡：从鸦片中分离出来的一种生物碱，在鸦片中含量占10%左右，呈无色或白色结晶粉末状，具有镇痛、催眠、止咳、止泻等作用，吸食后会产生欣快感，比鸦片容易成瘾。长期使用会引起精神失常、谵妄和幻想，过量使用会导致呼吸衰竭而死亡。

⑤可卡因：可卡因是从古柯叶中提取的一种生物碱，呈白色晶体状，是强效的中枢神经兴奋剂和局部麻醉剂。它能阻断人体神经的传导，产生局部麻醉作用，并且可通过加强人体内化学物质的活性来刺激大脑皮层，兴奋中枢神经，使人表现出情绪高涨、好动、健谈，甚至攻击的倾向，具有很强的成瘾性。

⑥大麻：为桑科一年生草本植物，分为有毒大麻和无毒大麻。无毒大麻的茎、杆可制成纤维，籽可榨油。有毒大麻主要指矮小、多分枝的印度大麻，其主要活性成分是四氢大麻酚。大麻对中枢神经系统有抑制、麻醉作用，吸食后产生欣快感，有时会出现幻觉和妄想，长期吸食会引起精神障碍、思维迟钝，并破坏人体的免疫系统。

(3)新型毒品：

①冰毒：即“甲基苯丙胺”，外观呈纯白结晶体，对人体中枢神经系统具有极强的刺激作用，且毒性强烈。吸食冰毒后会产生强烈的生理兴奋，大量消耗人的体力和降低免疫功能，严重损害心脏、大脑组织甚至导致死亡，还会造成精神障碍，表现出妄想、好斗、错觉，从而引发暴力行为。冰毒的精神依赖性很强，是近年来最主要的新型毒品之一。

②摇头丸：冰毒的衍生物，主要成分为MDMA等苯丙胺类兴奋剂，具有兴奋和致幻双重作用，滥用后可出现长时间随音乐剧烈摆动头部的现象，故称为摇头丸。摇头丸外观多呈片剂，五颜六色，服用后会产生中枢神经强烈兴奋，出现摇头和妄动，在幻觉作用下常常引发集体淫乱、自残与攻击行为，并可诱发精神分裂症及急性心脑疾病，精神依赖性强。

(4)林则徐与虎门销烟：林则徐是清朝后期政治家、思想家和民族英雄，因其主张严禁鸦片，抵抗西方的侵略，坚持维护中国主权和民族利益而深受全世界中国人的敬仰。

虎门销烟(1839年6月)是指中国清朝政府委任钦差大臣林则徐在广东虎门集中销毁鸦片的历史事件，此事后来成为第一次鸦片战争的导火线。1839年6月3日，林则徐下令在虎门海滩当众销毁鸦片，至6月25日结束，历时23天，销毁鸦片19 187箱和2 119袋，总重量2 376 254斤。虎门销烟成为打击毒品的著名历史事件。

(5)国际禁毒日：每年的6月26日是联合国确定的国际禁毒日。

第5课 预防一氧化碳中毒

【教学目的】

认识什么是一氧化碳中毒,了解一氧化碳中毒的原因及危害,掌握预防方法。学会一氧化碳中毒的抢救措施及应急方法,提高安全防范意识,减少安全隐患发生的频率。

【教学内容与分析】

1.教学内容解读

寒冷的冬天,往往是一氧化碳中毒的高发期。稍微不注意,就有可能发生危险,酿成事故。本课教学旨在增强同学们的安全防范意识,提高我们的自护自救能力。

2.相关知识点

(1)什么是一氧化碳中毒。

(2)一氧化碳中毒的原因。

(3)一氧化碳中毒的症状。

(4)一氧化碳中毒后应如何救护。

(5)如何预防一氧化碳中毒。

3.教学重点和难点

重点:通过学习,让学生知道如何预防一氧化碳中毒。

难点:了解一氧化碳中毒后的临床表现,掌握救护方法。

教学过程参考

1.课程讲授过程

1)导入

一氧化碳中毒的危害：通过观看有关煤气中毒事件的视频，用典型事例及数据告诉学生——煤气中毒的危害。引入教材开篇事件：冬天，窗外白雪纷飞，小天和婆婆在屋内关着门窗围着煤气炉吃着热气腾腾的火锅，不一会儿，他们都感觉头晕目眩，倒在了地上。幸好，隔壁的王叔叔发现后赶紧破门而入，关掉煤气罐，开窗通气，并及时把他们送往医院，这才挽回了性命。医生说，这是一氧化碳中毒。

2)什么是一氧化碳中毒

一氧化碳，是一种无色、无味、无刺激性的气体。一氧化碳中毒是由于人体吸入高浓度一氧化碳气体而导致中毒、缺氧引起的神经中枢系统严重受损的疾患。空气中一氧化碳含量如果达到0.04%~0.06%时，就可使人中毒。

3)探究一氧化碳中毒的原因及防范措施

师问：是什么原因导致一氧化碳中毒？发生一氧化碳中毒应怎么办？

师生共同学习交流，总结常见的一氧化碳中毒的几种情况。

(1)在密闭居室中使用煤炉取暖、做饭，由于通风不良，供氧不充分，可产生大量一氧化碳积蓄在室内。

(2)冬季在车库内发动汽车或开动车内空调后在车内睡眠，可能引起一氧化碳中毒。

(3)城区居民使用管道煤气，如果管道漏气、开关未关紧，或烧煮中火焰被扑灭后，煤气大量溢出，可造成中毒。

(4)使用燃气热水器未按规定安放，通风不良，洗浴时间过长，也容易造成一氧化碳中毒。

4)学生自主学习，汇报一氧化中毒的症状

轻型中毒：中毒时间短。表现为头痛眩晕、恶心、呕吐、四肢无力，脱离中毒环境后，症状迅速消失，一般不留后遗症。

中型中毒：中毒时间稍长，可出现虚脱、昏迷。抢救及时，数天内可恢复，一般无后遗症状。

重型中毒：发现时间过晚，表现为深度昏迷，大小便失禁，血压下降，呼吸急促。一般昏迷时间越长，后果越严重，常留有记忆力、理解力减退、肢体瘫痪等后遗症。

5)一氧化碳中毒后的救护

小组合作学习

步骤一：遇到一氧化碳中毒，第一时间把煤气关掉。

步骤二：打开门窗通风，让室内的一氧化碳迅速散去。

步骤三：将中毒者移送到室外通风处，松开衣服，保持仰卧姿势，便于把吸进身体的一氧化碳排出体外。

步骤四：人工呼吸必须规范操作，否则起不到任何作用。

步骤五：及时拨打120。

学生活动：模拟演练

假如你小组某同学在卧室用煤气取暖时，发生一氧化碳中毒，如何急救？

温馨提示：

①一人装作一氧化碳中毒；

②将中毒者撤离现场1米即可；

③组长认真组织，分工合理。

情境设计一：自己用煤气取暖时感觉头晕、头痛、眼花、全身乏力。

情境设计二：一同学用煤气取暖时中毒，出现多汗、烦躁、走路不稳、皮肤苍白、意识模糊、口内有呕吐物等症状。

情境设计三：一同学用煤气取暖时中毒，出现多汗、烦躁、走路不稳、皮肤苍白、意识模糊、发烧等症状。

情境设计四：一同学用煤气取暖时中毒，出现多汗、烦躁、走路不稳、皮肤苍白、意识模糊、昏迷或头晕目眩接近昏迷等症状。

情境设计五：一同学用煤气取暖时中毒，出现昏迷、心跳加速、呼吸微弱等症状。

（引导学生按照正确的方法操作，抢救中毒要尽快，因煤气取暖造成的一氧化碳中毒往往由于警惕性不高所致，有时在不知不觉中发生，如不加以控制，中毒症状发展较为迅速。因此，一旦发现有人中毒，一定要尽快抢救。）

6）如何预防一氧化碳中毒，出示判断题，请学生判断并说明原因

(1)关窗在室内烧炭取暖。（配图：孩子在室内烧炭取暖。）

(2)停车开暖气。（配图：一人在车内开暖气睡觉，车窗密闭。）

关闭车窗，停车开暖气，会导致一氧化碳中毒。若要开暖气，应注意让车窗留缝隙。

(3)燃气热水器放在洗澡间。

洗澡间空间小，空气流动性差，应将燃气热水器外置。

(4)厨房要安装通风扇。

厨房应安装通风扇，帮助空气流动。

2.课堂小结建议

防止一氧化碳中毒，以预防为主。希望同学们能够把掌握的知识运用到实际生活中。

警示语：安全使用煤炉、煤气，别让一氧化碳中毒的悲剧重演。因为生命是可贵的，让我们珍爱生命！

3.教学评价建议

四人小组合作共同设计一份“远离一氧化碳中毒”的手抄报，要注意分工合作哟！

相关知识链接

当空气中的一氧化碳含量达到0.04%~0.06%时，就可使人中毒。一氧化碳无色无味，常在意外情况下，特别是在睡眠中不知不觉侵入人的呼吸道，通过肺泡的气体交换进入血液，并散布全身，造成中毒。一氧化碳被吸入进入血液后，与血液中的红细胞结合，使红细胞不能再与氧气结合，血中含氧量明显下降，从而使人体缺氧。中枢神经系统对缺氧最敏感，故首先受累产生中毒症状。一氧化碳中毒的症状出现时间、中毒的严重程度等均与一氧化碳在室内的浓度有关，亦与中毒者的年龄有关。青年人较老年人敏感，孕妇、肥胖者和有慢性心肺疾病者亦容易发生中毒。

对一氧化碳中毒的认识误区：

误区之一是思想麻痹。煤气无色、无味、看不见、摸不着，在不少人认为不会产生煤气泄漏的时候，煤气却已存在了。其实，所谓煤气就是煤、炭燃烧不完全时产生的一氧化碳。只要有煤碳燃烧，就会产生煤气，特别是氧气供给不足的燃烧，如火炉在烧旺之前或即将熄灭的时候，产生的煤气更多。

误区之二是把人冻一冻或灌些醋、酸菜汤等就可解毒。发生一氧化碳中毒后，轻者只要把病人移到空气新鲜的地方就可以逐渐恢复，重者使用高压氧舱治疗。但寒冷及醋、酸菜汤等并无解一氧化碳之毒的作用，如果把病人抬到寒冷的地方，反而会使病人因受凉感冒或并发肺炎而加重病情，或因延误抢救时间而带来严重后果。

误区之三是有些人认为，一氧化碳中毒经抢救恢复了健康后就平安无事了。实际上有的中毒者过 2 周至 3 个月时间又可能突然出现痴呆、大小便失禁、偏瘫等症状，往往被误诊为脑出血、精神病等。其实，这仍是一氧化碳中毒的特殊表现，只要把救治时间延长，就可防止发生这些后遗症。

误区之四是白菜叶、橘子皮、松树枝或水等可以防止一氧化碳中毒。有些人认为在火炉上放些白菜叶、橘子皮、松树枝之类，或放一盆凉水，或是在地上洒些水，就可以预防一氧化碳中毒的发生。其实白菜叶之类不能与一氧化碳起任何化学反应，一氧化碳也不能溶解在水里，因此，这些东西都不能解一氧化碳之毒，自然也就不能预防一氧化碳中毒的发生。

第6课
怎样选配眼镜

【教学目的】

使学生了解选配眼镜的常识，懂得正确配戴眼镜。

【数学内容与分析】

1.教学内容解读

青少年近视眼通常是由于长时间近距离用眼，使眼的调节能力受到影响，眼外肌对眼球压力增加，久而久之造成了视远物不清楚、远视力下降。本课教学时，除了要求教师讲授有关配眼镜前的检查、如何配选眼镜等知识外，更重要的是要通过身边的实例让学生真正懂得爱护眼睛的重要性。

2.相关知识点

(1)配眼镜时应掌握的原则。
(2)平时戴眼镜时的注意事项。
(3)保护眼睛的“四要”和“四不要”。

3.教学重难点

如何正确配戴眼镜。

教学过程参考

1.课程讲授过程建议

活动设置1

教师引入眼镜的话题，引导同学们讨论配戴眼镜的原因。

(1)教师:(出示眼镜)这是什么?我们班上有哪些同学戴上了眼镜?戴眼镜的同学都有什么感受?(学生自由发言)

(2)说说你身边戴眼镜的人,配戴的眼镜是怎样选配的。(指名回答)

教师:不错,看来同学们都说出了自己观点,你们说对了吗?今天这节课,我们就一起来谈谈有关配戴眼镜的话题,掌握正确配戴眼镜的原则和平时戴眼镜的注意事项。

(3)板书课题,齐读课题。

活动设置2

教师讲解配眼镜应掌握的原则。

(1)教师向班上戴眼镜的同学提问:你的眼睛近视戴上了眼镜,能告诉大家,你这副眼镜是在哪里配的?配眼镜的过程又是怎样的呢?(如果班上没有戴眼镜的同学,就让同学们谈谈他们通过其他途径了解到的配眼镜的过程)

(2)在学生讲述配眼镜的过程时,教师实时板书,让学生了解配眼镜的正确流程。

①没有验光前,不可盲目购买眼镜。

②眼科检查,科学验光。

③选择正规、信誉较好的大医院的眼科中心或大型眼镜店配制眼镜。

(3)教师:刚才我们总结了配眼镜的正确流程,其实在配眼镜时还要避免走入一些误区。

①只配眼镜不做眼科检查。为了避免配镜时碰到一些不必要的误差,尽量选择一些大医院的配镜中心或信誉较好的眼镜店验光配镜。

②为了眼睛的美观而配戴隐形眼镜。隐形眼镜对正在处于发育阶段的小学生的眼睛有很大危害,一些不科学的方法会给角膜带来严重危害。

③强求双眼度数一致。盲目追求双眼一致是不对的,这样不利于儿童双眼的视觉发育。

(4)请学生根据上面讲的内容和课文中的资料,谈谈自己的体会。

(5)教师:如果配镜不合适,不仅会损害视力,而且会引起各种疾病,如头痛等症状。因此正确地配戴眼镜尤为重要。

活动设置3

教师讲解配戴眼镜的注意事项。

(1)组织同学讨论平时戴眼镜应注意些什么?(请学生回答)

(2)根据学生的发言,师生共同总结出戴眼镜的注意事项。

①配镜后要长期正确戴镜,避免眼睛疲劳。

②注意用眼卫生。

③不要胡乱戴别人的眼镜。

(3)教师小结:配了合适的眼镜后,只有合理地戴,才能真正起到保护和提高视力的作用。

2.课堂小结建议

眼睛是心灵的窗户,如果你的视力已经下降,那么正确地配戴眼镜对于你的视力保护更为重要,希望同学们能把今天学的健康知识运用起来,让我们眼中的世界更清晰、美丽。

3.教学评价建议

教学的目的是让学生能运用所学知识,科学正确地配戴眼镜,保护视力。对于本课的教学效果,教师可在课堂作些评价,其方法可以是:

①让学生评价“健康碰碰车”中的小明的行为,并说出理由,最后由教师总结。

②以“爱护眼睛,从我做起”为主题,布置学生办一期黑板报。

相关知识链接

正确选配眼镜

(1)如何购买眼镜

①消费者要注意四看。一看眼镜企业是否取得了眼镜产品生产许可证;二看眼镜企业的验光设备和检测仪器是否有合格标记;三看验光、制作人员是否持证上岗;四看眼镜有无合格标记(证)。眼镜企业的四证,是保证配镜质量的前提。

②准确验光。消费者最好选择医院眼科或者比较大的眼镜店进行验光。验光的方法有插片验光法、检影验光法和电脑验光法等。各种验光法均可采用,但应以客观的检影验光为准,辅以主观验光如插片验光,尽量做到合理矫正。12岁以下的儿童一般应用阿托品或后马托品散瞳后,在睫状肌充分麻痹的情况下检影,这样可以解除儿童睫状肌收缩或痉挛,使验光结果更为准确。同时避免了由于调节痉挛而产生的假性近视,对假性近视也起到治疗作用。青少年也应酌情散瞳验光,尤其有明显散光者。散瞳验光者须待瞳孔恢复正常后复验试戴,前后度数予以调整后得出验光结果。对13岁以上16岁以下者可用远雾视法代替散瞳。

③选择合适的镜架、镜片。消费者要根据自己的年龄和职业特点选择不同款式的镜架。对镜架质量的识别主要考虑以下几条:弹性好的镜架一般质量较好;镀层光滑亮泽的镜架质量较好;焊点光滑、小而均匀的镜架质量较好;零部件装配紧密者为好;左右镜圈尺寸、外形必须完全一样,鼻梁架对称。

镜片材料有玻璃片和树脂片,前者硬度高,耐磨性能好、色差小、清晰度高,但较重、易碎,且碎片尖锐,安全性差;树脂镜片则抗击强度大、安全、较轻、硬度低、表面易磨花。消费者可根据自己的喜好、需要、眼生理状况和经济实力进行挑选。

(2)近视眼的配镜原则

配用能达到正常视力的最低度数的眼镜。这里的正常视力即矫正后的视力达到1.0。因看远用的近视度数大，看近的近视度数小，验光测的是看远的度数，故在配一般近视眼镜时应照顾到远近两用。近视眼过度矫正，易形成人为的远视，不仅看近要调节，看远也要进行一定的调节，会促进近视加重。

(3)近视眼配镜注意事项

①对于−3.00 ~ −6.00D的近视眼，要充分矫正，看远并经常戴眼镜。近视眼的完全矫正，是将近视矫正为正视，恢复调节与集合之间固有的正常关系。近视眼镜对近距离工作没有任何帮助。我们主张戴有棱镜片的双焦眼镜，用以减少看近的调节和集合作用，防止近视度数的继续加深。

②对于高度近视者，如果完全矫正以获得最好视力，往往不能耐受，两全其美的方法是降低镜片度数。镜片降低的度数一般在−1.00 ~ −3.00D。最好配两副眼镜，一副用于看近，一副用于看远。

③双眼屈光度相差不宜大于3.00D。如果双眼屈光度相差超过3.00D者，两眼物像大小不一，大脑不能融合，会产生复视。配镜时应适当减少双眼屈光度数的差距，以最佳地矫正视力，又不产生复视为原则。

④要准确测定瞳孔距离。两眼瞳孔中心的距离称为瞳距。测量时要注视正前方，注视近距离目标所表现的瞳孔距离，比注视远目标小2~4毫米。

(4)暂不宜配近视眼镜的几种情况

①屈光度数小且无明显自觉症状者暂不宜配近视眼镜；

②角膜病、玻璃体疾病、视网膜疾病等眼疾往往会影响视力，应待病愈后三个月再考虑配镜；

③眼部手术、外伤后休息3~6个月再考虑配镜。

第7课 预防病毒性肝炎

【教学目的】

使学生了解各类病毒性肝炎的分类及症状,掌握甲肝、乙肝的传播途径及预防措施。

【教学内容与分析】

1.教学内容解读

我国的肝炎病人众多,且逐年呈上升趋势,预防肝炎对小学生有着积极的意义。本课内容由“引入”“健康指南针”“健康加油站”“健康碰碰车”组成。

“引入”部分讲述肝脏的功能及作用,肝脏是人体的“加工厂”。

“健康指南针”是课文的重要部分,包含4方面的重要内容,即甲肝的传播途径、甲肝的预防,乙肝的传播途径、乙肝的预防。

“健康加油站”讲述甲肝与乙肝的差别以及预防的重要性。

“健康碰碰车”主要检验学生对知识的掌握和运用情况,让学生判断说法的对与错,讨论正确的做法,并得出自己的健康指数。

2.相关知识点

(1)什么是病毒性肝炎?

(2)甲肝的传播途径、甲肝的预防。

(3)乙肝的传播途径、乙肝的预防。

3.教学重点和难点

重点:甲肝的传播途径、甲肝的预防,以及乙肝的传播途径、乙肝的预防。

难点:甲肝的预防、乙肝的预防。

教学过程参考

1.课程讲授过程建议

1)导入课题

教师出示肝脏的视频或者挂图，让学生找到肝脏在人体的位置，知道肝脏是人体的“加工厂”，人吃进去的食物通过胃和小肠的吸收，营养物质进入血液，运送到肝脏，在肝脏“加工”成人体自身的蛋白质、脂肪和人体代谢所需要的糖，还可变成能量使人能正常地从事工作和学习。一旦这个“加工厂”受到病毒破坏，就会降低或者丧失它的功能，患上肝炎。让学生了解肝脏的重要作用，随即提出问题：你知道怎样预防病毒性肝炎吗？

2)掌握甲肝的传播途径及预防方法

学习这一部分时，应先让学生知道病毒性肝炎的概念及类型，知道它是一种多发病、常见病，了解患上肝炎后病人的症状。可以让学生说说自己或者家人的患病表现，或者播放视频，让学生了解肝炎的临床症状。在此基础上，通过视频或者挂图展现甲肝的传播途径，让学生说说甲肝是从哪些途径传播的，知道甲肝通常是通过粪便污染的食物或水经口传播的，容易在人群密集的地方暴发流行。让学生自读课文，讨论怎样预防甲肝，在文中勾画重点语句，播放视频，掌握预防措施。

3)掌握乙肝的传播途径及预防方法

学习这一部分，教师可以充分放手让学生自学，然后组织小组讨论交流，全班交流。在此基础上，教师播放视频，加深学生的理解。

4)甲肝与乙肝的区别

学习这一部分，教师可以先让学生分别从主要传播途径、易感人群、流行季节几方面展开比较，教师再进行总结。让学生自学“小贴士”，知道防治措施的必要性。

5)分析与判断

让学生进行综合分析判断，明确正确的做法，算出自己的健康指数。

2.课堂小结建议

今天我们一起学习了病毒性肝炎的预防，希望同学们能把课堂上学到的知识运用到生活中，预防肝炎病毒，做好防护措施，健康快乐地成长！

3.教学评价建议

让学生回忆自己是否接种肝炎疫苗，自我检查在预防措施方面做得好的有哪些，做得不好的有哪些。教师要督促学生养成良好的卫生习惯，说服学生接种疫苗。

相关知识链接

关于病毒性肝炎的小知识

(1)病毒性肝炎的概念与分类

病毒性肝炎是由肝炎病毒引起的,以肝脏损害为主的一组传染性疾病。肝炎病毒至少有5种,即甲、乙、丙、丁、戊型肝炎病毒,分别引起甲型肝炎、乙型肝炎、丙型肝炎、丁型肝炎及戊型肝炎。

甲型和戊型肝炎主要经“粪—口”途径传播,乙型、丙型、丁型肝炎主要经血液、体液等胃肠外途径传播。各型肝炎病毒的临床表现相似,以疲乏、食欲减退、厌油、肝大、肝功能异常为主。甲型和戊型多表现为急性感染,乙型、丙型、丁型大多呈慢性感染。目前对病毒性肝炎尚缺乏特效治疗方法。甲型肝炎和乙型肝炎可通过疫苗预防。

(2)病毒性肝炎的流行情况

我国属于甲型及乙型肝炎的高发地区,1992—1995年全国病毒性肝炎的调查资料显示,我国约有9.7亿人感染过甲肝病毒,6.9亿人感染过或正在感染乙肝病毒。据2003—2005年全国法定报告传染病疫情资料,病毒性肝炎总发病率位于法定报告传染病的第1、2位,死亡率位于第3位。

甲型肝炎全年均可发病,但秋冬季为发病高峰,主要感染对象为儿童及青少年,发病年龄多在14岁以下,在托幼机构、小学校及部队中发病率较高。若饮用被污染水源或生吃污染水中养殖的贝壳类动物食品,可在人群中引起暴发流行。

我国人群乙肝病毒携带率约10%,其中北方各省较低,西南方各省较高,农村高于城市。乙型肝炎的发病无明显季节性,患者及乙肝病毒携带者男多于女,发病人群在低发区主要为成人,在高发区主要为儿童,成人患者多为慢性肝炎。

(3)病毒性肝炎的危害

病毒性肝炎是我国的常见传染病,发病率高,不仅直接影响人群的健康,甚至还危及人的生命安全。

①1988年春季发生在上海市的甲型肝炎暴发性大流行,短短的4个月,累计发病人数以万计,死亡47例。据估计,此次流行造成的直接经济损失约达5.08亿元,间接经济损失为5.57亿元,共计10.65亿元。

②我国人群的乙肝表面抗原(HBsAg)携带率为10%,约1.2亿人,其中1/4的人最终将发展为慢性肝病,包括慢性肝炎、肝硬化和肝癌。

③由于目前对献血者尚未进行丙肝病毒的筛选,故丙肝病毒引起输血后肝炎的发病率相当高。

④乙肝疫苗的接种程序:目前采用0、1、6月3针间隔接种法。“0”指新生儿出生后24小时内的第一针,对其他儿童或成人为第一针起始时间;“1”为间隔1个月打第二针;“6”指第一针后的6个月打第三针。乙肝表面抗原阳性母亲的新生儿,第一针(0针)必须在出生后24小时内完成。

第8课 认识碘缺乏病

【教学目的】

使学生了解碘缺乏病的病因、危害及预防方法，知道如何正确食用碘盐。

【教学内容与分析】

1.教学内容解读

碘缺乏病是一种常见的因为人体缺碘引起的地方病。本课内容主要包括碘对人体健康的作用、缺碘的危害、如何补碘和怎样科学使用碘盐等，由“引入”“健康指南针”“健康面面观”“健康加油站”“小贴士”以及“健康碰碰车”组成，并有插图和表格配合教学。

2.相关知识点

(1)碘不能由人体自身合成，必须从外界摄入。

(2)如果碘摄入量不足，便会造成碘缺乏。而碘又是合成甲状腺素的重要原料，甲状腺素直接关系到人的骨骼、肌肉及智力等的发育。所以，缺碘，对人体健康是有严重危害的，对生长发育的影响更为突出。

3.教学重点和难点

重点：本课的教学重点应该放在“健康面面观”和“健康加油站”中的补碘途径、正确储存和使用碘盐部分。

难点：碘的作用和碘缺乏病的危害。

教学过程参考

1.课程讲授过程建议

(1)从课文的“引子”——碘盐进入课题，或举一个病例(如播放一张碘缺乏病人的照片)。

教师提问:你知道这个人患的是什么病吗?他为什么会得这样的病?你是否见过这样的病人?引导学生怀着“探个究竟”的心理开始学习。

(2)接下来进入“健康指南针”内容的教学。教师简单介绍碘的发现后,可按以下顺序实施教学:“碘对人们健康的作用”—“缺碘会严重影响人们的身体健康”。该部分的教学应将缺碘的危害及课文中“缺碘会严重影响人们健康”部分作为重点,必须让学生明白缺碘的危害(影响生长发育、智力发育,导致孕妇流产和胎儿先天性畸形、智力缺陷等)。

(3)教师重点讲解如何补碘,如何科学储存和使用碘盐。教学中,要重点明确几个问题:一是目前我国是以法规形式和行政干预的手段实施“碘盐供应”,带有一定的强制性,这就充分说明国家对消除碘缺乏病的重视程度,同时也表明,食用碘盐是最方便、安全、简洁、有效的全民补碘方法。二是碘盐要科学地使用和储存,才能起到补碘的作用。根据碘“怕光、怕热、怕潮、易挥发”的特点,科学地储存和使用碘盐(见课本第 47 页“储存家用碘盐的注意事项”)。三是如果国家根据发病情况,取消全民服用碘盐政策,并不意味着碘缺乏病从此不会再出现,不用再补碘。因为在我们生活的环境中,缺碘是一种长期的客观存在,必须以其他途径摄入以弥补这种不足,所以补碘应该是长期的甚至是终身的,只不过今后一般人群可能以从食物中摄取碘为主,但重点人群如婴幼儿、孕妇、哺乳期妇女等,仍然要在食物之外进行补碘。因此,现阶段家庭应当购买合格碘盐,避免食用非碘盐。

(4)教学中可采用讨论、实验等方法,如让学生分组讨论怎样购买、储存、使用碘盐,然后请各组选代表阐述小组意见。有条件的,教师可以带领学生做“碘盐鉴别实验”,方法如下:

准备材料:盐适量,试剂一支(当地疾控中心及盐务局购买或借用)。实验过程:将试剂滴在盐上,如果盐变成蓝色,即为含碘盐,否则为非碘盐。

2.课堂小结建议

本课通过教学过程的实施,向学生传播了碘缺乏病的相关知识,其中必须让学生明白的几个观念是:①人体不能缺碘。②食用合格碘盐,是目前预防碘缺乏病的主要措施。③应当科学地储存和使用碘盐。

3.教学评价建议

通过本课时的教与学,学生对碘缺乏病相关知识的了解、掌握情况如何,可以在课堂开展评价,其方法可以是:

(1)让学生提出碘盐以外的一些补碘方法,大家进行评判是否正确,教师总结。

(2)什么样的人应该作为补碘的重点人群?让学生进行思考,待同学们充分讨论后,教师做出简短的总结。

(3)课后拓展建议:让学生回家向家长进行宣传,帮助家长树立“补碘”意识,主动购买和正确食用碘盐。

相关知识链接

1.什么是碘缺乏病

碘缺乏病是指由于自然环境中碘缺乏而对机体造成危害的一组有关联疾病的总称，包括早产、死胎、先天性畸形、单纯性聋哑、克汀病、单纯性甲状腺肿等。

2.什么是地球化学性地方病

地球化学性地方病指由于地壳表面化学元素分布的不均匀，使某些地区的水或土壤中某些元素过多或过少，当地居民通过饮水、食物等途径摄入这些元素过多或过少而引起的某些疾病。常见的有碘缺乏病、地方性氟中毒、地方性砷中毒、克山病、大骨节病。

3.含碘丰富的食物有哪些

(1)海洋生物的含碘量很高。含碘最高的食物为海产品，如海带、紫菜、鲜带鱼、蚶干、蛤干、干贝、淡菜、海参、海蜇、龙虾等。海带含碘量最高，干海带中达到240毫克/千克以上，其次为海贝类及鲜海鱼(800微克/千克左右)，海鱼和紫菜也同样是日常生活中补碘的较好食品。经常吃海带不但可以补充碘，而且还可以同时摄入其他种类的微量元素、氨基酸和维生素等。

(2)陆地食品则以蛋、奶含碘量最高(40~90微克/千克)，其次为肉类，再次为淡水鱼。植物的含碘量是最低的，特别是水果和蔬菜。

4.如何识别真假碘盐

(1)家庭检查真假碘盐可以先从食盐的外包装上看。我国实行食盐专营，对外包装材料有严格的要求。经盐业管理部门认可的合格碘盐，包装上的说明和标识十分明显，字迹完整清楚。以北京地区为例，碘盐的包装材料是塑料复膜，有蓝色“加碘”二字标识，并有白色“精制食盐”四字说明。国家规定全国所有碘盐必须贴有防伪“碘盐标志”。实在难以辨认的，可以去找疾病预防控制部门解决，他们有专用的化学试剂，只需往盐上滴一滴药水就能做出判断。

(2)碘盐标志的含义是：把碘的化学符号英文小写字母“i”抽象为一个健康人，体内有“碘”字，外面的正方形为盐的晶体结构，对角上印着“食盐“字样。

(3)激光防伪标志上的人体图形周边闪烁着霓虹，正方形底部有一弧形彩色闪光点。

第9课
美丽的生命历程

【教学目的】

让学生了解生命历程的奥秘,正确理解捐助器官的意义,坦然面对衰老及死亡,让学生养成珍惜生命、努力成就自己的习惯。

【教学内容与分析】

1.教学内容解读

从出生那天起,我们就有了生命,有了既变化又既定的人生轨迹。诞生是生命的开始,死亡是生命的彼岸。生老病死是自然规律,谁也不能改变它。生命的每个阶段都是美好的,每个阶段都值得我们用心去体会。

2.相关知识点

(1)新生命的形成、生命的孕育与诞生。

(2)生长发育繁殖阶段。

(3)正确理解捐助器官的意义,坦然面对衰老及死亡。

3.教学重点和难点

重点:了解新生命的形成、生命的孕育与诞生,正确理解捐助器官的意义,坦然面对衰老及死亡。

难点:让学生养成珍惜生命、努力成就自己的习惯。

教学过程参考

1.课程讲授过程

1)谈话导入

师:同学们,你们都知道我们每个人都是从妈妈肚子里生出来的。让我们一起来了解这段生命的历程,看看“妈妈肚子里的我”。

2)配图讲解书中生命的孕育过程

①爸爸体内的精子在机会来临时,举行了一次规模宏大的马拉松比赛。数以百万计的精子开始了三四天的征程,争先恐后地奔向一个叫子宫的地方。在比赛的终点,精子的冠军受到了妈妈子宫里唯一一个卵子的热情款待。他们见面后非常高兴,迅速结合在一起,最终变成一个受精卵。

②大约在受精后的36小时,受精卵开始分裂,先是分裂为两个,然后四个,八个,十六个……依此类推,最后受精卵发育成为一个充满液体的囊胚,然后在妈妈子宫内膜上安家了,这一住就是十个月。你看到的小圆点就是“受精卵”,也就是“我”。“我”是寄住在妈妈肚子里的一个微小的细胞团。

③“我”在妈妈的肚子里可舒服啦,通过脐带,妈妈把营养送给“我”,同时“我”将制造的垃圾通过脐带“还给”妈妈,就这样,“我”一天天成长。

两个月的时候“我”才具有人的形态,从这时起“我”可以被称为胎儿了,表示“幼小的一个人”。这时的“我”内脏器官均已发育。

三四个月的“我”外形显得比较简单,面部看上去有个鼻子,四肢和口腔形成了,肩、肘、髋、膝等关节也能看清楚了。

“我”在五六个月的时候,只能无意识地伸伸手,蹬蹬腿,这却让妈妈欣喜不已。七个月时,“我”的头发长出来了,眼睛也能睁开了。

到了八九个月时,“我”基本发育成熟,这时的“我”对妈妈肚子外面的世界充满好奇。一点儿声音,一束亮光都能引起我的关注,高兴时“我”在妈妈肚子里“做做体操”。

十个月时,“我”越长越大,在妈妈肚子里只能蜷作一团,很少动弹,这时的“我”真希望早点出生,看看外面的精彩世界。

④看！这是出生后的“我”。多帅！多可爱！

3)了解生命的阶梯

尽管每个人的能力有大有小,生命有长有短,但人的一生一般要经历婴儿、幼儿、儿童、少年、青年、中年、老年七个阶段。教师出示教材图片,讲解。

4)配乐朗诵教材“美丽的辞别”部分,师引导,讨论交流对“死亡”的看法

①客观分享,具象解释。

客观解释死亡是身体功能的停止,如心跳停止、呼吸停止、思考停止等;结合生活中的例子进行具象解释,如鲜花凋零、落叶归根,再到小鱼翻白、小狗死亡,最后再谈到人类的逝去。

②借助工具,形象说明。

通过读绘本、看视频等形式开展生死教育,可和孩子一起分享《一片叶子落下来》《活了100万次的猫》《汤姆的外公去世了》等与生命教育相关的书本、影片故事。

③关注情绪,坦诚表达。

通过以上的生命教育,孩子开始体验了分离、死亡的悲伤,具备了一定的心理承受能力。

如果发生亲友离世,可以和孩子坦诚地表达悲伤,使孩子感受生命的温暖和勇敢。

④正向引导,绽放精彩。

对亲人的思念是人之常情,让孩子知道死亡并不是生命的尽头,遗忘才是。

因此,我们要常思念,更要树立热爱生活、积极勇敢的人生态度,珍惜时光,让生命绽放精彩。

5)传递生命的礼物,教师讲述“器官捐赠”的感人故事

举办班级辩论会“捐赠器官的弊与利”。

师小结:器官捐献,是一项社会公益事业,这是造福人类的善举,是社会文明的体现。器官捐献,是一个人去世后留给其他垂危病人的生命礼物,自己的生命在他人身上得到延续,也是对生命更加的尊重。捐献器官,不仅是救死扶伤,也对医学教育、疾病研究都有着现实的积极意义。

2.课堂小结建议

生命的意义在于经历美好,在于给别人带去快乐;死亡并不代表一切毁灭,而是另一种形式的新生。生时珍惜,敬畏死亡;死时淡然,无悔生命。

3.教学评价建议

开展一次有关“器官捐赠”的辩论会。

相关知识链接

儿童心理学家 M.Nagy 研究发现,3~10 岁的孩子对死亡的认知,存在 3 个阶段:

第一阶段——认为死亡只是短暂的分离,死去的东西还会回来;第二阶段——认为有些人,如英雄等,是不会死的;第三阶段——认为死亡不可避免,它是生命中必然的过程。

这套认知理论，证实了孩子是会主动观察生命迹象的。

正确的生命教育，能够引领孩子抵达更开阔、更自由的远方。

儿童生命教育读本《寿命图鉴》说：因为了解生命，所以应更加努力认真地活着！死亡教育不应该在家庭发生变故的时候才开始，而是应该抓住每一个机会。地上的落叶、死去的昆虫、离去的宠物，清明时节祭拜故人，这些都是我们对孩子进行死亡教育的好机会。

如果我们每个人都能正视死亡教育，也许就能帮助孩子对生命多一份理解，多一份敬畏，也多一份珍视。

我们的孩子，可能随时直面死亡。好的死亡教育，更能让孩子珍爱生命。

第10课 快乐度过青春期

【教学目的】

使学生了解青春期男女生不同的生理现象和特点并科学对待，知道青春期的卫生常识。

【数学内容与分析】

1.教学内容解读

青春期是生长发育的关键时期，男女生在此期间都会有不同的生理现象发生。教学时应科学讲解男女生在此期间有哪些不同的生理现象和特点，让学生明白这是每个人都必须经历的阶段，树立正确的认识观、世界观和人生观。本课内容由“朗诵诗歌引入”“健康指南针”“健康加油站”“健康碰碰车”组成。

“健康指南针”和“健康加油站”是本课讲解的重要部分，其中“健康指南针”主要讲解青春期的卫生常识，“健康加油站”则从以下几个方面来讲解：

①注意合理的营养；

②加强体育锻炼；

③不吸烟、不喝酒；

④注意劳逸结合；

⑤女孩应注意乳房健康和经期卫生；

⑥男孩应注意个人卫生；

⑦树立正确的世界观和人生观。

“健康碰碰车”是让学生有正确对待青春期的健康心态和理性认识。

2.相关知识点

(1)青春期男生、女生不同的生理现象和特点及如何科学对待。

(2)青春期的卫生常识。

(3)青春期是生长发育的关键时期,男生、女生在此期间有不同的生理现象和特点。

3.教学重点和难点

(1)让学生了解青春期是生长发育的关键时期,掌握男生、女生在此期间应注意的个人卫生常识及在此期间不同的生理现象和特点。

(2)让学生树立正确的认识观、世界观和人生观,明白这是每个人都必须经历的阶段。

教学过程参考

1.课程讲授过程建议

1)引入

从朗读何其芳的诗歌《我为少男少女们歌唱》入手,激发学生赞美自己的情绪。教师赞扬成长中的年轻人蓬勃向上、积极乐观的精神面貌和青春气息:同学们的思想在成长,身体也由孩童时代进入了青春期,出现了明显的变化。那么,该怎样快乐地度过青春期呢?今天这节课我们就要和大家一起讨论这个话题(板书课题)。

教师:请同学们认真阅读“健康指南针”相关知识,说说自己生理上都有了哪些变化(声音、外貌等)。教师总结青春期发育总的特点包括六个方面,并适时板书。

教师在“健康加油站”中重点讲解:女孩应注意乳房健康和经期卫生,男孩应注意个人卫生。

2)谈话导入

教师:同学们,你们一天天长大了,你们的身体也在悄悄地发生变化,具体都发生了哪些变化呢?

教师明确女同学乳房发育是青春期开始的标志,因此我们应该树立正确的心态,科学地对待:①克服害羞心理,养成正确的坐立行走姿势;②选戴舒适合身的胸罩;③做乳房保健操。

让学生小组讨论女孩在青春期还应注意哪些问题。教师明确:注意经期卫生。

3)课堂讨论

教师:上面我们学习了女生在青春期要注意的问题,接下来我们对男生应注意的问题进行讨论,请同学们自由交流。

教师明确男孩应注意遗精后的个人卫生(如内裤要宽大、布料要松软透气等)。

2.课堂小结建议

本课对青春期男女生应注意的问题进行了科学的讲解，通过这一课时的教与学，我们明白了应科学、理性对待青春期，努力学好科学文化知识，充实和完善自我，养成良好的生理心理卫生习惯，珍惜人生的黄金时期——青春期。

3.教学评价建议

教学的目的是使学生了解青春期男女生不同的生理现象和特点并科学对待。学生的掌握情况如何，可以在课堂上作出评价，其方法是：

(1)教师设计一些青春期的问题，让学生进行评价。

(2)可以让同学们把其他关于青春期的困惑用小纸条的形式与教师或家长交流。

相关知识链接

(1)青春期：指第二性征出现到人体生殖系统功能发育成熟，获得生殖能力的一段生长发育时期。青春期是人体迅速生长发育的关键时期，也是继婴儿期后，人生第二个生长发育的高峰。青春期是个体由儿童向成年人过渡的时期。通常人们把青春期与儿童期加以明显区分，区分的界限是性的成熟。对于男性来说，性成熟的标志是射精(通常在夜间睡眠时射精，即遗精，也有自慰射精)。女性性成熟的标志是月经初潮，即第一次来月经。以性成熟为核心的生理方面发展的同时，青春期的青少年具有了与儿童明显不同的社会和心理特征。

(2)第二性征：又称为副性征，指人和动物性成熟所表现出的与性别有关的外表特征。男女两性在到达青春期时，由于受性腺分泌的性激素影响，出现了一系列与性别有关的特征。男性表现为长胡须、喉结突出、骨骼粗大、声音低沉等；女性表现为乳腺发达、骨盆宽大、皮下脂肪丰富、嗓音尖细等。第二性征出现以性腺分泌性激素为前提，如果男性在青春期前因病切除睾丸，成年后则不长胡须，身体发胖，发音尖锐，阴茎保持童年状态；若成年后切除睾丸或卵巢，生育功能会丧失，部分第二性征也逐渐退化。

(3)月经：指有规律的、周期性的子宫内膜脱落出血。因多数人是每月出现1次而称为月经，伴随着这种出血，卵巢内应有卵泡成熟、排卵和黄体形成，子宫内膜有从增生到分泌的周期性变化，这是女性成熟的标志。

(4)遗精：一种生理现象，是指不因性交而精液自行泄出，有生理性与病理性两种。遗精没有规律性。一般来说，青少年遗精是正常的生理现象，对身体健康无害。

(5)性腺：是生殖系统的重要组成部分，是人体中可以分泌性激素的器官，主要指男性的睾丸和女性的卵巢。睾丸可分泌男性激素睾丸酮(睾酮),卵巢可分泌卵泡素、孕酮、松弛素和雌性激素。性腺可以促进生殖器官以及其他人体器官的发育,并且促进青春期人体第二性征出现,是生殖系统的重要组成部分。

(6)内分泌系统:是机体的重要调节系统,它与神经系统相辅相成,共同调节机体的生长发育和各种代谢,维持内环境的稳定,并影响行为和控制生殖等。内分泌系统由内分泌腺和分布于其他器官的内分泌细胞组成。

(7)生殖系统:生殖系统是体内与生殖密切相关的器官的总称。它的主要功能是产生生殖细胞,繁殖新个体,分泌性激素和维持副性征。男性生殖系统包括内生殖器和外生殖器两个部分。内生殖器由生殖腺(睾丸)、输精管道(附睾、输精管、射精管和尿道)和附属腺(精囊腺、前列腺、尿道球腺)组成。外生殖器包括阴囊和阴茎。女性生殖系统包括内、外生殖器官及其相关组织。外生殖器指生殖器官的外露部分,又称为外阴,包括阴阜、大小阴唇、阴蒂、前庭、尿道口、阴道口及处女膜、前庭大腺、会阴等。内生殖器由阴道、子宫、输卵管及卵巢组成。

(8)营养物质:是维持人体的物质组成和生理机能不可缺少的要素,也是生命活动的物质基础,分为糖类、脂类、蛋白质、维生素、无机盐、水和膳食纤维7类,主要从食物中获得。

(9)蛋白质:由氨基酸组成,是人体一种重要的供能物质,每克蛋白质提供4千卡的热量。同时,蛋白质也有促进生长发育和新陈代谢的作用。

(10)痤疮:是美容皮肤科最常见的病种之一,又称为青春痘、面皰或粉刺、毛囊炎,除儿童外,人群中有80%~90%的人患本病或曾经患过本病。痤疮是发生在毛囊皮脂腺的慢性皮肤病,最直接的原因是毛孔堵塞。毛孔堵塞以后,毛囊里面的油脂排不出来,越积越多就形成一个个小痘痘,即青春痘。为预防青春痘,个人应养成良好的卫生习惯,多饮水,不吃辛辣食物,多食用粗纤维食物、蔬菜、水果,保持大小便通畅;有了青春痘,应保持心情舒畅,并注意保持患处皮肤清洁,不要自己挤痤疮,以免留下难看的瘢痕。

第11课 体育锻炼的自我监护

【教学目的】

了解体育锻炼中的主观感觉指标和客观检查指标，学会体育锻炼中的自我监护的方法，科学锻炼,提高运动中自我保护的能力。

【教学内容与分析】

1.教学内容解读

体育锻炼时的自我监护有助于及时反馈体育锻炼后人体生理机能的变化;有于调整锻炼计划和运动负荷;有助于预防过度疲劳;并为科学地参体育学习和锻炼提供依据;也为医生的体格检查提供参考。因此体育锻炼的自我监护十分重要。

2.相关知识点

(1)运动中的自我监护包括哪些内容。

(2)体育锻炼时怎样进行主观和客观检查。

3.教学重点和难点

体育锻炼时怎样进行主观和客观检查。

教学过程参考

1.课程讲授过程建议

活动设置1:导入

(1)你曾经在体育锻炼中受过伤吗?

(2)了解常见的运动损伤有哪些。

(3)教师引出：运动是一把双刃剑，它有促进健康的一面，过度运动或不顾及个人健康状况大强调运动也有危害健康的另一面。在体育锻炼中，加强自我监护，同时及时掌握自己的身体状况，才能使锻炼具有更强的针对性和科学性，从而减少运动损伤。

活动设置 2：运动中的自我监护

(1)运动中的自我监护指什么？

(2)根据你的身体状况，在体育锻炼时，要重点关注哪些主观感觉指标进行自我监护呢？

(3)根据你的身体状况，在体育锻炼时，要重点关注哪些客观检查指标进行自我监护呢？

(4)联系自己的生活实际谈谈你做到了吗？

活动设置 3：你会体育锻炼的自我监护吗？

(1)自主学习体育锻炼的自我监护。

(2)学以致用，对自己进行主观检查。

请学生由慢到快地下蹲60次，用书上的方法检查脉搏次数，测定一下你的运动强度是否适度。同桌交流测量结果，说说感受。

活动设置 4：体育锻炼自我监护好处多

(1)你知道体育锻炼自我监护有哪些好处吗？

(2)教师结合学生回答总结。

2.课堂小结建议

在日常体育锻炼中，可以采用学习的简单易行的方法进行自我身体检查，对自己的健康状况、机体反应、功能状况等进行记录、分析，合理安排运动强度，避免运动损伤，从而获得良好的锻炼效果。

3.教学评价建议

把你学到的用检查脉搏次数来测定运动强度是否适度的方法教给你的朋友或者家人。

相关知识链接

体育锻炼自我监督的内容：主要包括主观感觉和客观检查两个方面。

1.主观感觉

包括身体感觉、运动情绪、睡眠、食欲、排汗量、排尿等。人的主观感觉是人体功能状的直接反映.健康并能科学进行体育锻炼的人，总是精力充沛、心情愉快、睡眠正常、食欲良好。反之，则应调整自己体育锻炼的内容和方法。

2.客观检查

包括生理指标、运动成绩和其他伤病情况。生理指标包括:脉搏、体重、肺活量。运动成绩包括:身体素质和专项运动成绩等。

锻炼中科学掌握运动规律至关重要,合理选项和运动负荷应该因人制宜。每个人在锻炼后所呈现出的各种化理反应和自我感觉都是不同的。因此,每个人应根据白己表现出的不同状况,在综合分析的基础上,做出正确的判断,以便更科学地进行体育锻炼。

第12课 常见普通外伤的处理

【教学目的】

擦伤、刺伤……在生活中屡见不鲜,人们惯常的处理方式就是涂点双氧水、贴个创可贴就应付了事。小伤口的处理并不难,可是一旦处理不当留下难看的疤痕不说,造成二次感染而引发一系列的疾病就更不好了。伤口虽小,也要认真对待。

【教学内容与分析】

1.教学内容解读

各种外伤,不论伤口大小、深浅,都要进行及时正确的处理,若处理不当,会引起伤口出血、感染、化脓,严重的会得破伤风,可能造成断肢,甚至威胁生命。伤口处理正确,能使其迅速愈合;反之,可能化脓感染,经久不愈,甚至因并发全身感染、破伤风等危及生命。本课旨在教会孩子常见普通外伤的及时处理方法。

2.相关知识点

(1)擦伤、割伤、刺伤、淤青、烧伤或烫伤、被蚊虫咬伤或马蜂蜇伤、被小动物咬伤或抓伤后正确的处理方法。

(2)绷带的包扎方法。

3.教学重点和难点

教学重点:擦伤、割伤、刺伤、淤青、烧伤或烫伤、被蚊虫咬伤或马蜂蜇伤、被小动物咬伤或抓伤后正确的处理方法。

教学难点:绷带包扎方法。

教学过程参考

1.课程讲授过程建议

1)谈话导入

师:同学们,你们知道常见的小外伤有哪些吗?

展示教材中的几种小外伤图片。

2)学习正确处理擦伤的方法

教师介绍常用外伤的处理用具和药品。

用具:纱布、剪刀、棉签、创可贴、胶布等。

药品:医药酒精、碘伏、生理盐水、抗菌软膏、烫伤膏等。

今天我们就要一起来学习一些常见外伤的处理方法。

(1)请学生说自己遇到擦伤一般怎么处理,教师作相应引导。

错误做法:拿纸巾擦一擦,吹一吹,等伤口自己好。

正确做法:用湿润的干净纸巾或清水擦洗伤口,用碘伏或酒精消毒,涂消炎药膏,再包扎。

(2)教师演示并讲解清创、上药、包扎的具体做法。

①很浅、面积较小的伤口,用湿润的干净纸巾或清水将伤口擦洗干净,用碘伏或酒精消毒伤口周围皮肤,然后涂一层外用消炎药膏,再贴上创可贴或用消毒纱布包扎。

②擦伤面积较大、伤口有无法自行清洗掉的污物,受伤部位肿胀、严重疼痛,或受伤在重要位置,应立即送医。

③大而深的伤口,应及时去外科做局部清创处理,并注射破伤风针剂。

(3)请学生上台演示,老师指导并评价鼓励。

3)小组合作,学习几种常见外伤处理方法

(1)小组合作,选择书中的一种外伤处理方法进行学习,借助医疗用具和药品上台展示,当小老师教学(学习其中一种:割伤、刺伤、淤青、烧伤或烫伤、被蚊虫咬伤或马蜂蜇伤、被小动物咬伤或抓伤后正确的处理方法)。

(2)学生展示教学时,教师相机引导。

• 割伤

错误做法:用手指压住伤口后,时不时松手看看,血一直流。

正确做法:用干净纱布或毛巾按压伤口5分钟,不要松手看。

具体做法:

①切割伤最多发生在手部。首要处理是用局部直接压迫法止血,或捏住手指两侧止血。先用干净纱布或毛巾稳固而轻柔地压在伤口上至少5分钟。

②血止住后,可用淡盐水和肥皂将伤口清洗干净,用75%酒精或碘伏消毒伤口周围的皮

肤,再用消毒纱布或创可贴覆盖,最后用绷带包扎固定。

特别提醒:如果是面部伤口或伤口裂开超过1厘米,应尽快送至医院接受缝合治疗。

不要使用酒精或过氧化氢刺激伤口;不要在切口面使用抗生素药膏。

● 刺伤

错误做法:捏着伤处硬挤。

正确做法:稍挤压伤口,流点血,带走细菌。若有刺留在皮肤里,先用冰敷一会儿再用针挑出来。

具体做法:

①紧急处理伤口,挤压伤口,流出一小点鲜血,同时细菌也会被排出。无论伤口多小,都有感染破伤风的危险,务必及时就医,注射破伤风针。

②如果木刺、竹刺等异物留在皮下,可放一块冰,麻木皮肤,再用消毒过的针轻轻挑开皮肤,用消过毒的镊子夹出异物。

③如果玻璃碎片或铁钉断在伤口里,应马上停止活动,赶紧去医院,通过手术清除。

● 淤青

错误做法:揉揉就不痛了,结果揉完更痛了。

正确做法:应先用手掌按压5分钟,有淤血就用冰敷。

具体做法:

①立即用手掌紧紧压迫淤青处5分钟,压迫面积要大于受伤面积。

②如果出现瘀血,应用碎冰和冷水敷,再压迫效果会更好。

24小时内,冷敷20分钟,停20分钟,反复进行2~3小时。

24小时后,可以用温水热敷患处。

如果受伤部位是胳膊或腿,将患处适当抬高也有利于消肿。

头外伤后若出现恶心、呕吐、嗜睡、没精神或异常烦躁、哭闹,安慰不起作用时,应及时到医院就诊。

● 烧伤烫伤

错误做法:往伤口上涂抹酱油、醋、酒、牙膏等。

正确做法:轻度烧烫伤可以涂一点红花油或湿润烧伤膏。

具体做法:

冲 流动清水冲洗伤口15~30分钟。如果无法冲洗伤口,可冷敷。

脱 充分泡湿后小心除去衣物,可用剪刀剪开衣服或暂时保留粘连部分,尽量避免将水泡弄破。

泡 冷水中浸泡15~30分钟。如果烧烫伤面积太大,则不必浸泡过久。

盖 用干净湿布或消毒凡士林纱布等覆盖受伤部位。

送 如果伤口严重,赶紧送到医院急救、治疗。

● 被蚊虫咬伤或马蜂蜇伤

错误做法:边吹边抓挠伤口。

正确做法：用肥皂水清洗、浸泡伤处。有严重过敏反应的应该送去医院。

具体做法：

①被蚊虫、跳蚤、毛虫、蚂蚁、马蜂等叮咬蜇伤后，可用肥皂水或弱碱性溶液清洗浸泡患处。

②外用虫咬水对于缓解症状有帮助。但是较为严重的过敏反应建议去医院诊治。

- 被小动物咬伤或抓伤

错误做法：挤压伤口。

正确做法：先用肥皂水、清水彻底冲洗伤口，再用碘伏或双氧水涂抹伤口。做完后赶紧去医院。

具体做法：

①先用肥皂水、清水彻底冲洗伤口至少20分钟。

②彻底冲洗后，用碘伏或双氧水涂抹伤口，以清除或杀灭局部的病毒。

③尽快送医院。如被可能感染狂犬病毒的动物咬伤，应在24小时内接种狂犬疫苗，注射破伤风抗毒素等。

4)学习包扎方法

(1)师展示绷带包扎法和三角巾包扎法。

(2)生两人一组练习、展示。

2.课堂小结建议

伤口虽小，也要认真对待。发生外伤时，一定不要紧张，要保持冷静，按照上面的方法立即处理，家里常备"急救药"，就能轻松应对各种意外，呵护全家人的健康。

3.教学评价建议

我们也来当当小医生，四人为一小组练习包扎技术(绷带包扎和三角巾包扎)。注意组内人员的分工和合作哟！

相关知识链接

外伤处理原则

(1)以救命为第一要务的原则。在受外伤的时候随着大出血、创伤的损伤，会危及患者生命，出现休克、昏迷等情况。首先要挽救患者生命，可以进行心肺复苏、输血、补液等，让患者相对安全以后，再进行伤口的处理。

(2)伤口处理的消毒原则。对外伤处理，要严格执行无菌操作原则。

(3)伤口及早处理的原则。伤口要在6~8个小时以内,进行清创、缝合和相关的治疗,新鲜伤口对愈后很有好处,如果成为陈旧伤口,以后会牵扯到不容易愈合,容易造成感染等后遗症。

(4)严格遵守外科技术诊疗的原则。这是一个技术层面的问题,应该让专科大夫严格地按照职业技术操作规范去执行。

第13课 意外逃生攻略

【教学目的】

让学生掌握在地震、火灾、暴雨洪灾、危化品爆炸、公共场所挤压踩踏等意外发生时的逃生与求助方法。

【教学内容与分析】

1.教学内容解读

本课内容主要是让学生掌握在火灾、地震、危化品爆炸等意外发生时的逃生与求助方法。“健康指南针”讲解了地震、火灾、暴雨、洪灾逃生的方法。“健康加油站”告诉学生危化品爆炸、公共场所挤压踩踏发生时的逃生与求助方法。“健康碰碰车”是让学生参与交流和实践的环节，和同学讨论，面对各种灾害，我们应该怎样保护自己？课后开展一次地震逃生的模拟演练。同时，调查本地区的火灾情况，制作消防警示语言。

2.相关知识点

(1)地震、火灾、暴雨洪灾的逃生方法。

(2)危化品爆炸的逃生方法。

(3)在公共场所挤压踩踏发生时的逃生与求助方法。

3.教学重点和难点

教学重点：地震、火灾、暴雨洪灾、危化品爆炸、公共场所挤压踩踏等意外发生时的逃生与求助方法。

教学难点：危化品爆炸、公共场所挤压踩踏等意外发生时的逃生与求助方法。

教学过程参考

1.导入新课

(1)出示视频。2014年12月31日晚,上海外滩发生踩踏事件,致35人遇难;2015年6月1日,一艘载有458人的客轮在长江湖北石首段突遇龙卷风,在一两分钟之内倾覆……

(2)师:逃生,是一场跟死神的赛跑,掌握科学的逃生知识,才能在生死关头多一分活下去的希望。面对突如其来的意外,我们第一时间应该怎么做?(学生交流,揭示课题)

2.探究学习

活动设置1:地震逃生

(1)组织观看录像:玉树地震、汶川地震或日本地震。思考:在录像中看到哪些场景?这是怎么回事?自己有何感想?

(2)教师一边出示有关地震的图片一边讲述地震的特点与危害:地面剧烈震动、房屋倒塌、建筑物被毁、许多人在地震中受伤或丧失生命等。

(3)交流:地震中如何逃生?

(4)组织观看地震中安全逃生的相关视频。

(5)教师总结:在地震中逃生的方法。

活动设置2:火灾逃生

(1)师:我们的生活中离不开火,很多时候都要用到火。火能给大家带来温暖和帮助,但当火失去控制,就会变成火灾。烧伤皮肤,烧毁财物、房屋、森林,夺去人们的健康乃至生命,造成难以挽回和弥补的损失。如果火灾真的发生了,我们又该怎么办呢?

(2)请学生说出逃生的初步方法:要有秩序,要用湿毛巾捂住嘴巴预防烟呛,匍匐猫低身体前进……

(3)观看动画,进行逃生演练。

师:动画中用到了什么办法进行火灾自救?

①浸湿的衣物、被褥披在身上,捂住口鼻匍匐逃离,不要躲在别人找不到的地方。

(身上着火,千万不要奔跑,如果想使火焰熄灭,可就地打滚或用厚重衣物压灭火苗。)

②遇到火灾不可乘坐电梯,要按照楼梯的安全出口方向逃生。

(3楼着火不能往4楼跑,应往2楼跑。如果火势较大,离楼顶阳台近的也可以暂时逃离到露台。)

③若所有逃生线路被大火封锁,要立即退回室内,用呼喊、打手电筒、挥舞衣物等方式向窗外发送求救信号,等待救援。

④不可盲目跳楼。在特殊情况下，可把床单、被套撕成条状连成绳索，紧拴在窗框、铁栏杆等固定物上，顺绳滑下，或下到未着火的楼层脱离险境。在不得已的情况下，如3楼以下附近地面是草坪、土地等非坚硬地面，可以向室外抛沙发垫、枕头等小物品，再谨慎跳楼。3楼及以上楼层高，人跳下时下坠速度快，盲目跳楼非死即伤。

⑤室外着火，门已发烫时，千万不要开门，应退回室内，最好待在卫生间，并用毛巾、衣服或床单等塞住门缝，以防浓烟跑进来，同时不断向门窗浇水。

小结：当灾难来临，什么吃的、玩的、用的都不是最重要的，最重要的就是生命。而最快速做出最正确的选择，才会得到生存的机会。时间就是生命。

师：那同学们遇到火灾能不能快速逃生呢？接下来我们来进行火灾逃生演练。

（出示准备的物品，请一组小朋友上台做活动。当听到老师说“着火了，快跑”时，用自己的方法逃生。）

针对一组出现的问题进行提示：身体匍匐或猫低，打湿手绢并多层折叠，有序地通过安全出口迅速逃离，听老师的指挥。

师总结：及时救火是很重要的，火烧着的时间越久就越危险，所以要第一时间拨打电话报火警。报警时应说明火灾发生处的详细地址，包括街道名、楼号，以及附近有什么明显标志及单位等。

活动设置3：暴雨洪灾逃生

①观看洪涝灾害短片。

②请同学们小组讨论：看了这个案例后，给了我们哪些警示呢？请大家分别谈谈感受。

③小组内交流：当遇到突如其来的洪水时，我们该如何逃生呢？

④实战演练：如何在洪水中逃生？

活动设置4：危化品爆炸和校园踩踏事故逃生

①出示在网上收集的近年危化品爆炸和部分校园踩踏事故的案例。

②师：怎样面对危化品爆炸和学校踩踏事件？学生自主学习相关资料。

③小组交流发言，同学指正补充。教师总结。

3.教师课堂小结

通过本节课的学习，我们知道了地震、火灾、暴雨洪灾、危化品爆炸、公共场所挤压踩踏等意外发生时的逃生与求助方法。相信万一以后你们遇到类似的情况，一定会冷静对待，更好地保护自己、家人以及身边的人。

4.教学评价建议

如何逃生？这是本课的教学重点。为突出这一重点，结合视频，给学生以启发引导，接着让学生现场学习与演练的自救方法，如学会打火警电话等。最后，让学生通过视频学习逃生方法以及基本的保护措施，逐步培养学生自护、自救与逃生的基本能力。

相关知识链接

汽车意外坠河，教你正确的逃生方法

第1点：保持冷静，及时打开车门

在汽车刚坠河时，你一定不要害怕紧张，保持冷静，只有在头脑清醒的状态下才能正确自救。汽车刚坠河是不会完全被淹没的，这个时候没有水压的问题，可以用最快的速度把车门打开逃出。如果你一直处于害怕紧张的状态，很可能错过最佳自救时间。

第2点：借助工具

当真的错过最佳自救时间时也不要害怕，那个时候汽车可能会沉水较深了，正常打开车门比较吃力，甚至可能打不开。那么先应尝试摇下车窗玻璃，找机会从车窗逃生。如果不能摇下车窗玻璃，那就应在车内寻找坚硬的工具，如安全锤、螺丝刀等，向车窗玻璃的四周敲打，砸碎后通过车窗逃生。

第3点：憋气，等水压平稳

如果前两点自救都没有成功，不要害怕，还是有机会逃出的。当你的车被完全淹没后，外面的水就会开始渗入，这时候就算敲碎车窗玻璃也不能出去，因为水压很大，你根本无法行动。你应在车内被淹没之前就开始憋气，等车完全被淹没，水压变平稳后，打开车门或车窗，成功逃出。

第14课 人工呼吸与胸外心脏按压

【教学目的】

学会人工呼吸与胸外心脏按压的主要操作要领,提高自我保护及救护能力。

【教学内容与分析】

1.教材内容解读

五年级的学生对急救知识了解得较少,能说出人工呼吸等急救方法,但也仅限于通过电视等媒体途径了解到,并没有系统学习和操作练习。胸外按压和人工呼吸应该是互相配合的一种抢救措施,主要适合于各种原因导致的心脏骤停、呼吸停止等急性病症。

2.相关知识点

(1)学习人工呼吸与胸外心脏按压的主要操作要领。

(2)树立关爱他人,珍爱生命的人生价值观。

3.教学重点和难点

体育锻炼时怎样进行主观和客观检查。

教学过程参考

1.课程讲授过程建议

活动设置1:情景导入

(1)出示视频1:暑假里的一天,几个小朋友瞒着家长去池塘游泳,结果一人不幸溺水,幸好被路过的乡村医生奋力救起，并及时对他进行人工呼吸和胸外心脏按压，把他从死神手里救了回来。

出示视频2：暑假里的一天，湖南省某县2名小学生在河边嬉戏不慎落水，村民将其救上岸。由于事发地离县医院较远，急救车不能在较短时间内赶到，而事发现场无人懂得急救知识，束手无策。15分钟后，急救车抵达，但由于错过了最佳抢救时机，2个孩子不幸身亡。

(2)从两个视频中，给了你怎样的启示？

(3)出示小链接

常温下心跳停止3秒病人感到头晕，10~20秒发生晕厥，40秒抽搐、瞳孔散大，60秒呼吸停止，46分钟脑细胞发生不可逆损害。

有数据表明，当人们遭遇上述意外情况，一旦发生心跳骤停、呼吸停止时：

在4分钟以内进行心肺复苏，存活率达到43%~53%；

在8分钟以内进行心肺复苏，存活率达到10%；

在10分钟以后进行心肺复苏，存活率达到0%。

抢救生命的黄金时间：4分钟。心跳呼吸停止的初期4分钟是病人能否成活的最关键的“黄金时刻”，决定着抢救程序是否继续进行，必须在心跳停止后4~5分钟内进行有效救护。

当人们在家里或是公共场所遭遇突发事件，如溺水、煤气中毒、触电等紧急情况，救护人员还未赶到现场，若有人懂得专业的救护知识，对伤者进行及时的人工呼吸和胸外心脏按压，常常能挽回鲜活的生命。(及时救护的重要性)

活动设置2：讲解人工呼吸的方法

(1)四人小组合作学习书上人工呼吸的步骤及小贴士。

(2)抽一组同学上台用人体模型展示方法，并解说。

(3)其他小组认真观察该小组展示的方法是否正确，若有错误，及时指出。

(4)老师归纳总结，边讲解，边演示。让学生试着记忆每一个不走及要领。

活动设置3：讲解胸外心脏按压的方法

(1)四人小组合作学习书上胸外心脏按压的步骤及小贴士。

(2)抽一组同学上台用人体模型展示方法，并解说。

(3)其他小组认真观察该小组展示的方法是否正确，若有错误，及时指出。

(4)老师归纳总结，边讲解，边演示。让学生试着记忆每一个不走及要领。

活动设置4：小组合作演练人工呼吸和胸外心脏按压

(1)人工呼吸和胸外心脏按压班需要同时进行。如果实施者有两个人，可以一人进行心脏按压，一人实施人工呼吸；如果只有一人施救，施救者就必须轮流进行操作。但无论是一人施救，还是两人施救，一般情况下都应先进行心脏按压，再进行人工呼吸。施救时，要掌握好二者的频率，即每进行30次心脏按压，就进行2次人工呼吸。

(2)创设情境，学以致用，小组合作演练人工呼吸和胸外心脏按压。

2.课堂小结建议

同学们，我们今天学习了有关急救的知识，大家不但要学好课堂知识，同时还要多向医务工作者等知识经验丰富的人询问和请教，多从生活中学习和积累知识，让我们学会关爱他人，珍爱生命。

3.教学评价建议

把你学到的人工呼吸和胸外心脏按压的方法教给你的朋友或者家人。

相关知识链接

在传统的急救护观念中，遇到危重病人，尽快寻找交通工具，送到急诊室，医生诊断处理。可是，87.7%的人类猝死发生在医院以外，没有医护人员参与抢救猝死人员有35~40%，如现场及时进行心肺复苏，可以挽救生命。大量实践证明，时间对心肺复苏成功的重要性体现在：4分钟内进行复苏者，可能一半人被救活。4~6分钟内进行复苏者，10%被救活。超过6分钟存活率仅4%。超过10分钟存活率几乎为0。然而，急救培训普及率：德国80%，法国40%，美国30%，中国不到1%！人的生命只有一次，我国现在迫切需要培训普及一批急救人员。现场心肺复苏优点：简单易学，可随时随地，不用器械，可一人操作，普及工作必须从学生抓起。

常用的人工呼吸方法有两种，即口对口呼吸和口对鼻呼吸。

1.口对口呼吸

根据患者的病情选择打开气道的方法，患者取仰卧位，抢救者一手放在患者前额，并用拇指和食指捏住患者的鼻孔，另一手握住颏部使头尽量后仰，保持气道开放状态，然后深吸一口气，张开口以封闭患者的嘴周围（婴幼儿可连同鼻一块包住），向患者口内连续吹气2次，每次吹气时间为1~1.5秒，吹气量1000毫升左右，直到胸廓抬起，停止吹气，松开贴紧患者的嘴，并放松捏住鼻孔的手，将脸转向一旁，用耳听有否气流呼出，再深吸一口新鲜空气为第二次吹气做准备，当患者呼气完毕，即开始下一次同样的吹气。如患者仍未恢复自主呼吸，则要进行持续吹气，成人吹气频率为12次/分钟，儿童15次/分钟，婴儿20次/分钟，但是要注意，吹气时吹气容量相对于吹气频率更为重要，开始的两次吹气，每次要持续1~2秒钟，让气体完全排出后再重新吹气，一分钟内检查颈动脉搏动及瞳孔、皮肤颜色，直至患者恢复复苏成功，或死亡，或准备好做气管插管。

2.口对鼻呼吸

当患者有口腔外伤或其他原因致口腔不能打开时，可采用口对鼻吹气，其操作方法是：先开放患者气道，头后仰，用手托住患者下颌使其口闭住。深吸一口气，用口包住患者鼻部，用力向患者鼻孔内吹气，直到胸部抬起，吹气后将患者口部张开，让气体呼出。如吹气有效，则可见到患者的胸部随吹气而起伏，并能感觉到气流呼出。

六年级

第1课 安全用药

【教学目的】

1.让学生了解滥用药品的危害；

2.掌握处方药和非处方药的特点；

3.学会安全用药。

【教学内容与分析】

1.教学内容解读

安全用药是指不盲目用药、不滥用药，严格按照医生处方用药；对非处方药，能读懂说明书，学会合理用药。本课内容由“引入”“健康指南针”“健康加油站”“健康面面观”“健康碰碰车”组成。

“健康指南针”是本课的重要内容，它包括滥用药品的危害，处方药和非处方药的定义及特点。

“健康加油站”是指导学生实践的重要内容，主要了解合理用药、安全用药的方法。

“健康面面观”是知识的巩固和拓展，指导在服错药后应采取相应的应急措施。

“健康碰碰车”主要是对知识的巩固，指导学生演示并实践安全用药的方法。

2.相关知识点

(1)处方药和非处方药的概念。

(2)滥用药品的危害。

(3)安全用药的方法及用错药后的急救方法。

3.教学重点和难点

(1)滥用药品对人体有哪些危害?

(2)什么是处方药和非处方药?

(3)安全用药有哪些方法?

教学过程参考

1.课程讲授过程建议

(1)导入课题,揭示课题。教师用多媒体动画展示6岁女孩卉卉生病就医场面,卉卉高烧因乱用抗生素药,引入课题“安全用药”,让学生尽可能讨论发言,“如何安全用药”。

(2)不“安全用药”,即滥用药对人体有哪些危害?通过多媒体出示图片和案例,让学生探究讨论,总结出滥用药品的危害,知道滥用药品对青少年健康成长的危害性。

(3)认识处方药和非处方药,了解常用的处方药有哪些,非处方药方有哪些,明确两者的不同之处。处方药有强烈的药理作用,专用性强,毒性与副作用较大,可产生依赖性;非处方药经过了较长时间的临床试验,具有疗效明确、使用方便、毒性与副作用小的特点,通常不会引起药物依赖性、赖药性,也不会造成体内蓄积中毒,不良反应发生率低。

(4)多媒体演示案例,让学生分组讨论“芳芳感冒了,独自一人在家,芳芳应该怎么做,才能做到安全用药?”根据学生的讨论结果,得出安全用药的原则。

2.课堂小结建议

通过本课的学习,我们了解了滥用药品的危害性,知道了处方药需在医生的嘱咐下服药,非处方药需要读懂说明书,按说明要求谨慎服药。还知道怎样正确使用、合理使用药物。希望大家在实际生活中真正做到合理用药、安全用药。

3.教学评价建议

让学生对照检查自己或身边的人平时的用药行为,或者讲述自己的经历,学生也可行适当补充一部分内容。

相关知识链接

1.怎样用药才适当？

(1)适当的药物。根据身体状况,选择最为适当的药物。

(2)适当的剂量。严格遵照医嘱或说明书规定的剂量服药。

(3)适当的时间。有的药物需要饭前服用,有的需要饭后服用,有的要在两餐之间服用。如果不遵守服用方法,随意服用,就会影响效果或对胃造成刺激。

(4)适当的途径。适合用口服的药物,就尽量不要采用静脉给药。在抗生素运用中现在提倡序贯疗法,即输液控制症状之后,改换口服药物进行巩固治疗。

(5)适当的疗程。延长给药时间,容易产生蓄积中毒、细菌耐药性、药物依赖性等不良反应的现象,而症状一得到控制就停药,往往又不能彻底治愈疾病。只有把握好周期,才能取得事半功倍的效果。

2."五先五后"的用药原则

(1)先食疗后用药。例如喝姜片红糖水可治疗风寒性感冒,便秘可食用菠菜粥等。食疗后不见好转,可考虑用理疗、按摩、针灸等方法,最后再用药治疗。

(2)先用中药后用西药。中药多属于天然药物,其毒性及副作用一般较西药要小得多。

(3)先外用后内服。为减少药物对肌体的毒害,能用外用药治疗的疾病,如皮肤病、牙龈炎、扭伤等外敷外用药解毒、消肿,最好不用内服消炎药。

(4)先内服后注射。药剂通过血液、血管壁流向全身,最后进入心脏,直接危及血管壁和心脏。因此,能用内服药使疾病缓解的,就不必用注射剂。

(5)先用成药后用新药。新药一般说来在某一方面有独特的疗效,但其应用时间短,缺点和毒副作用,尤其是远期副作用还没有被人们认识。患病时最好先用中西成药,确实需要使用新药时,也要慎重,特别是对进口药物尤其要慎重。

第2课 预防营养不良和肥胖症

【教学目的】

让学生了解引起营养不良和肥胖的原因,以及对身体健康带来的潜在危害;了解判断营养不良和肥胖的基本方法;知道如何预防营养不良和肥胖。

【教学内容与分析】

1.教学内容解读

目前,我国居民同时存在营养不良和由营养过剩带来的肥胖问题。儿童青少年正处于生长发育关键时期,营养不良和肥胖均可引起不良后果,要让学生理解肥胖也是不健康的一种表现。本课还提供了判断肥胖的方法,预防营养不良及肥胖症的措施。

本课内容由“引入”“健康指南针”“健康碰碰车”和“健康加油站”几个部分组成。

“引入”部分是一段关于目前客观存在健康问题(营养不良和肥胖症)的文字描述,同时配以营养不良和肥胖症这两种情况的图片,并就这一现象提出问题,把学生注意力引到本课的主题上,激发起学生的进一步学习兴趣。

“健康指南针”是课文的重要部分,包含3方面的重要内容:什么是肥胖,引起肥胖的原因有哪些?什么是营养不良,导致营养不良的原因是什么?肥胖和营养不良对健康有何危害?

“健康碰碰车”环节提供了判断儿童超重和肥胖的一种方法,可作为教师指导学生开展实践活动的材料。

2.相关知识点

营养不良和肥胖的定义和原因,营养不良和肥胖的危害,预防营养不良和肥胖症。

3.教学重点

让学生了解引起营养不良和肥胖的原因,知道营养不良和肥胖的预防措施。

4.教学难点

解释肥胖者可能同时存在营养不良的原因;用体质指数法判断是否超重和肥胖,体质指数的计算和应用;了解营养不良和肥胖的危害。

教学过程参考

1.课程讲授过程建议

1)引入

本课可以从两张图片入手,请学生说说图片中的两个小朋友的体型有没有问题?为什么会认为太胖或太瘦都是健康问题?由于同学们对身边肥胖的或豆芽型的伙伴都有认识,可以引导他们试着回答为什么会出现肥胖或营养不良的问题。教师可以将学生们提出的答案进行归类并板书出来,为下一部分内容作铺垫。

2)体验活动

在"健康指南针"部分的教学中,教师可以先读一遍"健康指南针"中关于肥胖和营养不良的概念,然后将引入部分学生所给出的答案进行比较,对给出正确答案的同学给予表扬和鼓励,对未给出正确答案的部分进行着重解释。这样,学生对引起肥胖和营养不良的原因就有了更深刻的印象。在"健康碰碰车"这一环节,要动员学生积极参加。教师可以提问"你们想不想知道自己的体型是不是健康?"激发学生想要立即实践的愿望,然后向学生解释计算体质指数的公式,教会他们计算,并把计算的结果与体质指数表进行比较得出结论。在"健康加油站"部分,可以让学生说一说预防肥胖和营养不良的方法,教师进行归纳,并介绍"健康加油站"中列出的内容,对学生们给出的答案进行比较和补充。

3)教学方法建议

由于本课内容中涉及一些专业概念,教学中应从现实生活中的实际例子出发,引出理论性的知识。另外,"健康碰碰车"中涉及计算身体体质指数,对四年级的学生可能存在一定难度,教师可以采取辅助手段,如计算器等进行帮助。

2.课堂小结建议

本课通过教学过程的实施,向学生讲授了肥胖和营养不良的相关知识,其中学生必须理解的几个概念是:

①营养不良对身体健康有很多危害,纠正"肥胖就是营养和健康"的错误观念;

②营养不良和肥胖都是可以通过改变生活中不良行为加以预防的;

③能判断自己是否超重或肥胖。

3.教学评价建议

本课的教学目的是使学生能够意识到营养不良和肥胖这一健康问题，自觉改正可能会引起营养不良或肥胖的不良生活习惯，如挑食、偏食、爱吃高能量的快餐食品、喜欢喝甜饮料、不爱运动等。可以通过举行“生活中引起肥胖的不良习惯”的讨论会，或组织学生开展“饮食和运动行为”小调查，对身边的同学的生活习惯进行调查分析，检验学生的知识掌握程度。

相关知识链接

1.中国肥胖问题工作组(WGOC)推荐的 7~18 岁儿童青少年 BMI 标准

(1)什么是身体体质指数(BMI)

体质指数是最常使用的身体体型指标，可用于判断一般人群是否存在消瘦(营养不良)、超重或肥胖。其计算式表示为：

BMI=体重(千克)/身高(米)的平方

从该计算式可见，分子为体重，分母与身高有关，所以计算结果越大，即 BMI 值越大，提示身材越偏向矮、胖；反过来，BMI 越小，提示身材越趋向于瘦、高。

(2)我国儿童青少年超重或肥胖的筛查标准

我国儿童青少年体格发育指标与发达国家水平存在差异，所以不能照搬世界卫生组织(WHO)制定的用于判定超重或肥胖的 BMI 标准。中华人民共和国卫生行业标准《学龄儿童青少年超重与肥胖筛查》(表 1)，由国家卫生健康委员会发布，并于 2018 年 8 月 1 日起实施。

表 1　中国学龄儿童青少年超重、肥胖筛查体质指数分类标准

年龄（岁）	男生		女生	
	超重	肥胖	超重	肥胖
6.0~	16.4	17.7	16.2	17.5
7.0~	17.0	18.7	16.8	18.5
8.0~	17.8	19.7	17.6	19.4
9.0~	18.5	20.8	18.5	20.4
10.0~	19.2	21.9	19.5	21.5
11.0~	19.9	23.0	20.5	22.7
12.0~	20.7	24.1	21.5	23.9

2.快餐食品的能量密度

(1)什么是食物的能量密度

能量密度是指单位体积(或单位重量)的食物中所含有的能量大小。经常食用能量密度高的食物容易造成过多能量摄入，导致超重或肥胖。能量密度较高的食物包括油炸食品、奶油制品,能量密度低的食物包括蔬菜、水果。

(2)西式快餐食品是否可以经常吃

西式快餐食品主要以动物性食物为主,蔬菜和水果较少,制作也经常采用油炸方式,因此,其能量和脂肪含量高,而膳食纤维含量却很低。所以,西式快餐食品不宜多吃、经常吃。表2列举了常见西式快餐食品的能量含量。为了理解高能量密度食品的特点,同时列出了其能量值与9岁组男童每天能量推荐摄入量(2 000千卡*/天)的百分比值。例如,一个9岁的男孩子中午去西式快餐店就餐,点了巨无霸汉堡包1个,炸鸡6块,可乐1杯,炸薯条1盒。如果他将这些食物全部吃完,摄入能量1702千卡,占全天应该摄入能量的85%。

表2 常见西式快餐食物的能量含量

食物种类	能量/千卡	占9岁男童能量推荐摄入量的百分比/%
可乐(大杯)	180	9
苹果派(1个)	260	13
草莓奶昔(1杯)	320	16
炸鸡翅(6块)	471	23.6
麦香鸡汉堡(1只)	490	24.5
炸薯条(大)	491	24.6
巨无霸汉堡包(1个)	560	28

*1千卡=4.19千焦

第3课 远离食品中毒

【教学目的】

让学生知道什么是食物中毒,怎样预防食物中毒。

【教学内容与分析】

1.教学内容解读

因为误食不洁或有毒的食物造成的食物中毒在青少年儿童中时有发生。本课教学就是要教给学生什么是食物中毒,食物中毒分哪几类,有什么症状,常见食物中哪些有毒,让他们了解一些知识,具备基本的辨别能力,同时也要教给学生预防食物中毒的方法和食物中毒后的处理措施,增强学生的自我保护能力。

2.相关知识点

食物中毒:指吃了不洁或有毒的食物而引起的急性非传染性疾病,一般症状表现为腹痛、腹泻和呕吐。

3.教学重点和难点

让学生了解哪些食物有毒,食物中毒有什么症状,该怎样预防。

教学过程参考

1.课程讲授过程建议

活动设置1:故事引入

(1)教师:同学们,你们喝过豆浆吗?豆浆有很高的营养价值,而且味道鲜美。但你知道吗,

这样一种价廉物美的食物如果煮食不当,会给我们造成很大的伤害。(教师带领学生一起阅读课本第 7 页的故事)

(2)教师:喝了没有煮熟的豆浆会中毒,你知道为什么吗?(让学生自己阅读课本第 7 页“小贴士”的内容找到答案)

活动设置 2:学习新课

(1)让学生阅读课本第 8 页“健康指南针”的内容(由于豆类中含有一种皂甙的物质,没煮熟的四季豆、豆浆等由于其皂甙未得到破坏,食用后容易出现中毒反应,如恶心、腹痛、呕吐、腹泻等,即食物中毒)。

(2)教师再次介绍食物中毒的准确概念,学生一边看课本内容,一边对概念进行勾画。

(3)学习食物中毒的分类。教师:“除了豆制品中的皂甙会引起食物中毒,其实还有一些情况也会造成食物中毒。”这时教师可结合课本图片,让学生一边看图一边读文,有条件的还可以通过网络找到更多的图片给学生看,给学生直观的感受。

活动设置 3:结合图文,讲解知识点

(1)走进“健康面面观”,了解发芽土豆为什么有毒。

(2)学习如何挑选海鲜。这里可先让学生谈谈自己生活中吃海鲜的经历或感受,然后再提醒学生如何挑选海鲜。

(3)了解怎样辨别蘑菇有没有毒。这时,教师可出示两幅图片给学生观察,分别是颜色鲜艳的毒蘑菇和无毒的蘑菇,然后提问:同学们,你们喜欢哪种蘑菇呢?颜色鲜艳的蘑菇虽然好看,但却有毒,千万不能吃,而且越是颜色漂亮的蘑菇毒性越大。你知道哪些蘑菇没毒,可以放心食用?(让学生结合自己的生活实际来谈谈)

活动设置 4:自由讨论

(1)教师:严重的食物中毒会让人死亡,所以我们一定要时刻警惕美食中的陷阱,注意预防食物中毒。现在我们了解了食物中毒的一些知识,你能说说该怎样预防食物中毒吗?(先让学生自由地说,然后阅读课本第 11 页“健康加油站”的内容)

(2)教师:不小心遇到食物中毒,我们又该怎样做呢?(让学生先谈谈自己的观点,然后教师再给以指导)

2.课堂小结建议

同学们,我们在享受美食的时候可千万别忘了谨防美食中的陷阱,小心不要食物中毒。

3.教学评价建议

教师可出题让学生进行自我评价,或让家长配合作出家长的评价,让学生在生活中养成良好习惯,提高警惕。

相关知识链接

1.食物中毒的概念

食物中毒是指摄入了含有生物性和化学性有毒有害物质的食品，或把有毒有害物质当作食品摄入后出现的非传染性急性或亚急性疾病。食物中毒既不包括因暴饮暴食而引起的急性胃肠炎、食源性肠道传染病(如伤寒)和寄生虫病(如旋毛虫、猪囊尾蚴病)，也不包括因一次大量或长期少量摄入某些有毒、有害物质而引起的以慢性毒害为主要特征(如致癌、致畸、致突变)的疾病。

2.食物中毒的特点

食物中毒发生的原因各不相同，但发病具有如下共同特点：

(1)发病呈暴发性，潜伏期短，来势急剧，短时间内可能有许多人发病；

(2)中毒病人一般具有相似的临床表现，常常出现恶心、呕吐、腹痛、腹泻等消化道症状；

(3)发病与食物有关，患者在近期内都食用过同样的食物，发病范围局限在食用该有毒食物的人群，停止食用该食物后很快停止；

(4)食物中毒病人对健康人不具传染性。

有的食物中毒具有明显的地区性和季节性，例如：我国肉毒梭菌毒素中毒90%以上发生在新疆地区；副溶血性弧菌食物中毒多发生在沿海各省；而霉变甘蔗和酵米面食物中毒多发生在北方。食物中毒全年皆可发生，但第二、第三季度是食物中毒的高发季节，尤其是第三季度。

在我国引起食物中毒的各类食物中，动物性食品引起的食物中毒较为常见，占50%以上，其中肉及肉制品引起的食物中毒居首位。

3.食物中毒分类

按病原物质食物中毒可分为4类：

(1)细菌性食物中毒：主要有沙门菌食物中毒、变形杆菌食物中毒、副溶血性弧菌食物中毒、葡萄球菌肠毒素食物中毒、肉毒梭菌食物中毒、蜡样芽孢杆菌食物中毒、韦梭菌食物中毒、致病性大肠杆菌食物中毒、酵米面椰毒假单胞菌毒素食物中毒、结肠炎耶尔森菌食物中毒、链球菌食物中毒、志贺菌食物中毒等。

(2)有毒动植物中毒：指误食有毒动植物或摄入因加工、烹调不当未除去有毒成分的动植物食物而引起的中毒，其发病率较高，病死率因动植物种类而异。有毒动物中毒如河豚鱼、有毒贝类等引起的中毒；有毒植物中毒如毒蕈、含氰苷果仁、木薯、四季豆等中毒。

(3)化学性食物中毒：指误食有毒化学物质或食入被其污染的食物而引起的中毒，发病率和病死率均比较高，如某些金属或类金属化合物、亚硝酸盐、农药等引起的食物中毒。

(4)真菌毒素和霉变食品中毒：食用被产毒真菌及其毒素污染的食物而引起的急性疾

病，其发病率较高，死亡率因菌种及其毒素种类而异，如赤霉病麦、霉变甘蔗等中毒。

4.预防毒蘑菇中毒

(1)停止食用并销毁毒蘑菇和用毒蘑菇制作的食品，加工盛放毒蘑菇食品的容器炊具也应洗刷干净。

(2)毒蘑菇中毒的原因主要是误食。由于毒蘑菇难以鉴别，应通过新闻媒体进行广泛宣传、教育，不要采集野蘑菇食用，以免中毒再次发生。

(3)关于毒蕈与食用蕈的鉴别，目前尚缺乏简单可靠的方法，一般认为毒蕈有如下一些特征可供参考：颜色奇异鲜艳，形态特殊，蕈盖有斑点、疣点，损伤后流浆、发黏，蕈柄上有蕈环、蕈托，气味恶劣，不长蛆，不生虫，破碎后易变色，煮时能使银器变色、大蒜变黑等。

(4)总的原则是不认识的蘑菇不要采集和食用。

5.预防亚硝酸盐食物中毒

(1)保持蔬菜新鲜，禁食腐烂变质蔬菜。短时间不要进食大量含硝酸盐较多的蔬菜；勿食大量刚腌的菜，腌菜时盐应稍多，待腌制 15 天以上再食用。

(2)肉制品中硝酸盐和亚硝酸盐的用量应严格按国家卫生标准的规定，不可多加。

(3)不喝苦井水，不用苦井水煮饭、煮粥，尤其勿存放过夜。

(4)妥善保管好亚硝酸盐，防止错被当成食盐或碱而误食中毒。

第4课 酗酒的危害

【教学目的】

使学生了解酗酒对身体健康以及社会安全的危害，了解饮酒对青少年健康的危害，教育学生不饮酒。

【教学内容与分析】

1.教学内容解读

随着社会的开放、经济的发展，青少年饮酒问题也越来越严重，所以我们有必要尽早地教育我们的学生认识酗酒以及青少年饮酒的巨大危害，引导他们不饮酒。本课内容的“健康指南针”部分讲了饮酒对人体各个系统的危害；“健康面面观”讲了醉酒导致的死亡和酒后开车带来的各种交通事故；“健康加油站”主要讲饮酒对青少年产生的不良影响；“健康碰碰车”主要是引导同学们怎样拒绝饮酒和帮助家人朋友不再酗酒。

2.相关知识点

(1)酒是水和各种化学成分的混合物，其中最主要的成分是酒精。
(2)饮酒太多会对人体造成很大的伤害。
(3)饮酒对正处于身体发育阶段的青少年危害更大。

3.教学重点和难点

让学生了解饮酒对青少年健康的危害特别大，教育学生不饮酒。

教学过程参考

1.课程讲授过程建议

活动设置 1

教师播放《弟子规》诵读片的部分相关内容：“年方少，勿饮酒，饮酒醉，最为丑……”然后教师引领学生读课本的"引入"部分,教师板书课题。

活动设置 2

(1)教师问:"你知道哪些是酒吗?"让学生结合生活实际来谈,如白酒、啤酒、葡萄酒等都是酒。

(2)过量饮酒对人体有哪些危害呢?让学生看课本"健康指南针"中的讲解,分别了解饮酒对神经系统、肝脏、消化系统、心脏血管系统的影响。

(3)教师阅读"故事链接",让学生了解饮酒不仅影响健康,有时甚至直接引发重大疾病,危及生命!

活动设置 3

(1)组织学生自由讨论:你曾喝过酒吗?在什么情况下喝的?喝了多少?

(2)学习"健康加油站"中所讲饮酒对青少年健康的危害。

活动设置 4

(1)教师播放酒后开车导致的各种交通事故的影像短片,让学生认真观看后直观地了解酒后驾车的巨大危害。

(2)让学生结合生活实际,说说自己了解到的各种酒后驾车引发的交通事故,从生活中的大量事例去感受酒后驾车确实危害巨大。

(3)教师:酗酒还容易引起各种矛盾,甚至导致犯罪(可通过投影给学生展示网页新闻,让学生在各大网站上看有关新闻)。

2.课堂小结建议

同学们,为了健康,让我们首先做到自己不喝酒,不劝同学喝酒,还要帮助亲人朋友从酗酒中摆脱出来。

3.教学评价建议

学习本课后,让学生说说过度饮酒的危害。还可以让学生利用网络查找资料,办一次关于酗酒的危害的演讲比赛,检查学生对酗酒危害的认识。

相关知识链接

1.酒的简介

酒的主要化学成分是乙醇(通称为酒精),一般含有微量的杂醇和酯类物质,食用白酒的浓度在60°(即酒中含酒精60%)以下。白酒经分馏提纯至75%以上为医用酒精,提纯到99.5%以上为无水乙醇。酒是以粮食为原料经发酵酿造而成的。我国是最早酿酒的国家,早在2000年前就发明了酿酒技术,并不断改进和完善,现在已发展到能生产各种浓度、香型的酒及含酒精的饮料,并为工业、医疗卫生和科学试验制取出浓度为95%以上的医用酒精和99.99%的无水乙醇。

2.酗酒对人体的危害

(1)造成死亡。酒精会抑制大脑的呼吸中枢,造成呼吸停止。

(2)造成大脑功能紊乱。少量酒精能使人自觉振奋,机警,注意力集中,但摄入较多酒精对记忆力、注意力、判断力及情绪反应都有严重伤害。饮酒太多会造成口齿不清,视线模糊,失去平衡力。

(3)损害肝脏功能。长期大量饮酒,几乎无可避免地会导致酒精性脂肪肝、酒精性肝炎、酒精性肝硬化,造成不可逆的肝脏损伤。

(4)损害胃肠功能。经常饮酒会损害食管和胃黏膜,导致食管炎、胃炎、胃溃疡等。一次大量饮酒会导致应激性胃炎、消化道大出血等危及生命的病症。

(5)酗酒会影响心脏和血管的正常功能。少量饮用低度酒对预防心血管疾病有积极意义,但是长期过量饮酒会诱发酒精性心肌病,使心脏和血管受损。

(6)导致皮肤血管扩张。酒精是血管扩张剂,可使身体表面血管扩张,导致脸红,还会使身体组织过分散热,造成在天冷时体温过低。

(7)影响生殖功能。酒精会使男性出现阳痿,对于妊娠期的妇女,即使是少量的酒精,也会使胎儿发生身体缺陷的概率增大。

3.醉酒后怎么处理

一次大量喝酒即可发生醉酒,医学上称为急性酒精中毒。如有人发生醉酒,可采取以下方法处理:

(1)立即停止饮酒。

(2)以手指或其他方法刺激咽部催吐,减少酒精的吸收。

(3)酒醉后,全身表皮血管扩张,散热加快,容易发生感冒,因此要注意保暖。

(4)轻中度醉酒的患者,可喝些白糖开水、蜜糖开水,或以白萝卜500克,捣烂取汁,饮萝卜汁数杯,或以黑豆、赤小豆、绿豆各30克,煎水服,均有一定的解酒作用。

(5)患者如神志不清,应注意头部侧位,及时清除口腔积物,防止吸入性肺炎和窒息。患者躁动时,应防止跌倒外伤。

(6)对重症醉酒者,特别是出现呼吸不均匀、鼾声较大、昏迷深及脉搏细弱者,应及时送医院抢救。

第5课 别忽视缺铁性贫血

【教学目的】

1.了解缺铁性贫血的原因、症状以及对人体的危害。

2.学会预防缺铁性贫血。

【教学内容与分析】

1.教学内容解读

本课从案例入手引导学生明白缺铁性贫血的症状;通过“健康指南针”的学习,使学生了解缺铁性贫血的含义、产生缺铁性贫血的原因以及缺铁性贫血的危害;通过“健康加油站”的学习,使学生知道缺铁性贫血是可以预防的;通过“健康面面观”“健康碰碰车”两部分学习,使学生养成良好的生活习惯和卫生习惯,健康快乐地成长。

2.相关知识点

(1)缺铁性贫血的概念。

(2)引起缺铁性贫血的主要原因。

(3)缺铁性贫血的危害及预防。

3.教学重点

(1)什么是缺铁性贫血?

(2)引起缺铁性贫血的主要原因是什么?

(3)缺铁性贫血的危害。

(4)缺铁性贫血的预防。

4.教学难点

让学生养成良好的生活、卫生习惯,学会预防缺铁性贫血的方法。

5.教学准备

多媒体课件、图片资料等。

教学过程参考

1.课程讲授过程建议

(1)教师可以根据案例,结合学生容易理解的实例,采用多媒体展示情景图,在同学思考讨论的基础上引出课题“别忽视缺铁性贫血”。

(2)在引入新课的基础上,让学生根据情景图结合自己所见所闻的实际分组讨论交流,谈谈自己的想法。(引导学生明白缺铁性贫血的症状)

(3)插图、视频展示。让学生分组探讨学习(根据课本和收集的资料进行说明,教师加以正确引导):①什么是缺铁性贫血。②探讨其原因。③了解症状及其危害。

铁缺乏是一个全球性的问题,据联合国儿童基金会统计,全球大约有37亿人缺铁,其中大多数是妇女。发展中国家40%~50%的5岁以下儿童和50%以上的孕妇患缺铁病。

缺铁性贫血不只是表现为贫血(血红蛋白低于正常),而且是属于全身性的营养缺乏病。青春期女性缺铁性贫血主要是体内铁缺乏而引起的,其特点是小细胞低色素贫血,过去也称为慢性萎黄病。少女或青春期女性发生本病的主要原因是身体需要的铁量增加、月经来潮丢失的铁过多或胃酸缺乏导致铁摄入不足。

缺铁性贫血一般来讲起病缓慢,但在生长发育较快的婴幼儿时期病情发展是迅速的,在几个月内就可以出现明显症状。缺铁的早期仅是体内贮存铁减少,没有症状;当体内储存铁耗竭时,才出现血红蛋白下降;如果继续缺铁,使体内一些含铁的酶也受到牵连,影响了细胞代谢时才出现症状。

缺铁性贫血是威胁儿童生长发育和身心健康的慢性营养不良性疾病,对小儿的智力、体格发育危害是极大的,对成人也一样有危害,特别是经期女性。

(4)视频展示常见的一些食品和水果,引导同学们讨论。

①让同学们自己谈谈喜欢吃哪些东西,不喜欢吃哪些东西。

②应该怎样才对,为什么?

③预防措施(良好习惯的养成)。

(5)学生反思(良好习惯的养成落到实处)小结。

谈谈自己以前是怎么做的,应该怎么做。

2.课堂小结建议

通过本课的学习,我们知道了什么是缺铁性贫血,也懂得了如何去预防。希望同学们自觉养成良好的饮食卫生习惯，树立正确的健康意识，茁壮成长。

3.教学评价建议

让学生谈谈自己平时的饮食卫生习惯，同学间开展互评。

相关知识链接

1.贫血的定义和种类

贫血指人体外周血红细胞容量减少，低于正常范围下限的一种常见临床症状。其诊断标准为在我国海平面地区，成年男性血红蛋白<120 克/升，成年女性（非妊娠）<110 克/升，孕妇<100 克/升。

按细胞学分类，贫血分为大细胞性贫血、正常细胞性贫血、小细胞低色素性贫血。

2.缺铁性贫血的定义

当体内缺铁时，铁损耗可分 3 个阶段。第 1 阶段为铁减少期（ID），此时储存铁耗竭，血清铁蛋白浓度下降。第 2 阶段为红细胞生成缺铁期（IDE），此时除血清铁蛋白下降外，血清铁也下降，同时铁结合力上升（运铁蛋白饱和度下降），游离原卟啉浓度（FEP）上升。第 3 阶段为缺铁性贫血期（IDA），血红蛋白和红细胞比容（hematocrite）下降。长时间的铁的负平衡，致使体内铁储备减少，甚至耗尽。体内铁缺乏，引起含铁酶减少或铁依赖酶活性降低，从而影响组织器官功能，出现食欲低下，严重者可有渗出性肠病变及吸收不良综合征等。

3.铁在体内的存在形式

人体内铁总量为 4~5 克，有两种存在形式：一种为“功能性铁”，是铁的主要存在形式，其中血红蛋白含铁量占总铁量的 60%~75%，3%为肌红蛋白，1%为含铁酶类（细胞色素、细胞色素氧化酶、过氧化物酶与过氧化氢酶等），这些铁发挥其功能作用，参与氧的转运和利用。另一种为“储存铁”，是以铁蛋白（ferritin）和含铁血黄素（hemosiderin）形式存在于血液肝、脾与骨髓中，占体内总铁量的 25%~30%。在人体器官组织中铁的含量，以肝、脾为最高，其次为肾、心、骨骼肌与脑。

4.影响食物铁吸收利用的因素

铁在食物中主要以三价铁形式存在，少数食物中为还原铁（亚铁或二价铁）。肉类等食物中的铁约 40%是血红素铁，而其他为非血红素铁，后者则明显受膳食因素的影响。无机铁被吸收时，对肠道环境的改变非常敏感，但血红素铁的吸收不受其影响。

非血红素铁在吸收前，必须与结合的有机物，如蛋白质、氨基酸和有机酸等分离，而且必须在转化为亚铁后方可被吸收，因而有很多因素可影响非血红素铁的吸收。

（1）蛋白质与“肉因子”：肉、禽、鱼类食物中铁的吸收率较高，除与其中含有约 40%血红素铁有关外，也与动物肉中一种叫作肉因子（meat factor）或肉鱼禽因子（MFP factor）有关。此种“因子”能促进非血红素铁的吸收。动物组织蛋白质的铁吸收率较高，可达15%~20%。动物的非组织蛋白质，如牛奶、奶酪、蛋或蛋清等，铁的吸收率却不高。纯蛋白质，如乳清蛋白、面筋蛋白、大豆分离蛋白等对铁的吸收还有抑制作用。至于氨基酸，如胱氨酸、半胱氨酸、赖氨酸、组氨酸等有利于铁的吸收，其原因可能与铁螯合成小分子的可溶性单体有关。

(2)脂类与碳水化合物：研究表明，膳食中脂类的含量适当对铁吸收有利，过高或过低均降低铁的吸收。

各种碳水化合物对铁的吸收与存留有影响，作用最大的是乳糖，其次为蔗糖、葡萄糖；以淀粉代替乳糖或葡萄糖，则明显降低铁的吸收率。

(3)矿物元素：钙含量丰富，可部分减少植酸、草酸对铁吸收的影响，有利于铁的吸收。但大量的钙不利于铁的吸收，原因尚不明确。

无机锌与无机铁之间有较强的竞争作用，当一种过多时，就可干扰另一种的吸收。

(4)维生素：维生素A与B——胡萝卜素在肠道内可能与铁络合，保持较高的溶解度，防止诸如植酸、多酚类对铁吸收的不利作用。已发现缺铁性贫血与维生素A缺乏往往同时存在，给维生素A缺乏者补充维生素A，即使铁的摄入量不变，铁的营养状况亦有所改善。维生素B_2有利于铁的吸收、转运与储存。当维生素B_2缺乏时，铁吸收、转运与肝、脾储铁均受阻。在儿童贫血调查研究中，也发现贫血与维生素B_2缺乏有关。

维生素C具酸性，还具还原性，能将三价铁还原为二价铁，并与铁螯合形成可溶性小分子络合物，有利于铁吸收。口服较大剂量维生素C时，可显著增加非血红素铁的吸收。在铁缺乏时，维生素C对铁吸收率的提高作用更为明显。

其他如枸橼酸、乳酸、丙酮酸、琥珀酸等具有弱的螯合性质的有机酸，也都可提高铁的吸收。

(5)膳食纤维：由于膳食纤维能结合阳离子的铁、钙等，摄入过多时可干扰铁的吸收，也有人认为可能是草酸作用的结果。

(6)植酸盐与草酸盐：粮谷类及蔬菜中的植酸盐、草酸盐能与铁形成不溶性盐，影响铁的吸收。植酸盐即肌醇六磷酸盐，几乎存在于所有谷类的糠麸、种子、坚果的纤维和木质素中，蔬菜水果中也都含有。

(7)多酚类化合物：几乎所有植物中都含有酚类化合物，其中的某些种类能抑制非血红素铁的吸收，如含桔酰的多酚类化合物，在茶、咖啡以及菠菜中，均含有此酚类物质而明显抑制铁的吸收。

(8)卵黄高磷蛋白：蛋类中存在一种卵黄高磷蛋白，可干扰铁的吸收，使蛋类铁吸收率降低。

(9)机体状况：机体状况可左右铁的吸收，食物通过肠道的时间太短、胃酸缺乏或过多服用抗酸药时，影响铁离子释放而降低铁的吸收。血红素铁与非血红素铁吸收，都受体内铁储存量的影响，当铁储存量多时，吸收率降低；储存量减少时，需要量增加，吸收率亦增加。胃肠吸收不良综合征也影响铁的吸收，缺铁性贫血时铁吸收率增高。

第6课 预防触电和雷击

【教学目的】

使学生了解触电和雷击的严重后果,懂得如何预防和急救。

【教学内容与分析】

1.教学内容解读

电与人类生活息息相关,生活中处处会用到电,但在现实生活中,触电的事件时有发生,每年全国各地都有多起少年儿童触电身亡意外事件,给无数家庭带来巨大伤害;另外,雷击也可能对地面上的人和物危害甚大。因此我们要教育学生,让他们了解触电和雷击的严重后果,懂得如何预防触电和雷击,懂得如何急救。

本课由“引入”“健康指南针”“健康加油站”“健康面面观”“健康碰碰车”组成。

课文从5组触电和雷击事件的图例引入课题,“健康指南针”是本课的重要内容,它包括了触电和雷击的概念、触电和雷击的预防。

“健康加油站”是指导学生实践的重要内容,讲述了学生在触电和雷击后如何自救。

2.相关知识点

(1)触电对人体的伤害主要是电击和电伤。电击使人全身疼痛发麻、肌肉抽搐、失去知觉,甚至死亡。电伤是指电流对人体外部造成的局部灼伤,触电时间越长,人体所受的电伤越严重。

(2)雷击是打雷时电流通过人、畜、树林、建筑物等而造成伤害或破坏。

3.教学重点和难点

(1)掌握触电和雷击的概念。

(2)掌握触电和雷击的预防方法。

(3)学会触电和雷击后应如何急救。

教学过程参考

1.课程讲授过程建议

活动设置1

(1)教师可通过多媒体出示5组图示，让学生感受触电和雷击事件在生活中时有发生，从思想上提高警惕。

(2)让学生讨论，引出课题“预防触电和雷击”，还可以让学生说说自己知道的类似事件。

活动设置2

(1)进入“健康指南针”，教师可以通过让学生阅读教材自学，通过自学知道触电、雷击、电伤、电击的概念。

(2)分组讨论：课前可将触电的预防和雷击的预防作为课前作业，让学生通过咨询家长、网上查询收集相关资料。课堂上分组讨论，每组将收集的资料进行汇总。

(3)教师小结：触电的预防措施和雷击的预防措施。

活动设置3

面对触电和雷击我们应该怎么办？进入“健康加油站”学习自救和救护。

根据教材内容，分组演练“小区内发生的触电事件”，让学生在演练过程，掌握自救与救护的方法。

活动设置4

进入“健康碰碰车”，对本课知识进行巩固和拓展。

(1)对生活中一些常见行为进行判断。教师适时提出“为什么？”

(2)知识拓展：分组讨论学习设计“安全警示图”，提醒过往的行人警惕附近有电，小心行走。

2.课堂小结建议

(1)通过这节课的学习，你学会了什么？懂得了什么？

(2)生活中，电与我们朝夕相处，无处不在，生命只有一次，为了我们的生命安全，我们一定要牢记触电和雷击的预防措施，防患未然，珍爱生命，远离危险。

3.教学评价建议

这节课的教学目的是让学生懂得预防触电和雷击的方法与重要性，教师可采用以下内容进行评价：

(1)通过“健康碰碰车”让学生进行行为判断,检查学生对触电和雷击预防知识的掌握程度。

(2)通过情景剧表演,让学生掌握触电后的急救方法。

相关知识链接

1.雷电的形成和种类

雷电是大气中的放电现象,多形成在积雨云中,积雨云随着温度和气流的变化会不停地运动,在运动中摩擦生电,就形成了带电荷的云层。有些云层带有正电荷,另一些云层带有负电荷。另外,由于静电感应常使云层下面的建筑、树木等有异性电荷。随着电荷的积累,雷云的电压逐渐升高,当带有不同电荷的雷云与大地凸出物相互接近到一定程度时,其间的电场超过25~30 kV/cm,将发生激烈的放电,同时出现强烈的闪光。由于放电时温度高达2 000 ℃,空气受热急剧膨胀,随之发生爆炸的轰鸣声,这就是闪电与雷鸣。一般山地雷电比平原多,沿海地区比大陆腹地多,建筑物越高,遭雷击的概率越大。

雷电可分以下4种:

(1)直击雷。直击雷是云层与地面凸出物之间的放电形成的。

(2)球形雷。球形雷是一种发红光或极亮白光的火球,运动速度大约为2 m/s。球形雷能从门、窗、烟囱等通道侵入室内,极其危险。

(3)雷电感应,也称感应雷。雷电感应分为静电感应和电磁感应两种。静电感应是雷云接近地面,在地面凸出物顶部感应出大量异性电荷所致。电磁感应是雷击后,巨大雷电流在周围空间产生迅速变化的强大磁场所致。

(4)雷电冲击波。雷电冲击波是由于雷击而在架空线路上或空中金属管道上产生的冲击电压沿线或管道迅速传播的雷电波。其传播速度为3×10^8 m/s。雷电可毁坏电器设备的绝缘,使高压窜入低压,造成严重的触电事故。例如,雷雨天,室内电器设备突然爆炸起火或损坏,人在屋内使用电器或打电话时突然遭电击身亡都属于这类事故。

防雷措施主要是在建筑物上安装避雷针、避雷网、避雷带、避雷线、引下线和接地装置或在金属设备、供电线路上采取接地保护。

2.防触电

防止触电一般采取以下措施:

(1)人体不要接触带电裸线、接地线和带电(漏电)设备。

(2)要熟悉供电设备结构及供电系统接线,不违章触及有电设备。

(3)绝缘工具严禁超期使用。

(4)要确认停电线路带电挂地线。

(5)严禁使用有疑问或显示不正常的验电器。

3.触电急救办法

触电会造成人体伤害或死亡,发现人员触电应迅速采取使触电者脱离电源的措施。

(1)切断电源。

(2)拨打120。

(3)救护人员穿着绝缘鞋,戴上绝缘手套,使用绝缘棒使触电者脱离电源。

(4)在切断电源的同时要防止触电者再次摔倒。

(5)未断电前不可赤手直接与触电者的身体接触。

(6)将触电者移到空气流通、温暖处安静休息,等待救援。

(7)触电者已失去知觉,但呼吸及脉搏均未停止时,应安放在平坦通风处所,解开衣裤,使其呼吸不受阻碍,同时用毛巾摩擦全身,使之发热。

(8)触电者失去知觉呼吸困难,应立即进行人工呼吸,切不可向触电者注射强心剂或泼冷水。

(9)触电者呼吸及心脏跳动均已停止时,可能是假死,救护人员要坚持先救后搬的原则,应即刻进行人工呼吸和心脏体外按压,直到经医生诊断确已死亡为止。

第7课 女孩与月经

【教学目的】

了解女性内生殖器官的名称，掌握女性第一性征的发育和第二性征的含义，知道什么是月经，会推算月经初潮的时间并掌握月经期的保健知识。

【教学内容与分析】

1.教学内容解读

女孩10~12岁进入青春期，青春期是青少年生理发育和心理发展急剧变化的时期。本课内容由“引入”“健康指南针”“健康加油站”“健康碰碰车”组成。

“健康指南针”是课文的重要部分，包含4个方面的重要内容，即掌握女性第一性征的发育和第二性征的含义，了解女性内生殖器官的名称，知道什么是月经，推算月经初潮的时间。

“健康加油站”讲述月经期的保健知识、注意事项。“健康碰碰车”主要为检验学生对知识的掌握和运用情况，尤其是侧重对月经期的保健知识的考查。

2.相关知识点

(1)女性第一性征的发育和第二性征发育。

(2)什么是月经，推算月经初潮的时间。

(3)月经期的保健知识。

3.教学重点

什么是月经，推算月经初潮的时间以及月经期的保健知识。

4.教学难点

让女生掌握推算月经初潮的时间以及月经期的保健知识。

教学过程参考

1.课程讲授过程建议

(1)提问引入:同学们经常看电视,常常会看到一些女性用品广告,你知道它们是什么时期使用的?(教师板书课题)

(2)学习女性第一性征的发育和第二性征发育。引导学生思考:你知道女孩青春期发育的秘密吗?让学生自主学习女孩的发育这一部分,勾画出有关的句子,知道女性第一性征的发育和第二性征发育的定义,了解女性内生殖器官。出示挂图或者视频,请学生说出相应的名称。

(3)学习月经是怎么回事。在这一部分的学习中,通过视频的演示或者教师的讲述让学生了解什么是月经,什么是月经初潮,什么是月经周期,学会推测月经初潮,并让女生分组交流自己现在是否有月经初潮来临的现象。

(4)学习月经期的保健知识。让学生观看相关的视频,然后学生自己阅读课本相关的内容,勾画出要点,并在全班进行交流。学生可以针对自己的实际生活发表意见,说说自己哪些做到了,哪些疏忽了,可以让学生补充自己收集到的相关资料,或者提出建议。

(5)分析、判断。这部分检查学生对所学知识的掌握,特别是对月经期知识的掌握,先让学生根据实情进行分析、判断,明确正确的做法,最后算出自己的健康指数。

2.课堂小结建议

今天,我们一起学习了女孩和月经,了解了女性内生殖器官的名称,掌握女性第一性征的发育和第二性征的含义,同时还知道什么是月经,如何推算月经初潮的时间以及月经期的保健知识,希望同学们顺利度过青春期!

3.教学评价建议

本课建议女生单独进行较仔细的学习,男生大略知道一些知识即可,教师可以利用视频等让学生直观地学习,也可以举办“走进青春期”为主题的相关活动,了解学生对知识的掌握情况。

相关知识链接

1.女性生殖系统的组成

(1)女性内生殖器包括阴道、子宫、输卵管及卵巢。

①卵巢：卵巢是女性的性腺器官，内有许多卵泡，能产生并排出卵子，分泌性激素，维持女性特有的生理功能及第二性征。至绝经后，卵巢逐渐萎缩。

②输卵管：输卵管具有输送精子和卵子的功能，并且还是精子和卵子相遇受精的地方。受精后，孕卵经输卵管进入子宫腔着床。

③子宫：子宫是孕育胎儿的场所，受精卵在这里着床，逐渐生长发育成成熟的胎儿，足月后，子宫收缩，娩出胎儿。女性从青春期到更年期期间，如果没有受孕，子宫内膜会在卵巢激素的作用下发生周期性变化及剥脱，产生月经。子宫又分为子宫体、子宫颈和子宫血管。

④阴道：阴道是经血排出和胎儿自母体娩出的肌性通道，又是性交器官。

(2)女性外生殖器：指生殖器官的外露部分，又称外阴，系指两股内侧从耻骨联合至会阴的区域，包括阴阜、大小阴唇、阴蒂、前庭、尿道口、阴道口及处女膜、前庭大腺、会阴等。

2.关于月经

(1)月经来潮：正常育龄女性每个月随着人体性周期的变化来一次月经，第一天来的月经称为月经来潮。往往于排卵后9~10天，此时黄体萎缩，雌激素和孕激素分泌量下降，子宫内膜逐渐萎缩、脱落、出血，此即表现为月经来潮。

(2)月经初潮：第一次月经来潮称为月经初潮，为青春期的重要标志，一般年龄为12~18周岁，极少数早于10岁或迟于18岁才来月经。

(3)痛经：痛经是指妇女在经期及其前后，出现小腹或腰部疼痛，甚至痛及腰骶部。严重者可伴恶心呕吐、冷汗淋漓、手足厥冷，甚至昏厥，给工作及生活带来影响。目前临床常将其分为原发性和继发性两种。原发性痛经多指生殖器官无明显病变者，故又称功能性痛经，多见于青春期少女、未婚及已婚未育者。此种痛经在正常分娩后多可缓解或消失。继发性痛经则多因生殖器官有器质性病变所致。本病属妇科临床的常见病，据有关调查表明，痛经的发病率为33.19%。

(4)月经失调：也称月经不调，是妇科常见病，表现为月经周期不稳定或出血量的异常，或是月经前、经期时的腹痛及全身症状，病因可能是器质性病变或功能失常。许多全身性疾病，如血液病、高血压病、肝病、内分泌病、生殖道感染、肿瘤(如卵巢肿瘤、子宫肌瘤)等均可引起月经失调。

第8课 男孩成熟的标志——遗精

【教学目的】

让学生了解遗精是男性正常的生理变化并能顺利地接受这种变化,同时掌握男性卫生保健知识。

【教学内容与分析】

1.教学内容解读

本课以不同年龄的两个男生形态的比较,了解男孩青春期的秘密。通过“健康指南针”使学生知道遗精是男孩长大了的标志,从而使学生正确认识男孩的青春发育期;通过“健康加油站”的学习,知道遗精是正常现象,同时了解频繁遗精会影响身体健康;“健康面面观”引导男孩愉快地度过青春期;“健康碰碰车”主要是反思体验,从而养成良好的个人卫生习惯。

2.相关知识点

(1)遗精的概念。

(2)遗精是正常现象。

3.教学重点

(1)了解遗精现象的形成。

(2)了解遗精是男性特有的生理现象,是男孩子青春期发育的重要标志。

(3)正确对待遗精现象。

4.教学难点

养成良好的生活习惯和个人卫生习惯,积极参加文明健康的文体活动。

5.教学准备

视频演示或挂图(结合课本图示)。

教学过程参考

1.课程讲授过程建议

1)引入

(1)视频播放引导学生回忆思考两年前的我与现在的我外形上有什么变化。提问引入:男孩青春期还有很多秘密,你们想知道吗?(教师板书“男孩成熟的标志——遗精”)

(2)探究揭示秘密,了解秘密,正确认识秘密(在学生充分认知的基础上教师引导得出结论)。

①从幼儿时期过渡到成人时期的阶段中,我们自身的机体在生长、发育、代谢、内分泌功能及心理状态诸方面均发生着显著变化。在这一过程中,有时男孩子会出现精液自行滑出的现象。第一次出现这种现象时,我们就称为首次遗精。

②遗精是男性特有的生理现象,是男孩子青春期发育的重要标志。

③要正确对待遗精现象。首次遗精后大多数男孩都会为遗精而羞涩、紧张和不安。他们发生遗精后,不敢让人知道,好像做了什么见不得人的事似的。遗精后如觉得身体有些不适,便会疑心是遗精造成的,担心会生病。要告诉学生,这没关系,男性进入青春期,在内分泌的影响下,发育迅速,生殖器官发育成熟后,不断地产生精子和精液,生殖器官受到内外刺激,可不自觉地将精液排出体外。或者精子、精液多了,精囊容纳不下,也会排出体外,即所谓“精满自溢”。这些都是正常的现象。男性青少年首次遗精之后,就会不断地出现遗精现象,一般都在睡梦中发生,隔10~15天发生一次遗精,不会影响身体健康,不必惊慌害怕。首次遗精一般发生在12~16岁,当然也存在个体差异,有的可能更晚一些。大家勿把生理现象视为疾病,增加精神负担,但同时对频繁的遗精也应引起足够的重视。正在学习阶段的男生们,要以科学的态度对待遗精,并保持乐观与自信的良好情绪,建立正常而有规律的生活作息制度,这样遗精就会自然减少。当然作为病理性遗精,就应及时到医院去治疗。

2)自主合作交流

(1)请学生谈一谈自己的成长变化。

(2)请学生谈一谈如何养成良好的生活习惯,保持乐观与自信的良好情绪,积极参加文明健康的文体活动。

2.课堂小结建议

我们通过学习知道了什么是遗精,应该怎样正确对待,那么请同学们思考一下我们在青春发育期该怎么做呢?

3.教学评价建议

让学生谈谈青春期是怎么做的,该怎么做?学生自评、互评相结合。

相关知识链接

1.青春期的定义

随着年龄的增长,我们的身体在悄悄发生变化,特别是进入青春期以后,这种变化更为明显。那么什么是青春期呢?青春期是指由儿童发育到成人的一段快速发展期。从医学的角度来看,青春期是指从第二性征出现至生殖器官逐渐发育成熟,获得性生殖能力的一段生长发育期。其最突出的特点是性发育,所以又称为性成熟期,同时也是决定一生的体质、心理、行为和智力发育的关键时期。世界卫生组织认定男性青春期年龄范围为10~19岁;一般女孩的青春期发育比男孩早开始1~2年,同时也受到种族、地区、营养、精神因素等多方面的影响。

2.进入青春期以后男孩、女孩各自的身体变化

进入青春早期以后,以体格的生长突增为主要表现。

(1)第一性征的发育。内外生殖器官进一步发育,生殖器官从幼稚型变为成人型。女孩的第一性征发育包括卵巢增大、子宫增大、输卵管变粗、阴道长度及宽度增加等。男孩的睾丸开始发育,睾丸增大的平均年龄为11~12岁。同时阴囊也增大,皮肤变薄、变红。阴茎也开始增大,阴茎突增的平均年龄在12.5岁。

(2)第二性征出现。女生的第二性征发育包括声调变高、乳房丰满而隆起、腋毛阴毛出现、骨盆更宽大、皮下脂肪增多等。男生的第二性征发育包括有声音低沉、喉结突出、毛发呈男性分布、有胡须、骨骼粗长、肌肉发达等。

3.睾丸与阴茎

睾丸:是男性的主要生殖器官,具有产生精子和分泌雄性激素的功能。人的睾丸位于阴囊内,呈微扁的椭圆体,左右各一。睾丸随着性成熟迅速生长,老年人的睾丸随着性机能的衰退而萎缩变小。

阴茎:呈圆柱状,其根部附着于耻骨上,头部形似龟头,具有排尿和射精功能。

性腺:是生殖系统的重要组成部分,是人体中可以分泌性激素的器官,主要指男性的睾丸和女性的卵巢。睾丸可分泌男性激素睾丸酮(睾酮),卵巢可分泌卵泡素、孕酮、松弛素和雌性激素。性腺可以促进生殖器官以及其他人体器官的发育,并且促进青春期人体第二性征出现,是生殖系统的重要组成部分。

4.遗精的概念

遗精是指在没有性交或手淫的情况下出现的精液自行泄出的现象，是一种正常的生理现象。遗精不是月经,所以遗精是没有规律可言的,以前有遗精,现在消失了,是很正常的事情。男生首次遗精年龄平均为14~16岁,也有报告首次遗精的最小年龄为10周岁。

5.遗精发生的原因

由于青春期的男孩在生理、心理上迅速发育成熟,男孩子随着青春发育的启动,下丘脑开始活动,分泌出一系列多肽释放激素作用于脑垂体,脑垂体在接到下丘脑的有关指令后便立即行动,分泌多种激素,其中的促性腺激素,可促进男子睾丸成熟,生成精子和分泌雄性激素。睾丸产生精子,精囊腺、前列腺等分泌精浆,二者组成精液。当精液量超过附睾和精囊的储存限度时,就会出现"精满自溢"的现象,反射性地引起射精,使精液自尿道溢出体外,这时候遗精现象便不可避免地发生了。

6.遗精相关的健康保健

遗精是正常的,对健康没有影响,不必为此产生恐惧心理和精神负担,但是青春期的男孩要注意生理卫生。男孩子不宜穿过紧的裤子,因为睾丸对温度极为敏感,经常穿紧身裤可使阴囊皮肤增厚,使睾丸位置升高,从而导致睾丸温度高于正常温度,影响睾丸中精子的发育。此外,裤子过紧增加对阴茎头的摩擦,容易引起性冲动。男孩还要注意保持外生殖器的清洁,经常翻转包皮,清洗其中污垢,以防炎症的发生。

7.手淫的概念

手淫是指通过自我抚弄或刺激性器官而产生性兴奋或达到性快感的一种行为，目的是引起性乐趣而并不一定达到性高潮。

"手淫"是青春期正常的心理现象。进入青春期以后,在正常的性发育和性激素的共同作用下,少男少女们会自然而然地产生性冲动。他们对有关性的问题充满了好奇与憧憬,因此他们会在生理与心理的双重驱使下开始手淫。由于性冲动受到血液中的激素水平的影响,所以这是一种不以人的意志为转移的现象。虽然手淫是正常的生理现象,不会对身体健康造成影响,但是如果长期手淫,甚至沉湎其中,势必伤害身体。因此青少年在有过手淫行为以后应该勇敢地与家长、教师交流沟通。没有必要为此过分紧张甚至恐惧害怕,也没有必要过分关注,亦不必为此自卑,认为"见不得人""思想不干净""低级下流",并羞于启齿。当然青少年朋友们也应该提高自我控制和自我约束的能力,尽量减少手淫的频率。同时,家长、教师要认识到手淫是一种正常现象,不要责备孩子,要正确地引导他们,以免让孩子们背上沉重的精神包袱。

第9课 防范性侵犯

【教学目的】

1.让学生认识什么是正当接触。

2.让学生认识什么是性侵犯，了解性侵犯的形式。

3.让学生掌握防范和应对性侵犯的主要措施和方法。

4.让学生了解性侵犯发生的时间和主要场所，培养学生的观察分析能力和应急处理能力。

5.使学生正确对待生活中的性侵犯，培养学生"珍惜生命，关爱健康"的生活态度，树立自我保护意识。

【数学内容与分析】

1.教学内容解读

本课由"引入""健康指南针""健康加油站""健康面面观""健康碰碰车"组成。

"健康指南针"和"健康加油站"是本课的重要内容，它包括正当接触的定义、性侵犯的概念、预防性侵犯的措施和方法。

"健康面面观"是本课知识的拓展与补充，被性侵犯后应该怎样做、性侵犯的误区等。

"健康碰碰车"主要是对知识的巩固，用学过的知识演练怎样预防性侵犯。

2.相关知识点

(1)正当接触的概念。

(2)性侵犯的定义。

(3)预防性侵犯的措施和方法。

3.教学重点和难点

(1)性侵犯的形式。

(2)性侵犯的预防方法。

(3)使学生正确对待生活中的性侵犯,培养学生“珍惜生命,关爱健康”的生活态度,树立自我保护意识。

教学过程参考

1.课程讲授过程建议

活动设置1

(1)以《平平的故事》的形式引入新课,提出问题,激发学生兴趣,共同探讨问题,遇到平平这样的情况,你该怎么做。

(2)学生可以七嘴八舌进行讨论。

活动设置2

(1)什么样的行为才能被称为性侵犯?哪些人容易受性侵犯。建议阅读教材“健康指南针”部分,让学生通过阅读教材,知道什么是正当接触。让学生举例生活中哪些情况下是正当接触,根据学生的回答,教师可用多媒体展示一些正当接触的图片。

(2)教师通过多媒体呈现一些性侵犯的图片,如拥挤的公交车上的性侵犯、对异性吹口哨、给异性看黄色书刊等,引出性侵犯的概念。让学生阅读教材“什么是侵犯”。

(3)教师归纳什么是性侵犯时,可通过教材的小贴士,让学生了解性侵犯的误区:认为性侵犯只会是被陌生人侵犯;强奸和乱伦才是性侵犯;只有女孩才会被性侵犯;向别人提供性讯息、用猥亵的语言挑逗他人、给他人看黄色书刊等不是性侵犯。

活动设置3

(1)小组讨论:怎样预防性侵犯?课前可让学生做课前学习,网上查阅资料、咨询家长等形式,了解预防性侵犯的方法。小组将讨论结果进行汇报展示。

(2)教学过程中,教师可与学生进行互动交流,让学生面对性侵犯时,能坚决大声说“不要碰我”“我不认识你”等。

活动设置4

(1)可呈现一个案例,一个小女孩被性侵犯后,她应该怎么做,让同学们帮她出主意。归纳得出:告诉爸爸、妈妈;留取证物、报警;到医院检查身体;看心理医生。(这个时候一定要告诉同学们,遇到性侵犯,又无法脱离魔掌时,我们一定要保护自己的生命、记住坏人的长相、逃离时及时报警,将坏人绳之以法)。

(2)出示一首儿歌,让学生时刻牢记,怎样预防性侵犯,怎样保护自己。

活动设置5

“健康碰碰车”可通过小组活动、小组演练的形式，检验学生掌握“怎样预防性侵犯”的情况。

2.课堂小结建议

同学们，通过这节课的学习，你学会了什么，懂得了什么？

3.教学评价建议

本课的教学目的是让学生学到知识并运用这些知识，通过教学活动的设置，让学生参与第一项活动，发挥学生学习的主动性。

(1)让小组讨论，分析如何应对案例中可能出现的情况。

(2)让学生谈谈如何保护自己。

相关知识链接

性侵犯是性伤害的一种形式，是一方通过语言上或形体的有关性内容的侵犯或暗示，给另一方造成心理上的反感、压抑和恐慌。常见的性侵犯有身体一定的接触、言语的接触、以性行为为贿赂或要挟的行为等，最严重的性侵犯就是强奸。性侵犯会给受害者带来一系列负面影响，最主要的是造成心理伤害；其次是性格发生转变，不愿与人交往；影响个人未来。因此性侵犯不只是受害者的个人问题，也是一个重要的社会问题，应该引起足够的重视。

1.性侵犯的主要形式

(1)暴力型性侵犯

暴力型性侵犯，是指犯罪分子使用暴力和野蛮的手段，如携带凶器威胁、劫持受害者，或以暴力威胁加言语恐吓，从而对女生实施强奸、猥亵等。

(2)胁迫型性侵犯

胁迫型性侵犯，是指利用自己的权势、地位、职务之便，对有求于自己的受害人加以利诱或威胁，从而强迫受害人与其发生非暴力型的性行为。

(3)社交型性侵犯

社交型性侵犯，是指在自己的生活圈子里发生的性侵犯，与受害人约会的大多是熟人、同学、同乡，甚至是男朋友。社交型性侵犯又称“熟人强奸”“沉默强奸”“酒后强奸”等。受害人身心受到伤害以后，往往出于各种考虑而不敢加以揭发。

(4)诱惑型性侵犯

诱惑型性侵犯，是指利用受害人追求享乐、贪图钱财的心理，诱惑受害人而使其受到的性侵犯。

(5)滋扰型性侵犯

滋扰型性侵害的主要形式:一是有意识地接触女生的胸部、躯体和大腿等处,在公共汽车、商店等公共场所有意识地挤碰女生等;二是暴露生殖器等变态式性滋扰;三是向女生寻衅滋事,无理纠缠,用污言秽语进行挑逗或者做出下流举动调戏、侮辱女生。这种类型的性侵犯甚至可能发展成为集体轮奸。

2.性侵犯易发的场所和时间

(1)夏季

夏季是女生容易遭受性侵害的季节。夏季校园内绿树成荫,罪犯作案后容易藏身或逃脱。同时,由于夏季气温比较高,女生衣着单薄,裸露部分较多,因而对异性的刺激增多。

(2)夜晚

夜晚是受害者容易遭到性侵害的时间。夜晚光线暗,犯罪分子作案时不容易被发现,在夜晚女生应尽量减少外出。

(3)公共场所和僻静场所

公共场所和僻静场所是女生容易遭受性侵害的地方。这是因为公共场所如教室、礼堂、舞池、溜冰场、游泳池、车站、码头、影院、宿舍、实验室等场所人多拥挤时,不法分子乘机袭击女生;僻静之处如公园假山、树林深处、背街小巷、楼顶晒台、没有路灯的街道楼边、尚未交付使用的新建筑物内、夜间电梯内等地人少,犯罪分子作案时不容易被发现。

第10课 正确使用网络

【教学目的】

使学生了解网络陷阱以及青少年网络成瘾的特点和危害，做到文明上网。

【教学内容与分析】

1.教学内容解读

网络的出现，将人们彼此之间更紧密地联系在一起。对于新世纪的青少年，网络带来了大量新鲜有趣的事物，它神魔般快速地征服了青少年的心。本课的网络专题健康教育对学生起着积极作用，教学时除了要求教师讲授关于网络给人们提供便利条件外，更应让学生知道现实中存在的网络陷阱，要联系实际，让他们明白网络成瘾的危害，懂得要养成良好上网习惯的重要性。本课内容由“引入”“健康指南针”“健康加油站”“健康碰碰车”组成。

“健康指南针”是课文重要部分，包含的主要内容有网络是宝、网络有陷阱、文明上网。

“健康加油站”联系实际，介绍青少年网络成瘾的特点和危害。

“健康碰碰车”主要是要学生小组讨论如何避免网络陷阱，并利用了解的知识来制作“安全上网金点子卡”。

2.相关知识点

(1)网络陷阱以及青少年网络成瘾的特点和危害，做到文明上网。

(2)安全上网，养成良好的上网习惯。

3.教学重点

网络陷阱以及青少年网络成瘾的特点和危害。

4.教学难点

教导学生联系生活实际安全上网，养成良好的上网习惯。

教学过程参考

1.课程讲授过程建议

引入

教师通过谈话引入新课，从课文的例子着手，引导学生思考“为什么这些同学变成这样？”,让同学们畅所欲言,谈谈自己或者身边的人是否掉进了这些“陷阱”;然后进入“健康指南针”引导学生说说“你对网络的了解”。教师小结:虽然我们知道了“网络是宝”,然而网络并不是一块纯洁的净土,网络资讯良莠不齐,泥沙俱下。同学们一定要小心网络中的陷阱!

活动设置 1

教师介绍网络有哪些网络陷阱,让学生了解游戏陷阱、聊天陷阱、不良网站陷阱。教师要通过课本上举的例子和学生交流网络带来的危害,可以让学生勾画出沉迷于网络游戏的三大症状:沉迷其中,荒废学业;受暴力色情等不良网络信息的影响,终日想入非非;为获取上网费用铤而走险。让学生清楚游戏陷阱带来的危害,提醒学生游戏陷阱对他们的身心健康都有伤害。

活动设置 2

充分发挥学生的主体作用,放手让他们说说聊天的陷阱和不良网站的陷阱。通过图中人物的行为,师生交流怎样才能避免网络陷阱,安全使用网络。让学生畅所欲言,站在他们的角度,说出他们最真实的想法。

活动设置 3

读一读《青少年文明上网公约》,让学生记住这些正确安全使用网络的道德规范和行为准则,号召学生从我做起,从现在做起,不沉溺网络,争做网络的文明使者。

活动设置 4

谈话思考:网络成瘾的特点和危害有哪些?课本中归纳总结了几点,是要求学生能够清楚分辨的。当然现实生活中的“网络成瘾”只是极少数,教师和家长要给予他们正确的指导。

活动设置 5

小组合作交流:制作完成“健康碰碰车”中的“安全上网金点子卡”,引导学生自主学习安全文明上网的方法。教师可以补充或者给学生总结,例如教会他们时间管理技术,制作上网时间提示卡片或运用闹钟定时,按照规定的时间及时下网;将网络的危害列在卡片上,放在显示器旁边,以随时自我提醒;制订学习及娱乐的计划,按重要性进行排序,由家人或教师监督完成;如果靠自己不能控制上网的时间,可以采取求助家长到时提醒或给电脑设置密码的方式。

教师教学时一定要从学生的身边事例出发,使他们真正地明白网络陷阱的弊端。从学生玩小游戏开始敲醒警钟,多采纳“金点子”上面的内容,让学生远离网络成瘾的问题。

2.课堂小结建议

(1)通过这节课的学习,你学会了什么,懂得了什么?

(2)人类步入信息时代,网络越来越强烈地介入我们的生活,我们不能掉以轻心,要避免网络陷阱,争做网络文明小使者。

3.教学评价建议

教学目的是让学生学到知识并运用这些知识。通过对本课的教与学,学生对网络陷阱相关知识的了解、掌握情况如何,可以做一些评价,其方法可以是:由学生提出更多的行为和做法,大家进行评判,教师总结;或教师设计一些情况,让学生进行评判。

相关知识链接

网络与网络成瘾

1.网络的重要性和未来发展趋势

互联网在中国的普及,使得网络向社会生活的渗透明显提速。网上学校、商场、图书馆、医药、银行、证券、电影院、音乐厅大量增加,互联网服务形式和内容从深度和广度上不断扩展,人们足不出户就可以自由轻松地在网上进行各种活动。调查显示,超过九成的网民认为,互联网不仅提升了人们的生活质量和工作效率,而且改变了人们的生活、工作和思维方式,它已经从最初的辅助性工具逐渐成为很多人日常生活、工作和学习的重要组成部分。

2.网络对青少年的正面意义

(1)互联网为青少年提供了求知和学习的广阔园地。

(2)互联网为青少年获得各种信息提供了新的渠道。

(3)互联网有助于青少年不断提高自身技能。

(4)互联网有助于拓宽青少年的思路和视野,加强青少年之间的交流和沟通,增强青少年的社会参与度,开发青少年内在的潜能。

3.网络对青少年的负面影响

(1)许多青少年沉溺于网络的虚拟世界,脱离现实,导致非人格化的倾向。

(2)导致青少年人际交往的障碍。

4.如何正确运用网络

认识互联网宽广的发展空间和巨大的市场潜力,利用好互联网提供给我们的自由交流的空间，共享文化、学术信息，找到一个平衡点，扬长避短，发挥它有利的方面，消除其负面影响，不断提高自身文化品位需求，积极应对网络的弊端，实现自己的理想抱负。

5.网络成瘾的概念

网络成瘾是 Goldberg 最早提出的，简称 IAD，是指在无成瘾物质作用下的上网行为冲动失控，表现为过度使用互联网而导致个体产生明显的社会、心理功能损害。

6.网络成瘾的诊断

根据临床表现网络成瘾分成 5 种类型：

(1)网络性成瘾：指成瘾者沉迷于观看、下载、阅读和交换色情视频或文字作品。

(2)网络关系成瘾：指成瘾者将全部精力投注于在线关系中，网友变得比现实生活中的朋友更为可靠、重要和值得信赖。

(3)信息收集成瘾：指成瘾者花大量时间致力于网上查找和搜集信息，长时间滞留在信息爆炸的网络空间无法自拔。

(4)网络游戏成瘾：指成瘾者将大量时间、精力和金钱花费在网上赌博、大型网游、血腥暴力游戏和网页桌面游戏等活动中。

(5)计算机成瘾：指成瘾者沉迷于计算机程序设计开发，无时间概念，饮食休息得不到保障，以致影响了正常的学习和工作。

7.如何预防网络成瘾

学生迷恋网络不能自拔形成瘾症，严重影响到了自己的身心健康。教师和家长必须采取一定的措施来应对这一现象，使他们摆脱网络的负面影响，回到正常的生活轨道中来。

(1)加强对网络知识教育。首先帮助学生树立正确的网络观念，认清网络的本质。网络只是一个信息桥梁，是可以获取知识的学习工具，是丰富业余时间，缓解学习压力的娱乐工具，不可把网络作为逃避现实生活问题或者消极情绪的消遣工具。

(2)对学生进行心理健康咨询服务。学校应建立学生心理服务中心，加强对网络成瘾问题学生的心理辅导和帮助学生的理性自觉。

(3)建设丰富多彩的校园文化生活。通过参加丰富多彩的课余活动，培养业余兴趣如打球、游泳、听音乐、散步和朋友逛街等来调节成瘾者的生活节奏，使其坐在电脑前的时间越来越少。

(4)学校为学生创造良好的上网学习环境。

(5)加强网络的法制管理。

8.科学戒除网络成瘾

(1)自我提醒法：将上网的好处和坏处分别列在一张对称的纸上，按程度轻重排好顺序，每天做思想斗争 10~15 次，每次 4~10 分钟，尤其是在瘾发时。也可以将好处和坏处分别贴在显眼的地方，每天多时段内默念或大声对自己念上网的坏处，战胜自己关于上网不合理的观念。

(2)自我暗示法：如果又有了沉迷网络的念头时反复自我暗示，每当抵制住了诱惑，认真学习(工作)，度过充实的一天后，就进行自我鼓励，如“今天我又赢得了一次胜利，继续坚持，加油”。这样不断强化，形成良性刺激，加强自己的意志，使上网的欲望得到抑制。语言暗示既可通过自言自语，也可将提示语写在能经常看到的地方，时刻鞭策自己专心去做。

(3)厌恶疗法：在左手腕带上粗的橡皮筋，当自己有上网念头时立即用右手拉弹橡皮筋，橡皮筋回弹便会产生疼痛感，转移并压制上网的念头。拉弹的同时，还要提醒自己，网瘾有危害。

(4)想象满灌法：想象自己上网成瘾后的种种极端后果，如被大家看不起，被别人羞辱，对不起自己的父母、亲人等，想象自己长时间上网后萎靡不振的颓废样子，使自己厌恶“现实自我”的形象，并用“理想自我”激励自己。

(5)转移注意法：在其他活动中寻找快乐，如听一些优美抒情的音乐，去运动场跑步、打球等，做些除了上网以外的业余活动。

(6)规范生活法：打破紊乱的生活节奏，重新规范每天的作息时间，没有特殊情况不打破规律，并在最易出现上网行为的时间段安排不同的活动，让更多更有意义的事充实自己的生活，感受生活的乐趣和意义。

(7)系统脱敏法：与家人或好朋友定出总体计划，由家人或好朋友监督实施，在两个月内逐步减少上网时间，最终达到偶尔上网或不上网。如原来每天沉迷网络12小时以上，则第1周减为10小时，第2周8小时，第3周6小时，第4周4小时。自己若能按计划执行，则由家人、朋友或是自我给予奖励；做不到时，则给以惩罚。

(8)放松训练法：在运用系统脱敏法的过程中，应对戒除网瘾中出现的紧张、焦虑、不安、气愤等不良情绪，采用肌肉放松法、想象放松法、深呼吸放松法以稳定情绪，振作精神。

第11课
“白色瘟疫”——肺结核

【教学目的】

让学生知道什么是肺结核病,它是怎样传播的,我们该怎样预防。

【教学内容与分析】

1.教学内容解读

本课主要为学生介绍什么是肺结核病,它的预防方法是怎样的。课文从文学名著的人物形象入手介绍肺结核。“健康指南针”不仅讲了肺结核病的传播途径和预防方法,而且还从流行时间和范围上拓展讲了结核病的严重危害。“健康加油站”为学生们介绍了“世界防治结核病日”和全世界的人们是怎样积极防治结核病的。“健康碰碰车”设计了让学生写建议书的作业,目的是让学生能更深刻地认识结核病并形成一种社会责任感。

2.相关知识点

结核病:指由结核杆菌引起的慢性传染病。

3.教学重难点

让学生知道什么是肺结核病,它是怎样传播的,我们该怎样预防。

教学过程参考

1.课程讲授过程建议

活动设置1:谈话引入

(1)教师:同学们,你们看过《红楼梦》吗?《红楼梦》中的女主角林黛玉给你们留下了什么

样的印象？（让学生自由谈自己对林黛玉的印象）

（2）教师：林黛玉这个可怜的女子最后就是被肺结核夺去了年轻的生命。那么什么是结核病呢？（引入课题：白色瘟疫——肺结核）

活动设置 2:学习新课

（1）让学生阅读课本第 55~56 页关于结核病的介绍。

（2）教师提问：你从上面的学习中获得了哪些信息？

让学生根据课文内容谈自己的理解，如结核病是由结核杆菌引起的慢性传染病，以肺结核最为常见。结核病在世界上早就存在了，它流行的范围很广，危害很大……

（3）教师提问：那结核病又是怎样传播的呢？（引导学生看图读文，了解结核病的传播途径）

（4）教师：结核病虽然危害大，容易传播，但同学们也不用惊慌，因为结核病是完全可以预防的。下面，让我们一起去看看怎样有效预防结核病吧！

让学生阅读课本第 57 页内容，了解结核病预防的几个要点：

①接种卡介苗。②定期体检。③养成良好个人卫生习惯。④积极锻炼，增强体质。

其中最直接有效的方法就是接种卡介苗，每个孩子在出生后 10 多天就会免费接种卡介苗。

（5）教师补充介绍：在我国，为肺结核病可疑者做检查免费，传染肺结核病人的治疗也是免费的。这可以看出我国政府对防止结核病相当的重视，对人民的身体健康也是很关心的。

（6）教师:哪些人容易感染上结核病呢？我们又该如何与结核病人相处呢？（让学生先自由讨论，然后看课本第 59 页的建议）

活动设置 3：写建议书

走进“健康碰碰车”，让学生分组讨论，写一份建议书。

2.课堂小结建议

（1）同学们，预防结核病，人人有责。让我们一起来写一份倡议书，号召更多的人加入到预防结核病的队伍中吧！

（2）让学生自由发表自己的意见和建议，然后将这些意见和建议收集起来，全班写一份建议书。

3.教学评价建议

课后教师可检查学生所写的建议书，并为建议书提出修改的意见。

相关知识链接

1.预防控制肺结核的核心信息

（1）肺结核是一种严重危害人们健康的慢性呼吸道传染病。

肺结核俗称“痨病”，是由结核杆菌侵入人体肺部引起的呼吸道传染病。肺结核主要通过病人咳嗽、打喷嚏或大声说话喷出的飞沫传播给他人。得了肺结核如果不能及时、彻底治疗,会对自己的健康造成严重的伤害,而且还会传染他人。

(2)咳嗽、咳痰2周以上,或痰中带血丝,应怀疑得了肺结核。

肺结核的一个重要症状就是连续咳嗽、咳痰2周以上,如果同时痰中带有血丝,就极有可能得了肺结核。肺结核其他常见的症状还有胸痛、盗汗、午后低烧、全身疲乏、食欲减退等。

(3)怀疑得了肺结核,应到县(区)级结防机构接受检查和治疗。

我国各县(区)都设有结核病防治机构,专门负责肺结核的诊断、治疗和管理工作。怀疑得了肺结核,应及时到这些正规的医疗机构检查和治疗。及时发现、及时诊断、及时治疗是肺结核治愈的关键。

(4)在县(区)级结防机构检查和治疗肺结核,可享受国家免费政策。

县(区)级结核病防治机构为第一次检查的肺结核可疑症状者免费提供痰涂片和X光胸片检查;为活动性肺结核病人提供国家统一方案的抗结核药物、治疗期间的痰涂片检查及治疗结束后的X光胸片检查。

(5)只要坚持正规治疗,绝大多数肺结核患者是可以治愈的。

新发传染性肺结核的治疗一般不能少于6~8个月,而且中途不能漏服和间断服药。如果私自停药或间断服药,不但极易复发,还有可能产生耐药性,耐药后的肺结核患者治疗技术复杂,治疗时间更长、产生的费用更多。

(6)全社会都应关心和帮助结核病患者,共同营造没有歧视的社会环境。

肺结核病人开始规范治疗2~3周后,传染性会大大降低,大多数病人可在家里进行治疗和康复。关心、不歧视肺结核病人可以促进结核病的防治,有利于社会的和谐稳定。

2.中国结核病防治徽标

中国结核病防治徽标为蓝白组合。白色醒目,提醒人们时刻不忘曾有“白色瘟疫”之称的肺结核的危害;白色部分又是“人”的形状,寓意人人参与结核病防治工作。蓝色部分则表示最终使人类免受结核的危害,处于宁静和谐的状态。

徽标以“结核”的英文简写字母“TB”为主要设计元素构成一圆形的图案,字母经变化组合又构成“人”的形象,同时还构成了“中国”的英文首字母“C”及英文“预防、控制”的首字母“P、C”,体现了结核病预防与控制的内涵。人的形象,表达了结核病防治工作的含义,体现了以人为本,创建和谐社会的意蕴。开放的图形,象征中国结核病防治工作立足国内,服务社会。圆形的图案,寓意中国结核病防治工作取得圆满的成就。

第12课
远离危险，珍爱生命

【教学目标】

1.让学生认识生活中常见的6种安全标志及作用，养成自觉远离危险物，提高自我保护的能力。

2.让学生认识异物梗阻的概念和预防方法。

3.掌握异物梗阻的急救方法，学会自救和救护。

【教学内容与分析】

1.教学内容解读

本课从一篇新闻报道“湖南某校学生在汞作坊用矿泉水瓶装水银玩耍，引发中毒”，引出课题——“珍爱生命，远离危险物”。本课内容由“引入”“健康指南针”“健康加油站”“健康面面观”“健康碰碰车”组成。

“健康指南针”和“健康加油站”是本课的重要内容，它包括高压、易爆、易燃、剧毒、放射、生物安全6种常见安全标志，以及哪些区域和地方会出现这样的标志；异物梗阻的预防与急救。通过学生相互交流、亲身体验等，达到教学内容与生活实际相结合的目的。

“健康碰碰车”主要是对知识的巩固，指导学生演示并实践异物梗阻的急救方法。

2.相关知识点

(1)高压、易爆、易燃、剧毒、放射、生物安全6种常见安全标志及作用。

(2)异物梗阻的定义。

(3)如何预防异物梗阻。

(4)异物梗阻的救护方法。

3.教学重点和难点

(1)让学生掌握高压、易爆、易燃、剧毒、放射、生物安全6种常见安全标志。

(2)让学生理解异物梗阻的定义,掌握异物梗阻的预防方法和救护。

教学过程参考

1.课程讲授过程建议

师:同学们,当我们听到一些无端横祸向我们学生飞来的噩耗时,当我们看到一些触目惊心、惨不忍睹的灾难在我们身边发生时,你会想到什么?你是感叹,还是惋惜?

学生自由发言:(略)

如果我们懂得一些安全知识,认识安全标志,有些事故是完全可以避免或减少的。

活动设置1

(1)让学生讨论:生活中你认识哪些安全标志?教师根据学生归纳常见的高压、易爆、易燃、剧毒、放射、生物安全6种安全标志。

高压警示标志,主要警示该区域有高压电危险,警示人们远离。易爆警示标志,警示该区域有易爆物品,这些易爆品受热、受压、受撞击会发生爆炸。易燃警示标志,警示该区域或物品易燃烧、易发生火灾。剧毒警示标志,警示该物品有剧毒,不要接触该物品。放射警示标志,警示此处或此物品有电离辐射危险,应远离。生物安全警示标志,在医院中常见,警示该区域或物品中有致病生物、细菌,对人体及环境有害。

(2)小组讨论:阅读教材,你通常在哪些地方看见过这些标志。

(3)阅读小贴士,了解医疗垃圾的危害。

活动设置2

通过检测反馈,让学生认识安全标志,学会判断生活中一些不安全行为。

活动设置3

(1)采用多媒体方式展示一组图片:鱼骨卡喉、花生米卡喉、果冻卡喉,让学生知道异物梗阻的概念及危害。

(2)学生讨论,怎样预防异物梗阻。

(3)教师可用“健康碰碰车”的第2题“五年级学生小军吃花生时,不小心噎住了”,引出异物梗阻急救方法的内容。

(4)用视频形式,教学成人发生梗阻时的急救方法(海姆立克急救法),通过观看视频,让学生体验实践。

(5)教学“自己发生异物梗阻时的急救”，通过观看图示或阅读教材的形式，学生可按图示进行实践体检。

(6)教学“儿童异物梗阻的急救方法”(3岁以下孩童)，建议仍用视频教学的形式。根据视频让学生归纳急救的方法。建议用辅助教学工具——玩具婴儿，让学生体验急救的方法。

(7)阅读小贴士：海姆立克教授的事迹。

活动设置4

让学生根据所学内容解决“五年级学生小军吃花生时，不小心噎住了，我们该采取怎样的急救方法”的问题。(小组讨论后，小组演示急救方法)

2.课堂小结建议

同学们，通过这节课的学习，你学到了什么？

3.教学评价建议

(1)师生共同进行(讨论交流)。

(2)本课容量大，专业性强，建议多采用形象生动的视频和丰富的图片、案例进行教学；对知识点教学后，及时对学生掌握知识的情况进行检测评价。

相关知识链接

安全标志

安全标志由安全色、几何图形和图形符号构成，用以表达特定的安全信息。安全标志可以和文字说明的补充标志同时使用。安全标志除分为禁止标志、警告标志、指令标志、提示标志四类外，还有补充标志。

(1)禁止标志：禁止标志的含义是不准或制止人们的某些行为。禁止标志的几何图形是带斜杠的圆环，其中圆环与斜杠相连，用红色；图形符号用黑色，背景用白色。我国规定的禁止标志共有 28 个，如禁止攀登等。

(2)警告标志：警告标志的含义是警告人们可能发生的危险。警告标志的几何图形是黑色的正三角形，黑色符号和黄色背景。我国规定的警告标志共有 30 个，如当心触电等。

(3)命令标志：命令标志的含义是必须遵守。命令标志共有 15 个，如必须戴安全帽、必须穿防护鞋、必须系安全带、必须戴防毒面具、必须戴防护手套、必须穿防护服等。

(4)提示标志：提示标志的含义是示意目标的方向。提示标志的几何图形是方形，以绿、红色为背景,图形符号及文字用白色。提示标志共有13个,如安全通道等。

(5)补充标志:补充标志是对前述四种标志的补充说明,以防误解。补充标志分为横写和竖写两种。横写的为长方形,写在标志的下方,可以和标志连在一起,也可以分开;竖写的写在标志杆上部。补充标志的颜色:竖写的,均为白底黑字;横写的,用于禁止标志的为红底白字,用于警告标志的为白底黑字,用于指令标志的为蓝底白字。

第13课 骨折的救护

【教学目的】

(1)让学生了解骨折的主要表现,知道如何预防骨折。

(2)让学生掌握骨折的临时固定方法,以及对骨折伤员的转运技巧。

【教学内容与分析】

1.教学内容解读

本课从同学们活泼好玩的天性引入在活动中容易出现的问题:“骨折”。本课由“健康面面观”“健康指南针”“健康加油站”“健康碰碰车”4个部分组成。

“健康面面观”主要是引导学生体验与观察,领会造成骨折的原因。

“健康指南针”这部分主要阐述了什么是骨折、骨折的判断、骨折的危害以及骨折的救护。

“健康加油站”主要说明了骨折的分类,即开放性骨折和闭合性骨折。

“健康碰碰车”主要是引导学生自主体验交流,提高安全保护意识,防止骨折。

2.相关知识点

(1)骨折的原因。

(2)骨折的概念及局部表现。

(3)骨折的判断及危害。

(4)骨折的急救原则。

(5)骨折的临时固定。

(6)骨折伤员的搬运。

(7)骨折的分类与预防。

3.教学重点和难点

骨折的预防和救护。

4.教学准备

多媒体展示骨折伤员图片、木棍、竹片、绷带等。

教学过程参考

1.课程讲授过程建议

活动设置 1

播放一段视频:小朋友活动玩耍时突然出现了受伤的场面(可结合课本图示)。教师:同学们仔细观察图中的小朋友在干什么,怎么了,为什么?在日常生活、运动当中常常有意外情况发生,骨折就是一种较常见、后果比较严重的意外伤害。同学们必须掌握急救知识,才能在教师和家长不在的情况下及时处理,将伤害降至最低。(教师板书课题"骨折的救护")

活动设置 2:探究学习

(1)教师:什么是骨折呢?(带领学生学习课本第 68 页内容)

(2)教师:如何判断是否发生了骨折呢?(让学生联系生活实际谈谈自己的看法,教师结合课本作小结)

(3)教师:骨折有什么危害,若遇骨折伤员如何救护?(学生分组讨论,教师分别指导)然后教师请学生回答并板书小结。

(4)分组演练骨折的固定方法(要求人人参与)。

(5)学生讨论解决:骨折后的伤员,经过紧急处理后怎么办?注意什么?

活动设置 3

学生体验:如果同学摔伤,怀疑骨折,怎么办?在送医院时须注意什么?让学生自由畅谈(要求同学们互相扮伤员体验操作)。

2.课堂小结建议

希望同学们运用今天所学的知识,在日常生活中提高安全保护意识,主动预防骨折。

3.教学评价建议

通过活动设置中学生互相扮伤员体验骨折的救护,让学生小结体验后的感受,开展体验结果互评,得出"安全防护必不可少"的结论。

相关知识链接

骨折及其急救方法

1.骨折的概念

骨折即是指骨的完整性和连续性中断。除了由外伤、暴力导致的创伤性骨折外，还包括因为受到骨骼的疾病(如骨髓炎、骨肿瘤)影响，导致骨质破坏，受轻微外力作用即可发生骨折，称为病理性骨折。

2.骨折的分类

骨折分为两类：开放性骨折和闭合性骨折。

闭合性骨折：骨折处皮肤或黏膜完整，骨折端不与外界相通。

开放性骨折：骨折处皮肤或黏膜破裂，骨折端与外界相通。开放性骨折处的伤口可由刀伤、枪伤由外向内形成，也可由骨折端刺破皮肤或黏膜由内向外导致。

3.骨折发生的原因

骨折可由多种原因造成：

(1)外界暴力直接作用于人体使受伤部位发生骨折，如车轮撞击、重物压在人体(课本第67页图3)。

(2)暴力通过传导、肌肉收缩等作用使受伤部位远处发生骨折，如突然跪倒在地时，股四头肌猛烈收缩导致髌骨骨折(课本第67页图2)。

(3)长期、反复、轻微地直接或间接损伤也可使肢体某一特定部位发生骨折。

4.骨折的表现

(1)骨折局部出现剧烈疼痛，特别是移动骨折肢体时疼痛加剧，伴有明显的压痛。

(2)患肢严重肿胀，主要是因为骨折处形成血肿，以及软组织损伤导致的水肿。皮下形成瘀斑，由于血红蛋白的分解，可使瘀斑呈紫色、青色或黄色。

(3)骨折段发生移位，改变正常位置，可使患肢外形发生改变，如与正常肢体相比明显变短、呈斜角或者旋转畸形。

(4)正常情况下肢体不能活动的部位，骨折后出现不正常的活动。

5.为什么肥胖儿童更易发生骨折

(1)肥胖儿童关节部位负重过大，容易磨损，导致关节疼痛，还容易发育成扁平足、膝内翻或外翻，以及髋关节内翻等畸形，从而减少活动。而经常活动的孩子的骨头却非常强壮，因为耐力锻炼增加了他们的骨密度，从而使这些儿童不易发生骨折。

(2)肥胖儿童身体臃肿、动作不灵活，对各种刺激反应迟钝，避免意外伤害的能力比其他孩子弱，易发生骨折及严重的肢体损伤。

(3)肥胖儿童由于体型较大,一旦摔倒,身体所受冲击力比其他孩子更猛烈,容易造成关节及附近部位骨折,发生骨折的概率也比较大。

(4)儿童的骨密度增加落后于身高和体重的发育,这对肥胖儿童极为不利,因为他们的骨骼过于脆弱,以致无法承受身体重力,增加了骨质疏松及骨折的概率。

6.骨折的急救

一旦发现同伴中有人发生骨折,应迅速采取下面几种方法进行现场急救:

(1)及时拨打求救电话。若伤者受伤较轻,可立刻送往医院;若病情较严重,应立即进行现场急救。

(2)包扎伤口,伤口出血可用加压包扎止血。

(3)简单固定:在骨折现场找些木棍、木板等物对骨折肢体进行固定。若没有任何东西可用来固定骨折肢体,可将骨折上肢固定在胸部,骨折下肢固定在对侧健肢,一般固定用品长度应超过上下两个关节。闭合性骨折急救时不必脱去患肢的衣裤和鞋袜,以免过多搬动患肢,增加疼痛。若患肢肿胀严重,可用剪刀将患肢衣袖和裤脚剪开,减轻压迫。

(4)安全搬运病人。若为一般肢体骨折,在固定好后,用担架或其他工具运送即可。若为脊柱骨折,在搬动时,最好三人站在同侧,用手平托起,将伤员平放于木板上,或二三人采用滚动法,使伤员保持平直状态,成一整体滚动至木板上,以防脊柱扭曲加重脊髓损伤。

第14课
我们变声了

【教学目的】

1.让学生了解变声期的保健知识,学会保护自己的嗓子;

2.通过学习青春期的生理卫生保健知识,让学生养成良好的卫生习惯。

【教学内容与分析】

1.教学内容解读

进入青春期的少男少女,呼吸系统会发生变化,喉腔在迅速增大,声带也逐渐加长,学生嗓音由清脆、稚气的童声变为成人声音,时间一般为半年至一年,医学上称这个过程为“变声期”。教学时应让学生明白“什么是变声期”“为什么变声”“变声期如何保健”等内容。本课内容由“引入”“健康指南针”“健康加油站”和“健康碰碰车”组成。

“健康指南针”和“健康加油站”是本课讲解的重要部分,其中“健康指南针”主要讲解变声期的概念、变声期的时间和为什么会变声。

“健康加油站”则重点通过图例讲解变声期的保健知识。

“健康碰碰车”主要是对知识的巩固。

2.相关知识点

(1)变声期的定义。

(2)变声的原理。

(3)变声期的保健知识。

3.教学重点和难点

(1)让学生了解什么是变声期及变声的原理。

(2)让学生掌握变声期的保健知识,养成良好的卫生习惯。

教学过程参考

1.课程讲授过程建议

(1)展示3组图片,教师通过解读《陈陈的故事》,提出变声期概念,引入课题《我们变声了》。(板书课题)

(2)通过多媒体演示或阅读教材,让学生认识变声期概念,了解男孩的变声期为13~15岁,在18岁完成;女孩的变声期为11~13岁,最迟16岁。了解男孩和女孩为什么会变声,即变声的原理。(可出示声带的图片)

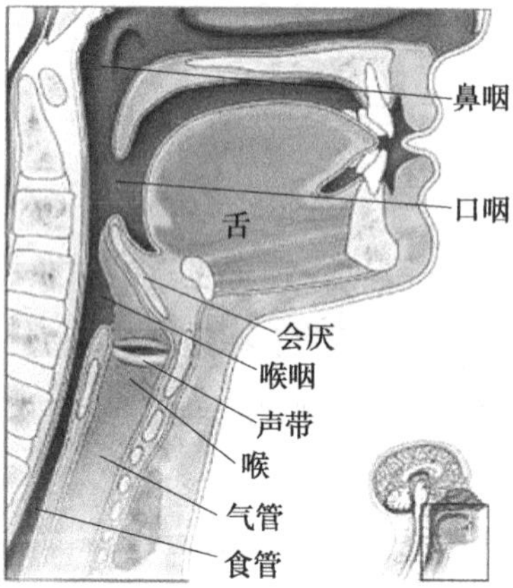

喉的侧面观

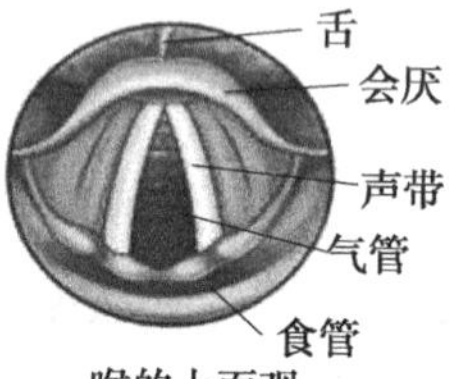

喉的上面观

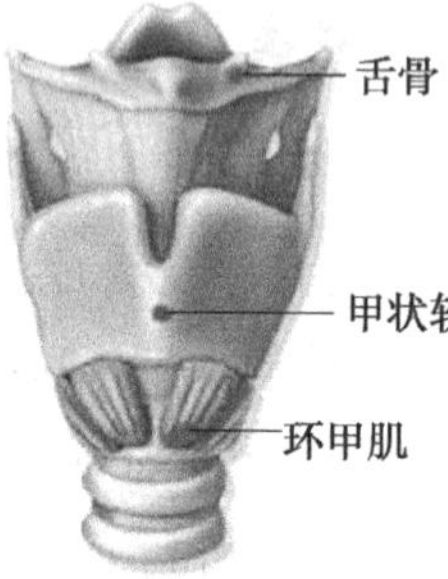

(3)课堂讨论

教师:变声期,我们如何保护声带,分小组讨论。

总结得出变声期的保健知识:

①正确使用嗓子。

②注意声带保暖。

③参加体育锻炼。

④保证充足睡眠。

⑤生理期间和青春期不吃辛辣食品。

⑥保持健康情绪。

⑦定期到医院检查。

⑧多吃胶原蛋白。

⑨主副食宜软,进食宜细嚼慢咽。

2.课堂小结建议

本课对变声期男女生应注意的问题进行了科学的讲解,通过这一课的教与学,让学生正确对待变声期,养成良好的卫生习惯。

3.教学评价建议

(1)教师可结合“健康碰碰车”,对学生掌握知识的情况进行评价。

(2)通过让学生说说青春期应如何保护声带,来评价学生对知识的理解与掌握。

相关知识链接

变声期一般为半年至一年。在变声期间应注意保养嗓子,除了要注意科学合理地使用嗓子,不要让它太疲劳以外,饮食方面的调理也是极为重要的。

1.注意合理用嗓

在变声期间,可以适当地进行歌唱训练和歌唱活动,最好在教师的正确指导下进行。但用声的时间不能过长,因为声带的充血、水肿、声门闭合不严的程度与用嗓的时间多寡成正比,每次用声在15分钟左右为好;音域也不能过高或过低,最好在一个八度为宜(女孩略偏高,男孩略偏低)。在日常生活中要防止乱喊乱叫、大哭大闹、大声呼叫,以免损伤发声器官。

2.注意身心健康

发声器官是人体的一个组成部分,青少年在变声期间,发声器官更为敏感,人体的哪一个部分发生病变都会影响发声器官的健康发育,如伤风感冒、消化不良、风湿病、贫血等。特别是伤风感冒引起的上呼吸道炎症,如鼻炎、咽炎、喉炎及扁桃体炎等,都会加重在变声期间的声带闭合不全、充血、水肿及肥厚等症状。青少年在变声期要保持健康的身心发育,才能为嗓音的改变过程提供良好的生理基础与物质基础,使其健康度过变声期。

3.注意运动有度

青少年在变声期间,不能参加运动量过大和过多的剧烈运动,以免因过度劳累而加重变声期间声带充血与水肿状况,影响声带闭合的张力以及造成有关歌唱肌肉的僵硬。

4.注意饮食有规律

青少年在变声期间，要注意增强营养，多吃蔬菜及蛋白质、脂肪之类的食物，切忌暴饮暴食，尤其忌食辛辣及过冷过热的食物。

5.注意生活起居

第一，要注意劳逸结合，保持足够睡眠，使发音器官得到充分的休息。

第二，女孩在月经期间，要多休息少用嗓，如感到吃力，即暂时停止用嗓。

第三，定期请嗓音保健医生检查嗓子，不但可预防咽喉部和扁桃体等各种炎症，还有消炎、保养嗓子的作用。